U0062760

作者简介

　　杨　敏　英语语言学博士，教授，博导。曾在英国Reading大学做教育部留学基金委访问学者一年，在美国纽约城市大学研究生院做富布莱特访问学者一年。

本成果受到中国人民大学"985工程""积极话语分析理论重构当代中国爱国主义语境"项目的支持

中国书籍·学术之星文库

话语符号历史模态重构爱国语境

杨　敏◎著

中国书籍出版社

China Book Press

图书在版编目（CIP）数据

话语符号历史模态重构爱国语境/杨敏著.—北京：
中国书籍出版社，2016.5
ISBN 978 - 7 - 5068 - 5574 - 7

Ⅰ.①话…　Ⅱ.①杨…　Ⅲ.①语言表达—研究
Ⅳ.①H0

中国版本图书馆 CIP 数据核字（2016）第 110032 号

话语符号历史模态重构爱国语境

杨　敏　著

责任编辑	许艳辉
责任印制	孙马飞　马　芝
封面设计	中联华文
出版发行	中国书籍出版社
地　　址	北京市丰台区三路居路 97 号（邮编：100073）
电　　话	（010）52257143（总编室）　（010）52257153（发行部）
电子邮箱	chinabp@ vip. sina. com
经　　销	全国新华书店
印　　刷	北京彩虹伟业印刷有限公司
开　　本	710 毫米×1000 毫米　1/16
字　　数	223 千字
印　　张	15
版　　次	2017 年 1 月第 1 版　2017 年 1 月第 1 次印刷
书　　号	ISBN 978 - 7 - 5068 - 5574 - 7
定　　价	68.00 元

序

　　语境理论在系统功能语言学理论体系中是一个重要方面。国内外系统功能语言学者们从不同角度对语境理论研究曾做过孜孜不倦的研究和介绍。如今，作为中国人民大学"985 工程""积极话语分析理论重构当代中国爱国主义语境"项目的成果，杨敏的新著《话语符号历史模态重构爱国语境》是一项可贵的有意义的工作，是符合 Halliday 近几年倡导的建立一个"适用语言学"的精神的。

　　据我所知，运用系统功能语言学理论进行语境实践分析的报道还不太多。杨敏的研究采用中国运动员的获奖感言作为分析语料，意义深远。除该语料在国内外语篇分析领域研究得很少外，本研究运用系统功能语言学理论分析汉语语料，既是对系统功能语言学理论的检验，又是对母语为汉语研究的贡献。其次，考虑到优秀运动员是青年人的楷模，他们的获奖感言对青年人的国家认同和爱国热情有极大的感召力。因此，研究获奖感言中的对爱国主义的表达方式，在当前全球化的时代，极具实践价值：关系到对青年人的正确引导，也关系到我国的社会稳定。

　　本研究运用"积极话语分析"（positive discourse analysis，PDA）理论，这是对"批评话语分析"（critical discourse analysis，CDA）理论的反拨与补充。后者虽然能够揭露社会的对立和阴暗面，揭露话语与意识形态的关系，但我始终认为在不同层次的人类交际中，应更多地强调理解、团结、合作和融合，以利于社会的健康的和平发展。积极话语分析旨在以积极态度分析语篇、产生语篇和理解语篇，从而能努力缔造一个和平共处的美好社会，本课题的积极意义显而易见。

　　本课题采用中国运动员的获奖感言作为分析语料，这意味着我们不仅要用所学到的国外语言学理论分析英语语篇和外语语篇，也应思考如何使这些理论为我们自己的母语——汉语的研究作出贡献。本书作者杨敏对汉语语料进行探索分析，这是一种积极的尝试，值得鼓励。

本书作者在将理论应用于实践后，也注意到从实践提高到理论。例如，作者论证了"物质情景背景"（即情景语境）和"语篇的背景"（即语篇语境或上下文），结合以作者所论述的历时符号系统（即社会文化语境）。在此基础上，细致地审视了三个语境参数：语篇的语场（如社会—符号行为）；语篇的语旨（如社会—符号关系）；语篇的语式（如社会—符号接触）。这是论述本书的4-6章有关话语发生、个体发生和种系发生的基础。

通过上述讨论，作者阐明了语篇分析本身就是一门交叉学科，它综合了理论语言学、语言哲学、文化学、社会语言学等多门学科的发展成果。如果把说话人和听话人的因素考虑在内，这就必然联系到心理语言学和认知语言学。顺着这个思路，我认为系统功能语言学在本世纪将获得进一步的发展，尽管有的系统功能语言学家试图把心理学拒之门外。

作者在第7章提出爱国主义语境的语言学重构，我认为这"重构"一词点出了本书的最亮点，具体说，是最创新之点。要领悟作者的用心良苦，便得进一步吃透作者在第8章"结语"中讨论的有关语篇语境互动的观点。

北京大学　外国语学院
外国语言学及应用语言学研究所
2012年4月5日

前　言

　　语篇分析从 1928 年俄国的 Valdimir Propp 运用音系学、形态学等早期语言学的结构原则对民间传说进行结构式分析以来，已近百年了。之后结构主义、后结构主义、功能主义、语用学等多门学科都不断涉足语篇分析这个领域。本书作者在尝试运用不同理论分析语篇后，发现很难有哪一种理论像系统功能语言学这样有如此严密的理论体系，可以从细小的语言成分一直分析到语篇背后的文化、历史语境和意识形态。因此，本研究继续使用系统功能语言学的语境理论，仔细剖析语料的语言特征及其语境，试图阐释不同时代的爱国主义语境，并且重构全球化时代的当代中国爱国主义语境。

　　语篇分析本身就是一门交叉学科，综合了功能语言学、语言哲学、文化学、社会语言学等多门学科的发展成果。本研究运用了系统功能语言学派 Martin（2004）的积极话语分析理论作为主要分析框架，同时选用"话语符号历史模态"这个韩礼德（1999）结合生物学、哲学等理论的概念用以研究个体话语发展过程的理论框架。笔者在语篇分析的过程中，强调把不同年代的同类语料看成一个发展个体，再运用韩礼德的话语符号历史模态理论，从话语发生、个体发生和种系发生三个层次，依次描述和阐释语料及其背后的语境。

　　本研究的语料选用 20 世纪五十年代以来国内外重要体育比赛后我国冠军运动员的获奖感言，从获奖话语的词汇、经验功能、逻辑功能、信息功能等分析话语的语域和语类，探讨出不同时代的爱国主义文化语境，再结合我国的历史爱国主义语境，最后重构当代全球化时代我国爱国主义的话语表述。这种把语言学理论用于分析社会热点语篇，关注社会现实的研究，是对语言学领域的拓展。

　　本研究在语言学理论的实践上力求突破，在语料的分析和结论上具有时代性，其中部分章节是笔者近年发表的论文，在成书的过程中进行了修改和补充。希望能给语言学同行和研究生们一点启示，并敬请各位专家和老师给予指正。最后感谢我的硕士生谭馨丽，帮助我完成语料的搜集工作。

目　录
CONTENTS

第1章 导 论

1 引 言

本章先介绍本研究的内容，以及选定这个研究的原因，接着阐述本研究所用的理论和方法，另外还涉及研究的实际应用价值，包括对语料的拓宽、语境的建构及其积极意义。然后介绍一下目前国内外相关研究的现状和发展趋势，比如符号话语模式的建立、积极话语分析理论在海内外的研究和应用，爱国主义语境研究的现状及发展趋势等。

1.1 语境研究

语篇分析和语境这两个概念几乎同时产生于二十世纪二十年代，前者是 1928 年，后者是 1923 年。但是当时二者并没有什么联系，语篇分析是结构语言学性质的，只分析语言形式，不考虑语境；语境属于人类学领域。把二者结合在一起的是功能语言学，历经弗斯、韩礼德、哈桑和马丁等学者的逐步拓展，语境现在已经成为一个精密的系统，可以层层分析，级级阐释。

朱永生（2005）认为，研究语境就是研究说话者如何在实际的交际过程中表达自己的意图，以及受话者如何根据语境因素的提示来判断与领会这种意图，从而理清语境因素与语义之间的关系。也就是说，应该研究包括时间、地点、场合、话题、交际者的身份、地位、心理背景、文化背景、交际目的、交际方式、交际内容所涉及的对象以及各种与话语结构同时出现的非语言符号（如姿势、手势）等。朱永生（同上）还认为，语境有不同的分类，但基本是两分法，如情景语境与文化语境，可能语境与真实语境，强势语境与弱势语境，静态语境与动态语境等。

本研究试图探讨特定话语符号所展示的语境，分析不同时代的运动员获奖话语所展示的爱国主义语境的动态变化，以及话语符号与语境之间的互动，最后探讨在目前全球化的时代应该用什么样的话语符号恰当地表述爱国主义语义。

1.2 研究本课题的原因

笔者做此课题，和近年参加的语篇分析学术会有关。2010 年 11 月中旬，"国际语篇分析研讨会暨第 12 届全国语篇分析研讨会"在上海同济大学召开。这次学术会规模宏大，盛况空前。它不仅是中国语篇分析界的一次盛会，也是中国语言学界近年来规模罕见的一次盛会；同时，它还是一次中外语篇分析专家学者们面对面的对话，为中国语篇分析界乃至语言学界的研究带来了巨大的发展机缘。

会议中，国外重量级语言学家 Halliday，Hasan，Martin，Matthiessen，Fawcett 等纷纷到场，宣读论文，展示他们最新的研究成果和对语篇分析的思考；国内重量级语言学家更是尽数出席，胡壮麟、朱永生、张德禄、黄国文、顾曰国、徐赳赳等教授，不仅作为报告人，以他们的研究回应国际语篇分析的发展，还作为组织者，亲自安排、组织和主持整个大会的全过程。来自三百多所高校的四百多位教授、学者以及学子们汇聚一堂，以听报告、宣读论文、讨论、提问等各种形式，思考着语篇分析的理论，呈现着语篇分析的精彩成果，展示着语篇分析的辉煌前景。

享誉东西两半球的悉尼大学 Halliday 教授首先作了开场报告："Some thoughts on meaning and discourse"。Halliday 教授开创的系统功能语言学多年来被认为是用作语篇分析的最佳方法。Halliday 教授先阐述了语篇分析历史，解释了一些概念，如"适用语法"、"语法隐喻"、"隐喻性语篇"、"语篇的权力"等，以及他自己对语篇分析揭示信息、意义或符号系统的本质的理解；最后，Halliday 教授还非常欣喜地与大家分享了系统功能语言学在计算语言学里的应用，并且乐观地预测语料库语言学会在中国大有发展。

Hasan 教授则提出了一个尖锐的问题："语境到底存在于语言'之内'还是'之外'？""语境"这个概念，已经存在将近一百年了，但是学者们对它的热情依然不减。Hasan 教授首先探讨了"物质情景背景"与"相关语境"之间的关系，以及这两个概念与 Halliday 教授的原创概念"语篇的背景"之间的关系。如果语境不存在于语言之内，那么把语境描述为符号概念有何意义？这种探讨就很自然地导致我们更细致地审视三个语境参数：语篇的语场，比如：社会—符号行为；语篇的语旨，比如：社会—符号关系；语篇的语式，比如：社会—符号接触。Halliday 教授和 Hasan 教授对语篇和语境的关系的理解和思考令我深思。

国内语言学界泰斗胡壮麟教授一直秉承的学术风格是孜孜以求，高产创新。这次盛会上，胡老师再次让莘莘学子眼前一亮："多模态小品的问世和发展"这篇论文详细阐释了语篇新生代、信息技术的产物——多模态小品的发展历程、语类范畴及其语式特点。胡教授认为，多模态小品是一种新的、提供一定信息量的，同时又具有一定品位和文艺鉴赏价值的交际语篇形式。在模态上，可以区分文字、图片、音乐歌曲和视频四种形式。按内容区分，可以分成人生感悟、历史人物、卫生保健等九大类。因为制作和欣赏都需要花费较多时间，目前，这种小品多在退休的知识分子群体中传播。它还存在着其他问题，比如，尚无专业人士制作，作品难找地方发表等。但是，随着技术的改良，以及该小品的生动活泼的多模态语篇形式，该类语篇会吸引越来越多的使用者和研究者，会有广阔的发展前景。

与胡教授的研究相呼应的是，来自香港理工大学的 Matthiessen 教授运用系统功能语言学，用了大量的图表、图片和模版展示了他对于医学语篇的调查和分析。

与他们的研究和思考形成对话格局的是，中山大学黄国文教授讨论了一系列"关系"问题：（1）系统功能语言学与适用语言学的关系；（2）系统功能语言学与应用语言学的关系；（3）应用语言学与"语言学的应用"异同；（4）系统功能语言学与语言教学和语言发展的关系。黄教授在论文宣讲中明确了系统功能语言学与语言教学之间的内在联系。

几位教授对语篇分析核心概念的梳理，使我更加清楚地认识了语篇分析的理论。

社科院语言研究所顾曰国教授的大会发言"分割和注解文献图片语料库——结合语料库语言学和本体论"这篇论文有力地证明了语篇分析的实用价值。文章认为，对于新华社记者们多年来现场拍摄的四百万张照片这个文献图片语料库的索引和追踪是一个极其富有挑战性的工作。目前，分割和注解每一张图片是用得最多的方式。每一张照片都是二维（时间和空间）体现的历史凝结；而作为历史记忆，照片又承载着过去——现在——将来的语篇特征。因此，单纯使用语料库语言学里的分割和注解的方法远远不足以提供清晰精确的索引和追踪方式。顾教授因此提出以语义本体论为基础，再结合语料库技术的一种新模式。该模式目前正在 3 - M 学习研究实验室测试，同济大学、外国语大学和社科院语言研究所共同指导。顾曰国教授的研究为本届语篇分析大会创立了实践的模板。

与顾教授的研究有异曲同工之处的是，香港城市大学的 Jonathan Webster 在研究"为语篇数据开发视觉分析"这个项目。该项研究由美国加州大学伯克利分校、香港城市大学创意媒体学院和 Halliday 语言研究智能使用中心三方合作，意图在于为由词汇—语法编码的多语语料库互动而搭设一个平台，目标是超越语篇数据的"直线"方向，采用视觉分析，在多语数据中使得多层次的词汇—语法和语义模式视觉化成为可能。

另外，关于语篇分析与其他学科的交叉方面，复旦大学朱永生教授探讨了英国著名教育社会学家伯恩斯坦的教育社会学理论对系统功能语言学的影响。朱教授认为，伯恩斯坦于 20 世纪 60 年代提出的语码理论和 90 年代提出的话语分类理论对过去 50 年来系统功能语言学的发展产生了重大影响，并且得出结论，跨学科性研究是学术理论长盛不衰的重要因素。

张德禄教授的论文"多模态课堂话语的模态配合及语篇和语法"一文，探讨了外语课堂教学的多模态话语中不同模态之间的配合与协同，及其在词汇和语法层面的体现。该文以一堂英语课堂教学示范课为语料，先描述了课堂的语境，然后描述了其体裁结构，之后探讨了各个模态的意义如何由词汇语法特征体现，接着又探讨了从语法到语篇的意义体现过程，其后重点探讨了多模态话语中模态之间的相互配合和协同。张教授如此紧密地与外语课堂教学联系的研究，为广大的高校英语教师们研究自己的课堂教学建立了容易操作的框架模版。

Sue Hood 则颇有创意地用系统功能语言学的语式分析教师的手势语篇。

同时，大会还就语篇分析的发展趋势做出了各种大胆的预测。任何学科发展通常都是大师们指出道路，后辈们勇于尝试。语篇分析这个领域也不例外。此次大会上，青壮派学者们的发言使得语篇分析的发展更是精彩纷呈。

北京师范大学外文学院彭宣维教授以约翰逊·斯威夫特的文学语篇"A Modest Proposal"为语料，以评价理论为起点，结合文学文体学的前景化原则，选择认知心理学的人物—主场为框架，分析认为，叙事过程中，被叙述人代表叙述者的立场，而被前景化的叙述者背后又站着一位隐形的作者，从而以"作者、叙述者和被叙述人"三层关系区分出文学语篇中的立场评价人的分类，因此极大地扩充和丰富了评价系统。

苏州大学的严世清教授以发展和扩充理论为主题，探讨了他对意义进化论的历史梳理。严教授认为，（1）意义进化论的提出标志着系统功能语言学派语言哲学思想的丰富和完善；（2）在意义进化论不断发展的过程中，系统功能语言学不断修正自己的一些概念，并且直面其他各种语言学流派，标志着系统功能语言学说的成熟和自信；（3）意义进化论以独到的视角构建了语言与世界的关系图谱，提升了系统功能学说的理论高度；（4）意义进化论发展了建构主义思想。

这次大会尤其引起大家关注的是，胡壮麟教授、黄国文教授、朱永生教授等知名学者不断提到一个问题，而且也是中国外语语言学界近年来一直关注的一个问题：中国外语老师不断使用西方语言学理论，去研究西方语言，对自己的母语研究几乎没什么贡献，这种现状应该得到扭转。我们应该把西方的先进理论用来指导对汉语的研究，才是真正对中国的语言学界有所贡献。本研究即力图在这方面有所突破：用西方最新的理论，研究中国话语语篇，发现中国话语语篇的特色，争取对中国话语语篇的研究理论有所贡献。

非常令人欣喜的是中山大学外语学院的常晨光教授的大会宣读论文在这方面做了一个可贵的尝试。论文以《广州日报》1960、1972……2010 等年份的该年度第一周的报纸标题为语料，以系统功能语言学为理论框架，分析了在过去的这些年里，汉语词汇语法层的进化。同时，论文更是超越了词汇语法层，深入探讨了语境中语言环境层的变化。论文辩称，从搜集到的语料可以看出，汉语进化可以在过去的五十年变化的中国文化语境中更好地理解和解释。

除此之外，辛斌教授用批评式话语分析理论探讨《人民日报》（海外版）社论的意识形态问题；方琰教授以独特的审美意识解析《清明上河图》的语境、语场、语旨和语式；程琪龙教授从认知语言学角度解释他对"喷洒事件个案"的理解，等等。这些都是英语研究者们运用语言学理论分析汉语语料的成就。

总之，这次大会规模超前，影响深远。我们欣喜地看到，国内语篇分析领域的长足发展已经使其有实力与国际语篇分析界进行面对面的对话，并且引起了国内语言学界的广泛关注。本次大会，不仅为广大的国内外专家学者提供了极好的交流平台，展示了语篇分析研究领域的最新成果，同时也给广大的语篇分析教师、学生和爱好者们提供了研究范式，指出了未来的发展道路。它将是中国语篇分析发展的一次重要机缘。当然，我们也应看到我们的问题与不足：比如，我们在理论上缺乏原创性，基本还是把西方的理论照搬过来，并且对理论的核心概念缺乏耐心细致的吃透。但是在学术氛围越来越浓的 21 世纪，我国的语篇分析就像 Halliday 教授预言的那样，一定会大有可为。

正是这次大会给了笔者深深的启发，汉语语料如此丰富，为什么不把西方先进的语言学理论应用于分析汉语语料，提高我们的汉语语言学研究水平呢？基于此，笔者开始搜寻合适的语篇。这时，网上对运动员获奖感言的讨论引起了笔者的注意。运动员的获奖感言一直是像现在电视观众所见到的那样一成不变的吗？还是不同的年代有不同变化？这些变化体现了怎样的价值观的改变？

带这样的疑问，笔者开始了本研究的探索。

1.3 本研究的方法

系统功能语言学家 Halliday & Matthiessen（1999）创立了一个话语符号变化模式，表明时间发生轴上话语符号发生变化的模态，包括种系发生、个体发生和话语发生三种模态。本研究力图把词汇评价系统放在该符号历史关系中，再与情景语境和文化语境结合起来，从历史发展的角度和文化语境的角度分析话语的意义。同时利用系统功能语言学派的积极话语分析理论（Martin，2004），阐述话语符号所折射出的对爱国主义语境认同的积极话语意义。本研究拟采用的符号话语历史模态理论尚不十分成熟，在国内外的应用也不多见；阐述语篇价值的积极话语分析理论在国内外的使用也不多，方法上还没有突破。本研究希望在这两方面的理论应用和理论探讨上有所贡献。

2 研究的实际应用价值

2.1 语篇分析的语料拓宽

本研究拟采用中国运动员的获奖感言作为分析语料，该语料在国内外语篇分析领域研究得很少。本研究运用英语语言学理论分析汉语语料，既是对英语语言学理论的检验，又是对母语汉语研究的贡献。同时，优秀运动员是青年人的楷模，他们的获奖感言对青年人的国家认同和爱国热情有极大的感召力。研究获奖感言中的对爱国主义的表达方式，在当前全球化的时代，极具实践价值：关系到对青年人的正确引导，也关系到我国的社会稳定。

2.2 建构爱国主义语境

从 50 年代至今的获奖感言在语境系统的三个子系统——话语系统、语域系统和语类系统上发生了巨大的变化，在当前经济、文化全球化大背景下，我们应该在种系发生、个体发生和话语发生方面重构爱国主义语境。另外，爱国主义研究素来局限于社会学和政治学，本课题从语言学角度分析运动员的感言，进而探索不同时代的爱国主义语境，一方面旨在探讨爱国主义语境的时代演变在语言学上的显示；另一方面尝试把语言学理论用到社会实践中，以积极的态度参与社会话语建构，为创建一个美好的社会作出语言研究者应有的贡献。

2.3 本研究的积极意义

本研究拟运用的积极话语分析理论，是批评话语分析理论的反拨与补充。批评式话语分析理论过于消极地揭露社会阴暗面，揭露话语与意识形态的关系，不利于社会的健康发展。积极话语分析旨在以积极的态度分析语篇，努力建立一个和平、共处的美好社会。所以，本课题的积极意义显而易见。

3　目前国内外研究的现状

符号话语历时演变模式和积极话语分析视角在国内外都算是较新的理论模式，Martin 和一些西方学者在尝试应用，如论文"积极话语分析：团结与改变"（Martin，2004）用语类更新、词汇评价和叙述学三种方法对澳洲白人与土著之间的关系进行积极意义上的阐释；专著《语篇分析的角度：理论与实践》（Alba－juez，2009）中介绍以词汇评价系统为主的积极话语分析理论。国内朱永生教授等人在进行介绍和应用，如《积极话语分析：对批评话语分析的反拨与补充》（朱永生，2010）中评价了积极话语分析理论及词汇评价这种方法等。

但是，目前国内外积极话语分析使用的方法多为词汇评价理论，缺少对语义和语境的涉及。本课题拟在此方面有所突破。话语符号历时演变模式尚未见到学术研究的使用，本研究同样拟在这个方面有所突破。

近年来，我国学者在爱国主义方面做了大量研究，例如论文"改革开放 30 年青年学生爱国主义表达的变化轨迹"（吴秋兰，2009）从思想教育角度评析学生爱国主义的表达方式，专著《爱国主义与社会主义新论》（李晓军，2008）从政治体制角度探讨爱国主义的社会内涵。西方学者也很重视对爱国主义的研究，例如近年来出版的专著《美国爱国主义的清教根源》（Mckenna，2007），从历史和宗教角度探讨爱国主义的形成，论文《为故土而战：爱国主义、民族主义和暴力》（Miller，1997）从社会学角度探索国家和民族的关系。

但是，这些研究都是从历史、社会学或者思想政治工作角度探讨国家认同与爱国主义的演变及其对社会的影响，尚没有以语言学理论为框架进行国家认同与爱国主义语境分析的研究。本课题与以往的相关研究完全不同，将会从语言学角度，运用功能语言学理论分析及重构爱国主义的语境意义。

再放眼国内外研究的趋势，全球化的时代，各国都在探讨如何加强本国公民的爱国主义教育。爱国主义是一种意识形态，而意识形态的生产必须经由话语来完成。从话语分析角度进行分析和阐释爱国主义是国内外研究的趋势。这正是本课题研究的主题。

4　本研究的基本观点

本研究以《中国体育报》（1956—2010）刊登的一些重要赛事后中国运动员的感言为语料，通过积极话语分析视角，详细分析这些感言语篇中所表现出的我国不同时代爱国主义的不同语境及其意义。本课题认为，（1）从 50 年代至今的获奖感言在语境系统的三个子系统——话语系统、语域系统和语类系统上发生了巨大的变化；（2）功能维度系统中的符号历史系统可以充实和扩展积极话语分析理论的语境分析；（3）在当前经济、文化全球化大背景下，我们应该在种系发生、个体发生和话语发生方面重构爱国主义语义。

5　本书的结构

第一章是本书的简要介绍，包括研究的内容、意图和方法等；第二章是相关的理论回顾，包括语篇分析理论和政治语篇的分析等；第三章是本研究的理论框架——话语符号相关的理论阐述；第四章至第六章是实证性研究，第四章分析语料的话语发生，第五章分析语料的个体发生，第六章分析种系发生；第七章是对目前爱国主义语境的话语重构；第八章进行全书的总结。

6　结　语

本章主要讨论了本研究的内容、研究意图、研究方法及其重要性，对目前语言学研究的现实价值和理论价值的贡献，以及对目前国内外相关研究的简单介绍，阐述了本研究的观点，最后介绍了本书的篇章结构。

第 2 章　语篇分析的理论

1　引　言

在本章中，笔者将首先回顾语篇分析理论的发展及其与哲学的渊源，之后讨论政治语篇的不同分析视角，包括语用学视角、社会学视角等，最后阐述语境的研究起源，并且回顾近年来国内外关于爱国主义语篇的研究。

2　语篇分析与哲学的渊源

2.1 关于语篇和语篇分析

胡壮麟在《语篇的衔接与连贯》（1992）中写道："语篇指任何不完全受句子语法约束的在一定语境下表示完整语义的自然语言。"因此它必然包括两种自然语言：书面语和口语。前者英语为 text，尤指书面语、篇章，为欧洲学者研究颇深领域；后者英语词为 discourse，尤指口语，为英美学者研究较多领域。

语篇分析的发展始于 20 世纪 60 年代，是用语言学的句法、语法、意义、语境、功能等理论对语篇进行分析，其中以 Halliday 的系统功能语法理论运用最广。此外，它还吸收了哲学、符号学、心理学、人类学、社会学、文学等学科的研究成果，逐渐形成了一个极有活力的新兴学科。

2.2 语篇分析的哲学渊源

语言学与哲学是分不开的，如何观察世界就决定着如何看待语言。由于语篇分析主要是语言学理论的运用，因此笔者希望通过探讨语言学理论与哲学的关系，能从中梳理出点点滴滴语篇分析的哲学渊源，为我们当前的语篇理论研究提供哲学与历史的思辨背景。

2.2.1 古希腊时代

古希腊哲学家柏拉图及其学生亚里士多德的智慧光辉至今仍照耀人类，语篇分析中的许多观点都与他们的语言观有着深厚的不解之缘。例如，柏拉图认为语言学是人类学的一部分，语言是表达和传达知识的工具，受社会环境的影响（语篇分析中的语境研究可溯源至此）；而亚里士多德则认为语言学是哲学的一部分，语言是一种思辨的判断方式，并提出了口语和书面语的区分，把口语当成第一性的，把书面语当成第二性的（徐有渔，1996）（这可谓最早的语篇意识的萌芽）。另外，柏拉图的语言观还有，"语法是文化的一部分"，"对话语作语义解释"，"把可接受性或用途作为理想化标准"等等（胡壮麟，1989）。而 2000 多年后的今天，我们在进行语篇分析时，也是"意义的选择必须根据'合适性'来考虑，即要考虑文化环境、情境环境和上下文语境（黄国文，2001）"。语篇分析有着来自古希腊的哲学渊源，由此可窥一斑。

2.2.2 中世纪

欧洲的中世纪是指从公元 476 年西罗马帝国灭亡到 15 世纪欧洲文艺复兴开始的近千年的历史时期。这个时期被一些历史学家称为"黑暗的中世纪"，整个欧洲几乎被神学笼罩，学术建树不多。这一时期的最高经典《圣经》遂成了哲学家研究语言的灵感和引证的来源。被引证得最多的是《圣经 – 旧约》第十一章中的一段话，奥古斯丁在他的著作中引述了这段话（徐友渔，1996）：

"那时，天下人的口音和言语都一样。他们往东边迁移，……拿砖当石头，又拿石漆当灰泥，说：'来吧！我们要建造一座城和一座塔，塔顶通天，免得我们分散在地上。'耶和华降临，要看看世人建造的城和塔。

"耶和华说：'看哪！他们成为一样的人民，都是一样的言语，如今既做起这事来，以后他们要做的事，就没有不成功的了。我们下去，在那里变乱他们的口音，使他们的语言彼此不通。'于是耶和华使他们从那里分散在全地上，他们就停工不造那城了。因为耶和华在那里变乱天下人的言语，使众人分散在全地上，所以那城叫'巴列'（意即'变乱'）。"

这则关于语言的寓言寓意深刻。人类由于冒犯上帝而招致惩罚，导致语言隔绝，进而人心变乱。那么我们可否得出，人类最终的得救也必须是通过语言——经由语言的统一而能互相交流、互相理解，实现"大同世界"或"地球村"的理想呢？

另外，上段话中也折射出一种轻微的语篇意识：语言是交流的工具，是信息的源泉，是一种有实际意义的行为。此外，该段话中出现"言语"一词，蕴含了语篇的"一定语境下表示完整语义的自然语言"这个概念。而且，"中世纪的语言哲学家们不只是像前人那样把语词作为孤立的单位来研究，而对语境也产生极大的兴趣（徐友渔，1996）"。比如，"当时的神学家们阐释《圣经》中的词义时，用故事来解释，亦即语境中解释（牛宏宝，2002）"。如解释上段话中的"巴列"城时，需讲出该故事，引出其"变乱"意。又如，解释"原罪"一词时，需用《圣经 – 旧约》中的具体故事来做语境。中世纪逻辑学家 William of Sherwood 表达了更精确的语境思想，他认为"每当一个词以相同的含义使用两次或多次，这词就成为单义词；与之对照的是多义词，在不同的场合有不同的含义（徐友渔，1996）"。由上述可见，当代语篇分析中的功能思想、信息传递思想、语境思想在中世纪的哲学中已开始扎下模糊而又坚定的根基，为近现代语言学的语篇分析发展奠定了基础。

2.2.3 近代哲学

近代哲学以认识论为中心，即"人是怎样认识到存在的？"哲学家们认为认识的基础、来源对应着语言意义的起源，关注语言对于思维的表达作用和遮蔽、扭曲作用。例如，英国哲学家洛克认为，语言有双重作用：

一是记载思想,二是传达思想;另一位英国哲学家霍布斯指出语言还有四种特殊的作用:"获得学术知识;商讨和互教;传达意图,以便互助;玩弄语词,作为娱乐(徐友渔,1996)。"这两位哲学家的观点都反映了共同的语篇意识:语言的作用不在于单独的词句,而在于能交流和传递信息的语篇。洛克甚至进一步分析道:"使用语言的目的在于让别人了解自己,若出现失误则是因为使用文字时前后不一贯。同样的文字,有时用来表示一组观念,有时又表示另一组观念;有时用来代表这一物,有时又代表另一物;或者,假设文字有明显而确定的意义,一相情愿地认为文字所表示的观念对于每一个人都是一样的等(徐友渔,1996)。"这种观点不仅发展了中世纪的语境思想,而且有了现代语篇分析的照应理论、连贯理论的萌芽,近代哲学的探索对于语言的研究朝语篇分析方向发展又推进了一步。

2.2.4 现代语言哲学

继近代的认识论之后,西方现代哲学发生了第二次大转折,即希望通过语言来撬开"存在",撬开思想与世界(钱冠连,1999)。而这正是语篇分析之意图所在:一定语境下的自然语言怎样传达人们之间的信息?怎样阐释意义与思想,思想与世界之间的互动关系?

2.2.4.1 分析哲学

西方现代哲学被称为"分析的时代"。在目前的语言学界,语言分析又几乎被语篇分析取代,语言学用了哲学的分析一词可看成是学科之间成果的互相隐喻(胡壮麟,1999)。德国哲学家和数学家弗雷格是公认的分析哲学的开创者。他开辟了建立关于语言的系统性理论的发展路线,并提出了语境论的思想,认为只有在语句的语境中才能找到词的意义,直接影响了现代语言学及语篇分析的产生与发展。

奥地利哲学家维特根斯坦的后期哲学中一个核心概念是"语言游戏",把研究对象从人工语言转到自然语言及"日常语言"。他强调语言的使用是一种活动,人们把语句适用于不同的语境,以达到不同的目的,好像人们在玩不同的语言游戏。游戏的规则是语法,语法不是对语言应用的"解释",而是对其应用的"描述"。20世纪后期"发展了从人们为完成各项任务的对话中标志对话结构的方法。分析包括三个层次:交易过程,相当于对话参与者为完成某项任务所计划步骤的部分对话；会话游戏：有关语篇目的的层级表达，与邻近配对或对话游戏非常类似；会话步骤，构成游戏结构的发话和反应（胡壮麟，1998）"。维特根斯坦的游戏哲学已被实际地应用于语篇分析中。

2.2.4.2 结构主义—解构主义

19 世纪末期欧洲语言学家索绪尔继承和发展了哲学家洪堡特的结构观点，认为语言由符号组成，其中各成分之间存在着相互依赖、相互制约的关系，构成一个要素"符号"系统的不同层次的关系网络。

该理论很快被应用于哲学、人类学、社会学、神话学、心理学、文学评论等方面的研究，使结构这个概念成为结构主义思潮的核心概念。用于语篇分析的系统功能语言学也吸收了结构主义关于系统中选择、结构中体现的理论。另一位结构主义的代表人物法国人文科学家、社会哲学家福柯认为，人的行为和语言分不开，任何事物都依赖于语言。他力图解释隐藏在语言深处的秩序的形式或知识的编码，并认为这些形式或编码把词与物结合到一起，构成文化或知识的潜在统一性。另一方面，这种文化的基本信息码又产生了一种经验秩序，它决定了人们的生活和工作、说话和思考的方式，并实现其自我。语篇分析中的经验功能、文化语境研究都可从中找到精神支柱。福柯的后期思想应属于后结构主义，他提出人文科学应是"话语（discourse）体系"，"消解了索绪尔关于'语言'和'言语'的二元对立，提出第三个要素，即'话语'"，并认为"今天的人文科学不再分析什么是人，而是要分析是什么使得这一存在者（人）能够知道生命是什么、规律存在于什么之中以及他能够以何种方式说话"；"现代思想的任务是去描述话语得以可能的条件以及话语的全部层次（涂纪亮，1994）"。语篇分析的意图在福柯的语言观中得到了哲学的阐释：通过分析语篇的内在结构、外在语境了解交际意图、信息传递方式及分析语篇的最终目的——了解周围社会与世界。

解构主义是后现代主义思潮中的一个主要派别。1950 年后的哲学思潮相对于现代主义哲学而被称为后现代主义，法国著名哲学家德里达是后结构主义或解构主义的代表。"解构"的概念来源于海德格尔，德里达继承并发展了它。德里达没有全盘否定"结构"这个概念，而是一种否定之否定、扬弃的理念。他认为结构主义使一切事物结构化、等级化，使人的思想僵硬。因此需要一种解构，与其说是破坏，不如说是为了理解一个"整体"如何被构成，以及如何重新构造整体。

德里达也关注语言。他认为传统的、形而上学的阅读误解了文（语篇）的本质。德里达解构主义颠倒了上述思想，挑战传统观念，认为作者的讲话意图无法被无条件地接受，文本是开放的，于是产生了各种文本阐释。这一思想导致了文学批评的"读者反映论"的产生，如"有一千个读者，就有一千个哈姆雷特"，一定程度上也影响了语言学中的语篇分析，如语篇意义的阐释。德里达的解构思想在美国影响广泛。

2.2.4.3 语篇分析的沃土——功能主义

如前所述，语篇分析在哲学的历史发展中已露峥嵘。而到了当代，得益于语言学的功能主义，正在发展、壮大。功能主义指以意义及语言与世界、语言与思维及语言与文化之间的关系为研究对象的语言学派，它包括语用学、语义学、欧洲功能学派等所有转换生成语法学派之外的任何语言学派，这其中的主流当推始创于 20 世纪六七十年代的以 Halliday 为首的系统功能语法学派。

作为功能语言学派的主流，系统功能语言学认为语言有三大元功能：概念功能、人际功能和语篇功能。概念功能继承了历史上语言哲学的发展，认为它包含有经验功能和逻辑功能（亚里士多德）；人际功能则突出了社会意义的功能，与直接语境相关，继承了柏拉图以来包括索绪尔、伦敦学派的弗斯的社会学、人类学思想；语篇功能则是语言学上的突破，之前的语言学都是以音系、词汇或句法为研究单位，而以整个语篇为语言单位进行研究则为首创。另外，韩礼德的系统思想在吸收了弗雷格、索绪尔、伦敦学派、哥本哈根学派后也进一步发展，"把语言系统解释成一种可进行语义选择的网络，当有关系统的每一个步骤——实现后，便可产生结构（胡壮麟，1989）"。这种意义网络甚至包括语句篇章外的语境、语域及社会文化。韩礼德的系统功能语言学较之其他语言学流派的一个明显优点是它的应用性，他研究系统功能语法目的就是为了分析语篇。而经过几十年孜孜以求的努力，语篇分析方法论影响越来越广泛，已被大量地用于社会语言学、人类语言学、语用学、语言教学及跨学科的文学、经济、新闻、法律等诸多学科领域，成为一门炙手可热的新兴学科。

2.2.4.3.1 话语分析

语用学、社会语言学等可归入功能主义，所以语用学中的话语分析自然属于功能主义中的一派。为便于说明，笔者在此文中将语篇分析分成话语分析和篇章分析。

"话语分析"最早来源于 1952 年美国语言学家 Zelling Harris 的'Discourse Analysis'一文。在文中他分析了一则生发水广告，用句法分析理论来探讨句子如何组合在一起。语用学的话语分析常用的是形成于语言哲学家奥斯丁（Austin）的言语行为理论，及格莱斯（Grice）的会话准则，这两种思想都受维特根斯坦后期哲学思想（日常语言哲学）的影响（Hoenisch，1998）。奥斯丁细致地区分出"施为性言语行为和施为作用，成事性言语行为和成事性效应"（胡壮麟，2000）。塞尔发展了奥斯丁的观点，他认为"语言交流的最小单位不是符号、语词或语句，而是被完成了的某种言语行为"，"语言交流的一个重要特征在于它具有意向性"，以及"要完成以言行事行为，就必须遵守一套约定俗成的规则（涂纪亮，2001）"。这说明，语篇是一定语境下的表达完整语义的自然语言及会话分析，是为了"鉴别序列模式和互相联系的交往办法，以达到会话连贯、互相沟通的目的（胡壮麟，1992）"。另外，格莱斯会话准则包括数量原则、质量原则、关系原则和方式原则，细致地阐释了塞尔的"约定俗成"的规则，成为会话分析时的一个依据。

另外，关于话语分析的方法还有话论转换、发话与结束次序、交流结构（exchange structure）以及话语界限标志（boundary markers）等，目的都是为了寻找到会话语篇生成的结构规则，发现其表达的真正意义。

2.2.4.3.2 篇章分析

"篇章"（text）一词在语言哲学中被用作"文本"。它最早来源于狄尔泰（Dilthey），他认为"文化世界可以说是有意识的生命或精神表达自己的文本。生命留下许多物质实体的文本，精神科学的任务在于对这些文本做出正确理解（涂纪亮，1996）"。这种文本包含一句话、一段文字、一首诗、一篇文章以至一本书，甚至人们的行为风俗习惯、艺术作品、宗教、哲学等等整个文化世界，都可看作文本，文本是一种可见的、具有意义的实体。当然这种对 text 的理解远远超出功能主义语言学的篇章，但它对于语篇分析的文化语境研究不失为一种参考。

语言学家叶尔姆斯列夫（Hjelmslev）从结构语言学出发，从过程和系统、篇章和语言的关系着眼，提出他的篇章理论。他认为研究篇章的目的在于提供一种程序方法，借助于这种方法，就能通过一种自身一贯且详尽无疑的描述来理解特定的篇章。通过这种语言理论的手段，我们能够从所选择的少量篇章中引出某种知识，然后再把这种知识应用到其他篇章之上（涂纪亮，1996）。

Halliday 曾吸收叶尔姆斯列夫的"有关结构组合关系和系统表现聚合关系等观点"，在篇章上也观点相同（胡壮麟，2000）。Halliday 与 Hasan 合著的《英语的衔接》（1976）意在用系统功能语法进行语篇分析，并取得了丰硕的成果，且近年来越来越广泛地被用于各学科领域，可见其理论之前瞻性。此外，胡壮麟《语篇的衔接与连贯》（1994）、侯易（Hoey）的《语篇中的词汇模式》（1991）等都是对该理论的极好补充。

2.2.4.5 未来主义思潮给语篇分析带来的影响

未来主义思潮从 20 世纪 40 年代由德尔西海姆发起，至 70 年代鼎盛，目前仍保持强劲势头。美国哲学家丹尼尔－贝尔论指出，我们目前处于后工业时代，即信息社会，信息技术、智能技术是带动社会发展的主动力。语篇分析的研究不可避免地受到此思潮的影响。

起步最早也较成功的是 1972 年美国麻省理工学院 Winograd 建立的 SHRDLU 系统，运用韩礼德的系统功能语法进行语篇切分，通过上下文来确定一个句子的意义，同时还可利用各种语境知识来推理、判断（胡壮麟，1998）。这个成果是划时代的，因为它证实应用韩礼德的系统功能语法进行语篇分析，确实可以帮助计算机实现自然语言理解。

1980 年至 1995 年，语言学家们继续与计算机专家合作，用计算机技术绘出语篇中的主位、述位信息变化模式，用科技手段阐释语篇的不同类型及其产生模式，通过输入系统网络和系统结构来生成句子。目前，人们做的是"用计算意义的方式——智能计算，来生成语篇，而且所有的计算都可能涉及自然语言操作（Halliday，2001）"。这是较前人用数学逻辑语言产生语篇的历史性进步。

综上所述，语篇分析这门新兴学科，正在绽放出绚烂的花朵，它的勃勃生机令各学科瞩目。笔者在此希望这门学科也会尽可能多地汲取哲学及其他学科的营养，更加快速地发展壮大自己，并把自己的成果应用到其他学科的研究上，与其他学科互相充实、互相渗透，走向共同发展的轨迹。

3 政治语篇分析的相关理论

本小节的主要意图是阐释本研究中会涉及的各种语言学理论，为后面的语篇和语境分析做好理论的支持。本研究涉及的主题是爱国主义语境，属于政治话语范畴。所以，研究者会首先论述政治语篇分析的多重角度，例如从语用学、社会语言学、系统功能语言学等角度进行的政治语篇分析，以期尽可能全面地阐释与政治语篇相关的研究结果；然后，将会论述本研究即将重点采用的积极话语分析理论，该理论的来源、隶属流派、理论模式和其代表人物等；最后，将论及本研究的语境话题。语境在语言学中是个古老话题，古希腊时柏拉图就曾谈到话语是人类学的一部分，话语需要在一定的语境里理解。但是，语境研究并未因此得到更多人的关注。直到二十世纪，伦敦学派的弗斯将其纳入功能学派并作重点分析。之后，系统功能语言学家韩礼德把语境看成语篇分析必不可少的一部分。下面，笔者对这些理论进行详细的阐述。

3.1 语用学角度分析政治语篇

3.1.1 引言

Joseph（2006：17）认为："我们正逐渐意识到语言作为政治活动的过

程的基本地位，以及在那些被我们承认为'政治的'各种活动和实践的语篇当中，语言所处的地位。"政客们把语言用作工具以提升、保护和合法化自己的权力以及权威的声音，使他们对政治秩序和社会秩序的观念以具体化。Chilton（2004：35）认为，言语被负载了不平等的重量，要看是谁说出了这些言语，是如何说出的。有些言词在特定的场合会有力量，有说服力，而在别的场合却没有。因此，暗含于对某些言辞的选择，以及选择的方式，如何阐释，等等诸如此类的问题，使得政治性语篇成为语言的舞蹈，既是对现实的选择性展示，最终又是对现实的偏差和倾斜（Burke，1966：45）。

语言学家们把政治语篇作为研究政客们的观点的阵地，对语言与政治的关系进行了细致入微的研究。在这一领域，成效显著的当推跨学科研究的批评式话语分析，主要代表人物有：Wodak（2002，2007），Fairclough（1992，2003），Chilton（1997，2004）等。另外一个对政治语篇进行详尽分析的语言学派是系统功能语法，代表人物有：Halliday & Matthiessen（2004）等。除此之外，福柯（Foucault，1972）等还从语言与哲学的关系方面阐释政治语篇。

3.1.2 语用学理论在政治语篇分析中的应用

语用学是近年来发展迅猛的应用语言学科。Wodak（2007）认为语用学非常适用于阐释政治语篇：尽管语用学经常被认为是语义学的补充，它却能清晰地区分直接语境里的重要成分，如：说者、听者、语境、期待、企图等。因此，以发掘意识形态为目的的政治语篇分析可以在语用学的一些理论里找到合适的方法。笔者搜集了著名的语篇分析国际学术期刊 Journal of Language and Politics；Critical Discourse Studies；Language and Communication；Text & Talk；Pragmatics & Cognition；Critical Approaches to Discourse Analysis across Disciplines；International Journal of Language and Communication 等 2004 年至 2009 年的 105 篇分析政治语篇的论文后，发现 22 篇论文运用了语用学的理论，进行政治语篇分析。有的使用会话理论，有的使用礼貌原则，等。其中使用频率最高的是复调理论，至少 9 篇论文单独或者结合其他理论使用复调概念进行政治语篇分析；预设理论是近年来语用学里讨论较多的一个重要概念，笔者便把使用预设进行语篇分析的论文挑选来评述；另外，Wodak 是分析政治语篇的代表人物，因此，笔者把 Wodak 运用暗指等概念分析语篇的论文作一详细介绍。

3.1.3 预设概念

"预设"（presupposition）由 Grice（1975）提出，指讲话者在发出话语之前就已经预测好的内容或情况。例如，"My mobile is expensive."和"My mobile is not expensive."两句话都预设的含义是"I have a mobile."Wodak（2007：214）认为，在引起听众对信息的同意方面，预设有着出乎寻常的功能：一般情况下，预设的内容会被听者不加批评地接受，除非听众持一种非常谨慎的释义态度。Van Dijk（1998）也认为预设分析是一种强有力的工具，可以用来追踪讲话者暗示特定信念的步骤。

Mazid（2007）使用预设概念成功分析了美国前总统布什在 2001 年 9·11事件之后 9 月 20 日对国会两院的讲话。布什的这篇 9·20 演讲被广泛地认为是"一个具有历史意义的演讲"：它不仅示例了一般性的政治语篇的特点和美国政治语篇的特点，还体现了美国特定的意识形态和对待其他国家与群体的态度。

Chilton & Schaffner（1997：212 - 213）概括了政治语篇的四个策略功能：强压（coercion）（比如法律、命令等），抵制和抗议（resist and protest）（比如标语、请愿和集会等），掩饰（dissimulation）（从麻烦和矛盾问题上引开注意力）、合法化（legetimation）和合法性丧失（delegitimation）。研究者 Mazid（ibid.）认为政治语篇的这些策略功能都可以用"预设概念"有效地体现出来。

对布什9·20 演讲的分析中，Mazid 按主题概括出九种预设：悲剧、迅即反应、恐惧、美国/乌托邦、恐怖主义、伊斯兰并不坏、美国权威、世界支持和同情、报复。第一个预设——"悲剧"，为后面整个演讲设置了背景和基调。这个"悲剧"被描述得越严重，对待进攻的"迅即反应"越异乎寻常，就越能激发起美国民众持久的"恐惧"（第三个预设），越能使得"美国/乌托邦"（第四个预设）处于危险中，就越能使得最后的"报复"预设更加充满"正义"。"美国/乌托邦"预设代表勤奋工作、创造力、商业、繁荣、自由、民主和正义，随后的预设"恐怖主义"代表"反乌托邦（dystopia）"，这是制造一个遥远的、恐怖的和非文明的"自由之敌"的机会。随后，演讲中把本·拉登妖魔化，将其等同于希特勒、纳粹和独裁主义。在讲述即将进行的报复战争时，布什先抛出"胡萝卜"：战争的过程不可知，但是结果是肯定的，一定会胜利。随后是"大棒"：世界各国被分成两个阵营，要么与美国在一起，要么就是与恐怖分子在一起。"Every nation, in every region, now has a decision to make. Either you are with us, or you are with the terrorists." 于是，最后的预设顺理成章——"报复"：美国决意要惩罚恐怖分子。

通过预设分析，Mazid 认为布什的演讲满足了政治语篇的策略功能：强压（强压别国与美国一起作战，强压某些国家为恐怖分子国家）、掩饰（把公众注意力从麻烦重重的国内外各种矛盾和问题上引开，只关注美国的优势和"敌对国"的"残忍"）、合法化（合法化自己和美国作为"救星"的形象和地位）等。同时，该演讲也充分展示了美国政治语篇的特色：理想主义（美国/乌托邦）加上实用主义（准备与恐怖分子开战），同时又体现了一种矛盾——霸权和对话的矛盾。

3.1.4 暗指概念

Wodak 是 Journal of Language and Politics 的主编之一，她从未停止过对政治语篇分析的探索之路。Wodak 是一位高产学者，许多专著和论文已经成为语篇分析的经典著述。她在 2007 年的 Pragmatics & Cognition 上发表的论文里，用一份政治演讲语篇来演绎如何使用语用学里的概念如暗指（allusion）、暗讽（insinuation）、预设和文字游戏（word play）等来分析政治语篇里的意识形态。

暗指，根据 Wodak（2007），指一个人可以暗示和讲出一个事物的消极的联想和内涵，而不用为其负责。但是，听众/读者在理解时，却要把它明晰化。所以，暗指依赖共享的背景和互动的共识，才能引起接受方的共鸣。在政治语篇里，暗指可以承担贬低对手的意图，而不用担负责任。其中，共享的背景常识即为语用学里的另一个概念"预设"。"预设在引起听众的共鸣方面有很大的作用。通常，预设的内容会被听众无可争议地接受，除非听者很细心地进行释义。"（ibid.）另外，文字游戏指对单词的游戏使用，依赖单词的歧义或者相同或者类似的发音，但拥有不同含义，因而产生幽默效果（ibid.）。

Wodak 以维也纳 2001 年大选时，右翼政客 Haider 的一篇攻击维也纳犹太委员会主席 Muzicant 的演讲中的三句话做语料，进行语用分析，揭示了演讲人语篇里的反犹意识形态。因为明确的反犹话语在奥地利的公共场合被归类为禁忌语，于是，1945 年后，一种代码式的话语模式被创造出来，表达反犹偏见。比如，在涉及对二战大屠杀的幸存犹太人进行赔偿的问题时，经典的怨恨话语是，"Jews are rich anyway." "exploiting a population which was itself a victim（剥削一个本身也是受害者的人群）" 只有当听众/读者共享其中的背景知识，并且理解其中的暗指时，反犹内容才能被理解。若受到指责，讲话人完全可以用 "s/he did not 'mean' that（她/他全无此意）" 来自我开脱。这无疑给语言学者们形成真实的挑战。因此，Wodak（ibid.）的这份语篇分析为语言学家们如何运用语用学中的一些概念分析政治语篇提供了很好的范例。

Haider 在大选时的议会演讲中因为用了大量的模糊的、代码式的词语表达民族偏见，他最初成功地否认了他在语篇中的恶意攻击犹太人的企图。Wodak 选取了演讲语篇里的三句话（见附录）。

Wodak 先通过语料的语境和历史背景分析，认为 Haider 的演讲预设了犹太委员会主席 Muzicant 有犯罪动机：Muzicant 似乎为他自己和他的生意非法占有了二战大屠杀的犹太人幸存者的赔款利息；随后一连串的反犹暗讽均由这个预设引发，暗讽包括："Jews are rich, are all businessmen, etc." 因而，犹太人针对大屠杀提出的赔款主题得以从修辞上降格为并不重要的"问题"。

进一步，演讲中又暗讽"东岸分子（East Coast）"①，呼应了传统的偏

---

① 这种说法始于 1986 年，暗指"在纽约的犹太议会说客"，指社会党依靠那些有权有势的犹太人。

见——"世界阴谋"① 这个预设。Haider 在演讲中把这样的犹太人和二战后从捷克斯洛伐克的苏台德省被驱逐的日耳曼人相比，"日耳曼人是牺牲品"，犹太人要求赔偿不公平。

接着，Haider 又用暗指和文字游戏——"dirty linen（家丑、隐私）"这样带有歧义的词组嘲讽 Muzicant，进一步把他罪犯化。同时，利用 Muzicant 的名字"Ariel"与一种清洁剂的牌子相同，一语双关地嘲讽 Muzicant 有"脏款"。即上面第 3 句"What I don't understand is how someone called Ariel can have so much dirty linen…"

Haider 的预设和暗指在听众中引起了偏见共鸣：Muzicant 和犹太人是罪犯的代表；自古即有"肮脏的犹太人"这一成见的印象得到进一步加深。如此一来，进一步严重削弱了 Muzicant 的犹太人委员会提出的大屠杀中犹太人为牺牲品而提出赔偿的要求。

Wodak 接着分析道，Haider 用旗帜鲜明的"US"和"THEM"分化了奥地利公民："真正的维也纳之心（true Viennese heart）"（US）和那些被"东岸分子（East Coast）"——纽约有权有势的犹太说客——影响的人（THEM）。从而，参与 2001 年大选的犹太人被暗指为非真正的奥地利人，尽管他们拥有奥地利国籍。

Wodak 引用的第一句话里还讽刺了 Greenberg，此人是维也纳市长的秘书，也是一位犹太人，被 Haider 戏称为 Spin Doctor②。

Wodak 论述道，因为篇幅有限，她只能对 Haider 演讲中的三句话进行分析。而我们可以看到，仅从这三句演讲词的分析中，政客 Haider 的反犹意识形态已经昭然若揭，从而证实了"暗指""预设"和"文字游戏"等语用学概念对分析政治语篇的作用。但是，笔者也注意到，Wodak 的分析

---

① "世界阴谋"论是说美国有一小群非常富有的人，由国际金融家、银行家、大财阀等组成，在世界各国和民族之间挑起战争，直到所有政府和宗教都消亡，在全世界建立一个独裁的世界政府。

② Spin Doctor 首次出现在 1984 年 10 月《纽约时报》的一篇文章里，表示"善于对负面消息进行积极解释的宣传者和策划人"。从 20 世纪 90 年代起，成了西方新闻界的流行词汇，特指竞选运动所雇的媒体顾问或政治顾问，尤其指通过有倾向性或歪曲的报道以期在公众面前制造对己有利的影响的人。

对语境的要求非常高。在真正分析之前，她用了大量的笔墨强调历史语境和文化语境的重要性。在分析暗指语料时，她并没有给出详细的含义，也许是在期待读者自己去获取文化语境和历史语境的信息。

3.1.5　复调概念（polyphony）

"复调"的概念起源于巴赫金（Bakhtine，1970 in Flottum & Stenvoll，2009）的对话理论，之后 ScaPoline（2004，Flottum & Stenvoll，2009）提出的"复调"概念为分析政治语篇提供了一套综合的方法。该方法涵盖一系列语言学现象，认为语言学描述的各种层级的元素都对复调结构作出贡献，比如：代词、连词、副词、否定式、预设和信息结构等。研究这些语言元素便可以在一个复调概念的意义中，发现语篇里不同的声音是如何显示的。

在政治演讲语篇中，为了有说服力，演讲者必须考虑别人的观点，于是语篇里常会清楚地或者含糊地给其他声音以表达空间，这些"声音"会通过各种各样的语言学标记表现出来。因此，研究复调有助于识别语篇中演讲者/作者"自己的"和"别人的"声音，从而揭示语篇的意识形态。比如：Europe is not a super state. 这句话里表达了两个观点：其一，Europe is a super state；其二，Europe is not a super state。讲话人对后一观点负责，但并没有言明谁讲了第一个观点。通过语境化，第一个观点的来源或许可以也或许不可以分辨得清。但是，重要的是，讲话人应对哪种观点负责可以被确定。

目前，西方语言学界有许多学者尝试从语用学里的"复调（polyphony）"概念这个角度来分析政治人物的政治语篇，企图揭示"话里有话"和"字里行间"的含义，例如有 Gjerstad（2007），Pozhidaev（2007），Opeibi（2007），Fukushima（2005）等。在这里，笔者介绍一下 Flottum & Stenvoll（2009）对英国前首相布莱尔的两次演讲的分析。

Flottum & Stenvoll（2009）用复调概念分析了英国前首相布莱尔的两次演讲：第一次是 2004 年 6 月，布莱尔对英国议会演讲，描述他的政府在多年的争执和艰苦的谈判后，促成并加入了《欧盟宪法和约》。一年后即 2005 年，布莱尔对欧洲议会发表演讲，此时距他第三次赢得首相职位不到两个月。在这次任职上，他领导的工党在议会席位的数量有所减少，布莱尔本人也因为对伊拉克战争的处理饱受指责。英国刚刚开始执掌各国轮政的欧盟主席职位，欧盟宪法程序搁浅，导致欧洲各国合并程序危机等等各种矛盾和问题，使得布莱尔2005年的演讲的历史语境和直接语境与一年前大有不同。

Flottum & Stenvoll 主要分析了布莱尔两次演讲中模糊复调的语言标记：对照连词 BUT 和否定词 NOT。另外，人称代词和物主代词"I/ME/MY"和"WE/US/OUR"等也被当作构成语篇的声音标记，得到了讨论。

在2004年英国议会演讲中，布莱尔用了这样一段演说词："We are in the European Union for the single market … We are in it for the strength it gives us … We are in it for its network of …"通过这样坚持的语气，布莱尔承担起了一个负责任的国家领袖和负责任的欧盟成员的角色。在英国环境里，他使用了欧盟主流的声音。并且，通过使用代词"we"，他把自己的演说置身于一个欧洲主流声音和英国声音混合在一起的复调语境里，构建了一个语篇共识。

当然，语篇里也显示了不同的声音："Of course there are frustrations and compromises. But the EU is the most successful way …"布莱尔用"frustrations and compromises"为别的声音留出了空间，但是他并没有去反驳那种声音。然而，由对照连词"BUT"引导的话语，强调并且加深了布莱尔此刻的观点："欧盟是最成功的方式（the EU is the most successful way.）"这是布莱尔目前演讲的基础。

布莱尔的第二篇演讲与第一篇相比，在时间、地点、听众和内容上都有所不同。总地说来，第二次演讲提供了更多的复调表现形式。比如，演讲者用了一系列的"I"，后面接着不同的动词，似乎在表明自己承担着不同的责任：演讲人、听众引导者、政客和辩论者等等，从而使听众/读者感受到讲话人背后的喧闹：他在疲于应付不同的人和声音。而且，布莱尔对"NOT"的使用比第一次演讲多。否定是一种模糊的复调现象，说明一种观点被驳斥，而且不用表明被驳斥的观点来源于何处；否定还可以或多或少地带有辩论价值。比如，在第二次演讲中，布莱尔提到："The issue is not between a 'free market' Europe and a social Europe, between those … and those …"

这句话里，丝毫没有提及是谁有不同的声音，布莱尔仅把观点——反对自由市场/一个社会的欧洲——归因于某一类人。之后，布莱尔用了更多的否定，对其中的一些，作为直接的拒绝，他给出了肯定的选择。例如，"This is not a time to accuse those who want … It is a time to recognize …"；"The issue is not about the idea of … It is about … It is about …"；"I believe this to be… If so, it is not a … it is a …" 这些否定句使得演讲充满了多种声音，以及辩论的因素，与演讲的前半段提倡合作和互动相呼应。

通过对否定词 NOT、对照连词 BUT 和代词 I/WE/THEY 等的分析，Flottum 和 Stenvoll 很好地捕捉到了布莱尔演讲中的不同的声音。这种复调角度可以系统地识别语篇的主题；可以帮助确定命题内容是怎样被评价的，有效/无效，接受/拒绝；此外，复调分析可以展示出参与的不同的声音，帮助寻找不同观点的来源；最后，它可以帮助确定演讲人的声音和其他声音之间的关系。

政治语篇作为政治体制的产物，在社会生活中起着影响甚至操纵国家发展和社会走向的大问题，其重要程度可想而知。各个学科——政治学、社会学、法学等都对政治语篇从不同的角度积极关注。政治语篇的主要载体——语言，自然得到语言学者们从语言学的角度的详尽分析。

笔者从一些著名的国际学术期刊 2004 年至 2009 年的 105 篇论文中，找出几篇具有代表性的运用语用学理论分析政治语篇的论文加以介绍。例如：Wodak（2007）通过"暗指"等概念，分析右倾政客 Haider 的演讲语篇里的三句话，成功地揭示了演讲人恶意反犹的政治企图；Mazid（2007）运用"预设"概念整理出了布什 2001 年 9·20 演讲的主题思路，展示了美国政治上霸权与对话的矛盾；Flottum & Stenvoll（2009）运用"复调"概念分析了布莱尔的两次演讲，发现了这位政治精英的政治窘境。

上述的研究者们在应用语用学理论时，并非只拘泥于某个单一的概念，而是几种概念相互交织，互相衬托。例如：社会语言学里的"身份"概念几乎被大多数的研究者用到，来分析 we/they 的政治阵营区别和意识形态区别；批评式话语分析里的语境概念和意识形态概念几乎被每一篇论文反复提到和应用；等。这说明学科之间的分界并不是那么分明，是可以互相借鉴、互相启发和应用的。交叉学科的使用，会让我们的研究视野更加开阔，研究成果更加丰富，结论也会更加深入和准确。

另外，在上述政治语篇分析里面，有一些方面应该得到更多的重视，例如：民族差异、文化差异和性别差异；从语言学上，在差异之间适当给出架设沟通桥梁的建议；语篇的读者、听众和观众的反映；政客演讲语篇的量化分析太少，仅从一篇演讲难以精确得出他的语言或者意识形态特征。

总体说来，政治语篇分析会有较大前景，值得语言研究者们的努力。

3.2 社会语言学角度分析政治语篇

1983 年，Stubbs 把社会语言学与语篇分析这两个尚处于早期发展阶段的交叉学科放在一起进行讨论。Stubbs 认为，社会语言学研究语言与社会的关系，研究文化，研究社会交往，这些都是语篇分析所需要的理论基础。他认为自己几乎难以理清语篇分析和社会语言学之间的异同。当然，随着这两门学科的不断发展，它们已经各自有了理论和阵地。但是，语篇分析的交叉学科的特性使得它仍在不断地借用别的学科的理论和概念，包括社会语言学的理论继续被语篇分析使用。

政治语篇分析是近年来语篇分析学科里面发展很快的一个领域，许多学科尝试用不同视角分析政治语篇。笔者在搜集了著名的国际学术期刊 Journal of Language and Politics；Discourse & Society；Journal of Sociolinguistics 等 2004 年至 2009 年的分析政治语篇的论文后，发现一些论文是从社会语言学的角度，进行政治语篇分析的。其中，理论方面用得最多的是身份概念，许多论文用单独使用或者与其他理论结合使用这个理论分析政治语篇里的不同的社会身份，以揭示语篇里面包含的意识形态；其余的则有语言习性概念（habitus），禁忌语概念等。笔者下面就此话题分类论述。

3.2.1 身份概念（identity）

在社会语言学里，"身份"不是一个仅仅具有识别社会地位或群体关系意义的概念，它伴随着实际的使用具有强烈的社会语境价值。根据 Jen-kins（1996），身份概念表达了一种过程，不管它是否稳定，是否被制度化；它在表达"存在"或"成为"的意义时，在个体和集体的层次上，不断地被更新、被确认或被转型。后工业时代的社会演化速度和维度，引发了不安全的意识，带来了身份的问题以及对稳定、权威或连贯性的关注。因此，在分析政治语篇时，身份概念是用得最广的一个社会语言学理论。

使用身份概念分析语篇时，最典型的结构是"对立式"：一方是"we"，通常代表积极的和联盟的一方；另一方是"you/they"，通常是被贬低的和被驳斥的一方（Jenkins，1996）。De Cillia, Reisigl & Wodak（1999）认为，"身份"并非固有地存在，它是需要建立和构筑的，代词"we"是表达国家、民族或者民族身份语篇时最重要的一个词。有许多研究者单独使用"identity"或与其他理论合并使用，进行政治语篇的分析活动。例如，Higgins（2004），Petersoo（2007），Gad（2009）和 Josey（2010）等。在这里，笔者重点介绍 Lee（2007）的论文，看她是如何运用"身份"理论分析了韩国和朝鲜的政治语篇，发现它们在构筑共同的文化敌人——"对方"（美国）时，又如何各自展示自己的意识形态的。

电影"007 择日而亡（007 Die Another Day）"播出后，Lee 搜集了大量南北韩两个国家的韩语和英语媒体针对电影的评论文章（从 2002 年 12 月至 2003 年 12 月），以及同时的美国媒体（The New York Times, Chicago Tribute 等）上朝鲜和韩国人的书面和口头的电影评论，量化分析后发现，尽管存在政治和意识形态的分歧，韩国和朝鲜却一致地使用了"we‐ness"语篇代表己方，用"the US, America, Hollywood, the movie, and the James Bond Film"等作为邪恶行为（"挑起南北韩的对立""降低朝鲜（南北韩）作为一个民族的尊严"等）的主语施事者，成功地构筑了他们共同的对手——美国"the evil"的负面形象。

然而，作者的研究不止于"we/they（韩/美）"的区别，她发现南北韩在反击美国意识形态时，尽管用的身份都是"we are against the US"，却有着"inclusive us"和"exclusive us"的差异。朝鲜对美国的批评比较宏观和笼统，不断地强调美国"很邪恶"，美国"意在于打击整个朝鲜半岛"。相比之下，韩国给出的论据则从政治到文化，涵盖很广，比如：美国误解了韩国，美国典型化了东北亚地区，电影描写南北韩的方面欠缺专业知识，美国歧视朝鲜半岛，偏向日本，等等。这说明南北韩在使用"we/us"时有深一层的区分，各自鲜明地附属于己方的政治观念和意识形态，竭力表明"我和你在身份上是不同的"。尤其韩国的语篇里，"us"有着明显的"I vs. you"的区分，意味着，尽管"we are both against the US"，却有着"I am different from you"的深层内涵。

研究者还发现，韩国的"we"语篇里还有"反语篇（counter – discourse）"——自我批评的内容存在。意在于表明：1）电影就是电影；2）我们不能袒护朝鲜；3）我们对电影反映过激；4）我们对差异（韩/美、南/北韩）应该更清醒（对"them"的理解有区别）。

Lee 的这篇论文成功地运用"身份"概念，在不同层次客观和中立地分析了南北韩以及美国政治文化中的意识形态，值得中国学者的借鉴。

3.2.2 语言习性概念（habitus）

关于社会语言学理论中的习性（habitus）概念，Bourdieu & Wacquant（1992：145）认为，任何语篇都是语篇"习性（habitus）"和语言市场（linguistic market）相交锋的结果。Bourdieu 把语篇"习性"定义为"一组社会特性的组合，暗示用特定的方式讲话，表达特定的事物，在特定场合，能丰富地使用能产生无限语篇系列的讲话的能力"；把"语言市场"定义为"一系列的力量，它们强使自己成为一系列特定的审查系统，通过确定语言学产品的'价格'来生产自己的语言"。讲话者需要学会衡量语言市场，知道语言产品的价格和价值，以使得自己根据构成合理合法语篇的模式来塑造自己的语篇习性（Bourdieu，1992：45）。

Bourdieu（ibid.）还认为，集体的和国家的身份意识有着特殊的语言习性，这是一个复杂的、共同的却又有差异的意识图示（schema），有着相关的情感、性格和态度，同时又具有不同的行为特征和传统，都是通过社会化进行内在化的。行为特征和传统包括对自己团体倾向于团结，同时又随时准备从建构的集体排斥他人。因此，分析国家/民族身份的语言习性有助于理解政治语篇的意识形态内涵。

笔者介绍一下 Boussofara – Omar（2006）如何利用习性概念分析政治语篇的。1987年，突尼斯新任命的首相本·阿里（Ben Ali）通过无线电波，发表了一份政治演讲，宣称罢免当时的"年老多病"的总统，任命自己为继任者。研究者 Boussofara – Omar 发现，既成演讲稿和手写体原稿之间有相当大的改动。于是，通过对一些改动（尤其是词句的顺序和某些删节）的描述和社会语言学分析，演示了语言变化是如何掌控新语篇权威和总统"声音"的制作过程的，以及演讲者如何及时"挪用"他人的"声音"、他人的语篇和言词，以及语言习性（habitus），为自己在竞争性的"声音"和语言习性中寻找一种平衡。

在 Boussofara – Omar（ibid.）的论文中，她首先论证了语码转换（code – switching）在继任总统演讲里面的重要性。原来的总统习惯于使用一种语码集合体，包括突尼斯阿拉伯语、法语、古典阿拉伯语和现代标准阿拉伯语。而继任者的演讲则仅使用了古典阿拉伯语和现代标准阿拉伯语的合成体（fushaa）。这样，不仅使老总统使用的其他语码被迫转于无形，还使得原来使用那些语言的人在公共演讲场合中处于"被抹掉"的地位。并且，它也展示了新总统的语言习性：权威、权力、距离感以及与民众隔离（相对于老总统的"亲民"语码）。这种语码转换代表了继任者开拓新的政治语篇时代的符号内涵。

另外，研究者发现，总统继任者（当时的首相）若仅使用体制权力赋予的权威，不足以罢免时任总统，不足以服众。所以，他除了使用新的语言代码之外，还不得不获取总统"声音"的语言习性。该习性是个"声音"复合体，由人民的声音，政府的声音，党派的声音，友好公民的声音等组成。使用这种习性不仅是产生有效的总统声明这么简单的问题，而是学习如何与语言市场中的"象征资本"合拍（Bourdieu，1992）。研究者在被修改的演讲稿中，发现了个人与群体声音的界限，以及演讲者如何努力去阐释和自然化新的权威。例如，在修改稿中，演讲者增加了对集体回忆的诉求，称原来的总统时代代表着"牺牲、光荣和胜利"。这种对过去历史的参照表明了演讲者与公众分享着美好的历史，说明尽管他自诩为合法的继任者，但无法忽视旧领袖和人民在过去30年中的强有力的联系；同时，弱化了他对老总统的权威的挑战。

演讲词中相对于原稿，还增加了对老总统的衰老和疾病的描述，以及对"突尼斯宪法 57 条"的使用，使得原稿中继任者自己即将成为新总统的"无理的"个人观点成为了官方集体声音的发布。修改稿为："But the national duty compels us today, given his old age and gravity of his sickness… that we declare based on a medical report that he has become totally incapable to fulfill the duties of the presidency of the republic."

研究者又用社会语言学里的"身份（identity）"概念进行分析，发现修改稿中，演讲者用了涵括性的"we"。用这种集体式的合唱共鸣的"我们"，在表达了对老总统的爱戴和尊敬后，"共同"发现了老总统已没有能力领导下去这样一个"集体事实（collective truth）"。同时，演讲者强调老总统一直把自己描绘成"唯一的救星"，仅有的"真正解放者"，从而打击了老总统的追随者们的积极性，削弱了对继任者的挑战。原文为："In his eyes, his personal story summarizes the history of the whole Tunisia. … He is a founder of the nation, a guide, and a father; without him there is no salvation …"如此一来，老总统的特权和个人"资本"，领袖魅力，在继任者这里被"推翻"了。接着，继任者把自己描述成"合法的、可信赖的、有道德的"人，从而在语言市场上，为自己谋得职业的和形象的"语言资本"。

研究表明，总统继任者的演讲语篇不得不"重新组词"（reword），为的是使个人语言习性在社会历史和政治语境的紧张关系中，技巧地获得总统语言习性，使个人与社会历史权威的声音合拍。同时，还要在各种权威声音的"合唱"中，听到继任者自己的声音。研究者认为，总统的继任者，通过对原有演讲稿的修改，展示了新的历史发言人生产语言魔力的有效过程。

笔者认为，语言习性概念在国内外社会语言学界是个不太受到关注的概念，也许在于它与 community、stylistics 等理论有重合之处。但是，当把它用在政治语篇分析的语境时，习性概念可以很好地解释语篇与社会语境和历史语境的关系。国内学者可以借鉴西方学者的创新之处，大胆把理论用于实践。

3.2.3 谩骂语概念（invective）

加纳的 Agyekum（2004）运用禁忌语（taboo）理论里面的谩骂语（invective）概念，研究在政治语篇中，语言是如何被用作武器的，以及在参与者中制造紧张关系的程度。Agyekum（ibid.）认为，谩骂语是一种侮辱性的语言，是带有语言暴力的指责。什么是谩骂语，什么不是，是由语言和文化背景决定的。在加纳被认为是谩骂语的言词，在别的国家可能不是。

作为武器，谩骂语是击中对手的性格、家史、宗教或者生理等某些或许真实，或许半真半假的缺陷、缺点等，进行侮辱。因此，谩骂语被归类为禁忌语。若在公众场合使用，杀伤力会更大。政客们通过政治谩骂语互相拆台，不仅出现在党派之间的斗争中，也出现在党派内部的斗争中。研究者搜集了加纳的大量报纸，与社会背景文化相结合，分析谩骂语在政治语篇中的使用。

作者发现一位酋长攻击他的对手为"a demon"。这意味着他的对手是邪恶的、残忍的幽灵，是对主人的背叛者。这位酋长这么做是违宪的，因为《加纳宪法》规定酋长不得侮辱他人，也不能被任何人侮辱。同时，一位部长攻击对方民族是不诚实的。对方民族则反过来讥讽该酋长和部长的民族是"需要被鞭子抽打才会转身的动物"。加纳的经济状况较差，公务员收入入不敷出。民间戏称公务员领工资的第一天，钱都不足以让他们回到家。而一位议员则讥讽退休时还买不起房子的公务员是"愚蠢的"。这是一种职业谩骂，自然引起反击：一批律师准备"更清楚地理解"这位议员。一位专栏作家把当地政客描述为"stomach politicians"，"sycophantic and blinded by their wealth"，意在指政客们仅仅为了自己的欲望和需求而工作，不惜贪婪、腐败和欺骗。诸如此类的例子不胜枚举。

研究者得出结论，使用谩骂语的人思想方式倾向于极端，看不到对手的优点。同时，也说明加纳的政治尚处于向民主和文明的政治语境发展的阶段。

笔者在这篇论文里读到了研究者的机智和幽默，他抓住了该国新闻语篇和政治语篇的特点，用学术的方法解读，给刻板和严肃的学术研究带来一些轻松和活泼。这也是值得我国学者借鉴的地方。

3.2.4 标准化概念（standardization）

根据社会语言学，语言的清晰的文字系统是强化或维持语言的标准化的一种形式（Milroy & Milroy，1985）。标准化被各种社会的、政治的和商业的需求所激励，意在确保系统内固定的价值观。因此，标准化语言，标准化语言格式即一种特定的意识形态。政客们会通过对语言标准变体的掌控，来合法化并且权威化他们的个人目标（Milroy，1985）。

Reyes - Rodriguez（2008）作了一个定量研究，以古巴的卡斯特罗（Castro），委内瑞拉的胡果·沙维兹（Hugo Chavez）和玻利维亚的伊沃·莫拉（Evo Morales）的演讲为语料，考察政治语篇利用一系列的语言标准化变量，改变语体风格以适应不同听众的特性。被使用的语言变量有：语篇标记变量（比如 well 等），完整句 vs. 缩略句变量，重复变量，身份（identity）变量等。Reyes - Rodriguez 发现政治家们在用了不同的语言标准化变量，有意识地调整自己的语篇的语体风格和语体变异后，可以针对不同的听众发表内容相似的成功演讲。例如，卡斯特罗针对不同的听众，用正式或不正式的语言标准化变体的演讲，都受到了热烈欢迎。

政治语篇作为政治体制的产物，在社会生活中起着影响甚至操纵国家发展和社会走向的大问题，其重要程度可想而知。各个学科——政治学、社会学、法学等都对政治语篇从不同的角度积极关注。政治语篇的主要载体——语言，自然得到语言学者们从语言学的角度的详尽分析。

社会语言学因为它本身研究语言与社会的关系的特性，使得它的一些理论和概念被借用来分析政治语篇。Lee（2007）用"身份"概念清晰地揭示了南北韩在对美国媒体反击时，所展示的相同和相异的意识形态；Boussofara - Omar（2006）用"习性"概念分析了突尼斯首相继任总统时发表的演讲修改稿和原稿的差异，得出结论：仅有权力体制并不能确保继任者拥有总统权威，而总统语言习性的获取却能使他得到了拥戴；Agyekum（2004）对"谩骂语"的分析则更进了一步，语言在政治语篇里是可以用作武器的。

笔者发现，上述的研究者们在分析政治语篇时，并非只拘泥于一种语言学概念，而是几种概念相互交织，互相衬托。例如：社会语言学里的"身份"概念几乎被大多数的研究者用到，来分析 we/they 的政治阵营区别和意识形态区别；社会语言学里的"习性"概念结合语用学里的"复调"概念，分析如何获得总统声音和总统权威；等。这说明学科之间的分界并不是那么分明，是可以互相借鉴、互相启发和应用的。交叉学科的使用，会让我们的研究视野更加开阔，研究成果更加丰富，结论也会更加深入和准确。

另外，笔者认为，我国国内社会语言学的研究仍未走出形式语言学的框架，与社会的结合只停留在研究语言在社会中使用的表面，未能像语篇分析那样能够把语言用作阐释表象后面的社会意义的工具。其实，社会语言学有许多概念是容易用来进行政治语篇分析的，比如性别差异、民族差异、社会阶层差异等概念。

总体说来，社会语言学理论用作政治语篇分析会有较大前景，值得语言研究者们的努力。

3.3 政治语篇分析的阵地——《语言与政治期刊》

政治语篇分析已经有了正式的国际平台，即《语言与政治期刊》（The Journal of Language and Politics）。它创刊于 2002 年，是由荷兰 John Benjamins 出版公司出版，由著名语篇分析专家 Ruth Wodak 和 Paul Chilton 共同编辑的一份高质量的学术刊物，是 SSCI（Social Sciences Citation Index）和 A & HCI（Arts & Humanities Citation Index）等国际社科索引期刊。

对于期刊宗旨，Paul Chilton ［1：297 - 301］在 2007 年期上做过精辟的总结：期刊的宗旨，过去是、现在是、将来仍是，以学术探求和争鸣的最高标准，为学者们提供一个平台；以对时政做出反应为目的，为研究者创造一个出版空间；以全球的知识分子分享思想、互相学习为宗旨，打开一个竞技场；通过发展扎根于各种学科的方法和概念框架，来深化我们对人类语篇的理解。

在这份期刊里，"政治语篇"的概念不局限于政治的"制度"领域（比如议会选举、选举运动、党派活动、演讲等），而是朝所有的被认为是政治的语言学表现形式敞开（比如报道政治的媒体文章，法律语篇，社会秩序和活动等）。论文的研究方法也不拘一格，可以是定性或者定量分析；可以以语言学或其他相关学科为基础；可以专注于政治语篇的不同方面（如语用学、语义学、社会语言学、符号学等）；也可以综合社会学概念、政治理论和历史分析于一体。

3.3.1　主编简介

两位主编之一的 Ruth Wodak 的主要研究方向是：语篇分析的理论方法的发展（结合人种学、辩论术、修辞学和系统功能语言学），性别研究，语言与政治，歧视与偏见等。她1991年起在奥地利维也纳大学任应用语言学系教授；2004年9月起，任职英国兰卡斯特大学语言学和英语语言系杰出教授。1996年获维特根斯坦精英研究者奖，2001年获维也纳市科学奖，2006年获维也纳市女性奖，2009年9月被选为欧洲语言学会主席。Wodak是位高产学者，已经发表256种非常有影响的学术作品，包括专著、合著、论文和编辑等。《语言与政治期刊》的另一位主编，Paul Chilton，是英国兰卡斯特大学语言学和英语语言系教授。他的主要研究方向是语篇分析，尤其是政治语篇分析。Chilton 也是一位多产学者，发表了几十种论文和专著。较有广泛影响的一本专著是 Analyzing Political Discourse：Theory and Practice. London：Routledge. 2004.

3.3.2　2009年期刊简述

2009年《语言与政治期刊》共分3期，平均每期6－7篇论文，1－2篇书评。文章作者和分析的语料来自不同的洲不同的国家，比如：有分析日本市议会观众的插话式参与的文章，有评析津巴布韦教会领袖号召公众的文章，有分析不同的欧洲国家看待欧盟不同态度的文章，还有分析美国前总统布什的记者招待会的玩笑与笑声的文章，等。为了便于分析和述评，笔者将这些论文按分析方法和研究目标，大致分成三大主题：修辞学角度、语用学角度和社会语言学角度。另外，还有语言教学角度的两篇论文，以及3篇书评，因为在期刊中所占比重小，笔者将在此对其忽略。

Jones & Wareing ［4：31－74］认为，政治关注权力：做决定的权力，控制资源的权力，控制其他人的行为和价值观的权力。这些权力通常由政治语篇的形式表现出来，而政治语篇则由有权力的人物讲出或者写出。这些有权力的人物大多数为职业政客，参与国家和社会的重要问题的决定过程。那么，《语言与政治期刊》则是引领语言学者们透过政治语篇的语言表面，揭示其背后潜藏的政治人物的权力意识形态。

3.3.3 修辞学角度

修辞学与政治语篇的关系可以回溯到古希腊时代，亚里士多德的《修辞学》和西塞罗的《论演说术》都论证了修辞手法尤其是隐喻对政治演说的影响。在现代政治语篇里，修辞同样起着重要作用。Lakoff [5：3 - 5] 曾经说过，"Metaphors can kill." 在 2009 年的《语言与政治期刊》里，Bates 从隐喻和类比的角度，剖析了克林顿把科索沃战争比作"二战大屠杀"，把米洛舍维奇比作"人民公敌"，为自己的科索沃干预战赢得了广泛的国际支持的政治语篇；此外，还有 Erjavec 分析的"波西尼亚对恐怖主义的战争"和 Sharifian 分析的伊朗与美国利用比喻语言互相攻击的政治语篇等共 5 篇论文，笔者拟介绍其中的两篇。

令笔者印象最深刻的是第 3 期里 MacPhail [6：456 - 475] 对禽流感政治中中国角色的分析。禽流感本来是一种疾病的名称，在这篇论文里被作者用来借喻政治。MacPhail 认为越来越高的全球化传染病爆发风险中，禽流感被集中关注，成为公众健康体系和支持该体系的政治结构中赌注很高的比喻空间。把围绕禽流感病毒发展的各种报刊文章联系在一起后，就可以发现"暗藏的论点"，找到禽流感政治的意识形态。

作者评述说，禽流感是 A 型流感的一种亚型态，医学上称为 H5N1 流感。在 2005 年的各种媒体，该病毒被描述为"中国流感"，中国被比喻为致命流感起源的"黑洞"。原因在于 H5N1 病毒 1996 年首次在中国的家禽身上分离出，之后通过香港迅速蔓延，现在已经在埃及和英国发现。该病毒始终被大众媒体认为与中国相关。甚至有科普记者更进一步指出，中国是几乎所有的流感和瘟疫的源头。因为在中国，猪、鸭共处一栏，人和动物共处一院。

作者 MacPhail 认为这样的评论有欠公平，从中世纪到 19 世纪，欧洲的几次大瘟疫主要源于俄国或者中亚地区；1975 年到 1994 年，禽流感病毒也频繁地在加拿大、日本和乌克兰的鸟中被发现。中国被指作"替罪羊"的原因是，欧洲根深蒂固地认为疾病总是来源于别处。于是，通过语言，通过创造出来的因果逻辑，H5N1 被从生物实体转变成了"中国病毒"。

MacPhail 发现，在香港，人们会自觉或不自觉地把一切疾病，包括头顶昏黄的空气污染，都归咎为"大陆"，仿佛这些病毒都是中国的问题，而不是中国香港的问题。世界卫生组织和美国疾病控制中心等一些卫生机构不断指责中国政府是世界流行病预防的严重阻碍，其中一个原因是无法从中国得到 H5N1 的病毒样本。而中国也在抱怨 2004 年送到 WHO 实验室的样本被用于研究后，却丝毫未认可中国科学家的贡献。于是，中国开始独自研发禽流感疫苗，并从越南和泰国获得样本。

同时，MacPhail 还发现，《纽约时报》注意到越来越多的美国政府官员承认多次面临"政治干预"，被政府施压以抑制或者弱化一些与执政政策或信仰相违背的公众健康信息。政治学上，战争被认为是政策或政治的延伸。因此，MacPhail 论辩称，关于全球性威胁的禽流感"战争"，已经演化成国家身份和民族尊严的代表，是否是另一种形式的政治延伸？

因为这篇论文涉及中国和世界公众敏感的禽流感，所以笔者把它放在第一位进行了介绍。研究者 MacPhail 是加州大学伯克利分校医学人类学专业的一位博士生。她并未使用特定的语言学理论或者高深莫测的政治学理论，仅仅把一些舆论报道穿插在她自成一体的论述中，论文中间仅用福柯的"医疗技术与政治意识形态的关系"稍作评论，就达到了揭示政治语篇背后的意识形态的目的。笔者认为，像论文作者 MacPhail 这样在世界政治中对科学持客观公平态度的学者是非常值得尊敬的。通过对该论文的介绍，笔者希望中国的语言学者们可以借鉴该作者的分析方式，不拘泥于过于学术的论争和分析，而是注重实际问题的发现和探索；另一方面，希望提醒中国的年轻一代学生们，中国在国际上尚处于被围堵和踩踏的境地，中国的发展还有很长的路要走。

另一篇从修辞角度分析的论文"从乐园到品牌（From Paradise to

Brand) [3：112－135]"，因为分析的语料较新颖，笔者也介绍一下。人们通常认为，在语言和政治的关系中，前者在对后者的建构中起了决定性作用。然而，试图通过影响隐喻的结构，来影响政治的情况很少被注意到。Hulsse 用列支敦士登这个欧洲袖珍小国的形象口号作为语料，分析了隐喻对国家形象的影响，以及国家如何反过来利用隐喻改变自己的形象这样一种政治语篇活动。

研究者 Hulsse 搜集了从 1975 年至 2008 年的英语和德语报刊关于列支敦士登的报道，发现这个原来贫穷的小农业国在通过低税收和高保密政策转变成欧洲金融中心后，英语报刊，如 New York Times, Economist, Financial Times 等，把它称作"金融避风港（financial haven）"，德语报刊，如 Der Spiegel, Die Welt 等，称其为"金融绿洲（financial oasis）"和"乐园（paradise）"。这三个隐喻给与列支敦士登积极、正面的国家形象，有力地推动了该国的国际影响力和经济的发展。

但是，自从 20 世纪 90 年代末，列支敦士登的上述隐喻形象变得负面了。原因在于，有新闻报道说列支敦士登给俄罗斯、意大利和南美的各类金融犯罪分子和毒枭等提供洗钱机会。于是，该国被英语、德语媒体评价为"阴暗的税收避难地""肮脏的洗钱绿洲""骗子、罪犯和恐怖分子的乐园"。甚至，2000 年 6 月，世界两大金融机构 OECD 和 FATF 都把列国放在了"黑名单"上，这意味着列国已经成为邪恶的国家之一，面临着强制措施。

列支敦士登经历了一次巨大的隐喻形象的突变，于是考虑反击，重塑国家形象。在进行了一系列准备后，设计了"品牌列支敦士登"方案，重新塑造了三个隐喻形象：王冠、宝石和品牌（crown, gem and brand）。宝石和王冠给人以独特的魅力、超越时空的富足和没有假冒的纯净的形象。"品牌"使得列支敦士登国家被构建成一个可以经营的品牌，使得这个国家可以被管理、变化和再创造。更确切地讲，它变成一个品牌公司。以前的隐喻"绿洲"和"乐园"是有明确疆线的，"品牌"隐喻把领土原则抛在身后，使列支敦士登成为一个后现代政治实体。

作者 Hulsse 发现，FATF, OECD 和一些报刊仍然使用列支敦士登传统的隐喻，只是改变了它们的意义。而列支敦士登政府设计的新的隐喻，尚未成功地取代原有的隐喻。可以看出，发展一个新的隐喻需要一个长期过程。

笔者认为，在这篇论文里，研究者 Hulsse 从隐喻角度分析国家形象，材料新颖，理论角度准确，结论也很鲜明：发现语言隐喻可以积极或者消极地影响政治，大大扩展了隐喻研究的思路，证明了语言学对分析政治语篇的贡献。

下面，笔者介绍一下从语用学角度而做的政治语篇分析。

3.3.4 会话理论的角度

Wodak［9：203 - 225］曾经说过，会话理论是分析政治语篇的非常有效的工具。笔者在 2009 年的《语言与政治期刊》中，发现至少有四篇论文是从这个角度切入的。Ekstrom［2：386 - 415］的论文 "Power and affiliation in presidential press conferences" 以 2005 - 2007 年美国前总统布什召开的 19 次记者招待会为语料，以"会话分析"为理论框架，分析了招待会上的"打断（interruptions）"、"玩笑（jokes）"和"笑声（laughter）"三种语言学现象，揭示了总统和记者之间的权力、自主和从属关系。语料生动有趣，理论分析简明且扣题，令读者既看到了西方大国政客的机智幽默，也看到了他们独断专制的一面。

两位日本语言学者 Mok & Tokunaga 运用会话理论的"道歉（apology）"策略理论，分析了日本前首相小泉纯一郎在 2005 年 4 月作的对于二战罪行的公开道歉，回应了国际舆论对道歉真诚性的质疑。两位分析者运用 Blum - Kuta（1984，1989 in Mok & Tokunaga）的五个经典道歉策略——a. 解释；b. 承认责任；c. 提供修复；d. 承担许诺；e. 指示手段的言外之力（Illocutionary Force Indicating Device，简称 IFID）——分析了小泉的道歉后，认为它完全符合上述五条致歉策略。至于被怀疑不真诚，研究者认为那是由于日本人含蓄性格所致的"模糊和间接的"语言表达方式，并非"回避公开和直接的道歉表达"。至于是否模仿了 1995 年首相村山富市在二战纪念会上的道歉演讲，研究者给予了肯定的回答。但是，村山是在二战 50 周年纪念会时做的道歉，符合当时语境；而小泉是在亚非峰会上做

40

的,同时面对着受过侵害的亚洲国家和未曾受过侵害的非洲国家,有更大的损失颜面的风险。因此,小泉的道歉在时间和场合上,更好地达到了道歉的效果。而从结果上看,Koizumi 的道歉确实解冻了当时中日两国的冷战,直接导致两国高层领导人的短暂会面。

但是,两位研究者最后明确地指出,言行不一致时,语言肯定会被误解。一方面,日本为了完成修复许诺,给予中国和其他亚洲国家几十亿美元的资助;另一方面,小泉和他的幕僚又不断造访靖国神社,使得中韩一再怀疑小泉道歉的真实性。因此,日本未来的首相们是否能够用行动表达前任的道歉,有待观瞻。

两位研究者对自己国家前首相举世敏感的政治道歉所作的分析和讨论,体现了语篇分析的科学严谨性。同时,笔者也不禁想到,中国公众曾对日本为二战道歉真诚与否讨论得热火朝天,语言学界却充耳不闻。象牙塔式的研究风格与我们的大国地位不符。我国的语言学研究者们应该大胆地把理论与社会实践结合起来。

3.3.5 历史身份角度

在分析政治语篇时,运用社会语言学里的身份概念,探讨国家的国际地位、民族意识和社会阶层融合等问题,似乎是个挥之不去的主题。在后工业化时代和全球化时代,社会演化速度和维度之大,引发了不安全的意识,带来了身份的问题以及对稳定、权威或连贯性的关注。因此,在分析政治语篇时,身份概念是目前用得最广的一个社会语言学理论。在 Journal of Language and Politics(2009)的20篇论文中,有多达9篇是从"身份概念"的角度进行分析的。例如,Hellstrom 的论文 "Teaching Europeans how to be Europeans",讨论欧盟成立后,欧洲人应怎样在"大家庭"中融洽相处,而又不失自我。Gad 的论文 "Post – colonial identity in Greenland",分析格陵兰岛人怎样与丹麦处理后殖民关系。Wimmel 的论文 "Beyond the Bosphorus"分析的是,在土耳其提出加入欧盟申请后,德国、法国和英国主流媒体对其是否具有资格申请"欧洲身份"的不同反应。

下面,笔者介绍一下 Leone & Curigliano [6:305 – 326] 的文章 "Coping with collective responsibilities"。该研究意在更好地理解自传式记忆和历

史身份相联系的复杂过程，这里的历史身份指一个群体接受家庭和文化遗产的意识。研究者们对意大利老中青三代人进行了比较，想了解实验的参与者们在思考历史和个人生活的关系时，多大程度上会自发地想起法西斯主义及对其历史责任有所担当。研究方法用的是系统功能语言学派的 Martin 的评价系统中的态度分析系统。研究对象分为三组：11 位 60 岁以上亲历二战的老人，6 位 40 岁左右的中学教师和 10 位 18 岁左右的中学生。实验中，每组关于二战的历史性和个人记忆各自讨论 70 分钟。

通过对老中青三代人话语轮的定量分析，研究人员发现，三代人在态度系统的三个子系统上有很大差异：在"情感（affect）"资源上呈现从老年到青年明显下降的趋势；而在"欣赏（appreciation）"层面，则反过来，从老年人到青年人呈现上升的趋势；最后，"判断（judgment）"系统又明显下降，即关于二战中意大利的作用这令人耻辱的方面的评价表达，从老年组到青年组呈直线下降，青年人几乎为零。

研究者们又用定性式方法深层次分析了研究对象两种不同的对话话语轮：（1）自传式叙述的话语轮，主要由解释情感的语言资源组成（情感）；（2）以辩论思考为基础的话语轮，主要由评价行为或过程的语言资源组成（判断和欣赏）。

研究者们发现，自传话语轮只有年长的参与者使用，他们带着怀旧的情感谈起过去的好时光，其中掺杂着他们自己对历史的理解和参与，而不仅仅是对历史的评价。比如："We came out of a war that Italy had lost. . . The greatest POVERTY, . . . THEN slowly. . . there was the economic boom, there was affluence. . . "

关于辩论式话语轮，研究者进行了两种结果分析：判断分析和欣赏分析。关于判断分析，研究者们发现，所有参与者都谈到了二战中意大利的角色的矛盾方面。因为意大利法西斯政权的负面内涵代表着对民族身份的威胁，小组讨论阐释史实时都用正面的行为规范"判断"历史。例如，年轻组的人谈论说："Fascism was a time in which certain things happened. . . . Certain people who had influence in Italy. "（ + normality）同时，参与者们极易提到家庭是他们判断的主要"来源"，而非各种教科书或社会教育。这种带有保护作用的家庭叙述，阻挡着对过去消极的历史责任的明确担当。比如，成年组有人说："Not all the Nazis were criminals（propriety +）. If you listen to my mother … they don't behave badly（propriety +）, but perform their duty as soldiers and that's all."

在辩论话语轮的欣赏分析中，研究者可以观察到老、中、青三组都在保护自己的历史身份，有强调"过去的美好时光"的企图。比如，年轻组有人说："We see fascism through the evidence in our area, … we consider the improvements made on our land, therefore the opportunities to work（valuation +）."

最后，研究者声称，意大利三代人受试者倾向于把历史身份与接受二战集体责任这一问题联系起来。但是，三代参与者都保护自己的历史身份免于过去的负面影响。研究者们分析认为，这种结论，向"坏"里阐释，尤其青年组为代表，就会被看成是重新建构二战史的表现，忽略显而易见的耻辱的方面（法西斯主义）；但是，也可以从好的方面阐释：首先，三代人对历史的讨论是对有争议的过去的社会阐述的一种继续进行。第二，年青一代似乎可以与社会阐述的情感方面保持距离，仿佛开始从个人记忆和家庭记忆为出发点，来处理纠缠不清的历史身份这个困难任务。

意大利的这两位研究者以个人记忆和历史身份为出发点，探讨意大利人对历史的群体责任的意识和担当问题，在人文社会里极具代表性，结论也令人深思。能够坦诚面对历史的民族确实不多，这点也可以从前面的日本学者分析的该国首相对二战的道歉文看出。笔者禁不住想，我国语言学者为何不尝试做个类似的研究，探讨一下对我国近代史的反思。同时，两位研究者用的分析方法是系统功能语言学里面的评价系统，再次证明了系统功能语言学对批评式话语分析的贡献。

《语言与政治期刊》在 Wodak 和 Chilton 两位语言学专家的精心呵护下，已成为政治语篇分析的前沿阵地，论文作者们公平民主的思想、严谨的研究、轻松的风格、不同学科的交汇，使得政治语篇在法律语言学形成后，俨然又一门几近独立的交叉科学，成为语言学研究里的一朵奇葩。同时，这部期刊又仿佛是一个国际政治语篇分析的万花筒，使读者可以在学习和交流语篇分析的学术成果的同时，又能领略到世界各国丰富多彩的政治生活。

2009 年的《语言与政治期刊》集世界语言学者的研究于大成，很好地结合了社会学概念、政治理论和历史分析，多层次、高品质地分析了政治语篇所蕴含的意识形态。笔者仅从修辞学、语用学和社会语言学三个角度把 20 篇论文大致地进行分类，其实还可以有其他归类角度，比如符号学、人种志、文化学等。这部 SSCI 和 A & HCI 学术索引期刊给笔者的震撼和启示是：语言学研究不必拘泥于过于细节的理论套用和推导，应该与社会实践和其他各种学科相联系，多一些人文思想，多一些社会担当，才能赋予新世纪语言学以立体化意义！同时，这样才能吸引更多的有才华的年轻学生进入这个领域，而不是用深奥、枯燥的理论使他们望而却步。

笔者对 2009 年的《语言与政治期刊》稍感不足之处是，中国学者的论文几乎没有，女性政治语篇特点的研究仅有一篇书评。希望在不久的将来，这类缺憾能得以减少。

4 语境研究

4.1 语境研究的起源

语境是语言学文献中使用十分广泛的一个术语，在涉及语言的实际使用的讨论中，都要涉及语境这一概念。朱永生（2005）认为，早在两千多年前，古代的中国就有了语境的意识，尽管没有这个词。孔子曾说过："夫子时然后言，人不厌其言。"意思是说，说话要掌握时机，别人才不至于讨厌他说的话（同上）。西方传统语境观也并非直接来源于语言学，而是与许多学科密切相关。例如，在哲学领域，许多哲学问题的研究都必然要涉及语境的问题。可以说，海德格尔的"诗学"、伽达默尔的"语言性"以及巴赫金的"对话性"等都强调语言之外的社会语境。最著名的早期语境研究者是人类学家马林诺夫斯基，他明确地提出话语和环境互相紧密地结合在一起，语言环境对于语言来说必不可少。这种观点为语境理论的最终确立打下了坚实的思想基础，后经过弗斯的改进，韩礼德于二十世纪六十年代年提出了著名的语域理论，认为语域可以分为三部分：话语的范围、话语的方式和话语的风格，从而开始条理细致的功能语境研究。社会语言学家海姆斯针对乔姆斯基的转换生成理论，于七十年代提出，语境是由下列要素共同组成的：话语的形式和内容、背景、参与者、目的、音调、交际工具、风格和相互作用的规范等。但是，这些理论都不及功能语言学语境研究的系统性，所以影响不大。

4.2 爱国主义语境

近年来，我国学者在爱国主义方面做了大量研究，例如论文"改革开放 30 年青年学生爱国主义表达的变化轨迹"（吴秋兰，2009）从思想教育角度评析学生爱国主义的表达方式，专著《爱国主义与社会主义新论》（李晓军，2008）从政治体制角度探讨爱国主义的社会内涵。西方学者也很重视对爱国主义的研究，例如近年来出版的专著《美国爱国主义的清教根源》（Mckenna，2007），从历史和宗教角度探讨爱国主义的形成，论文"为故土而战：爱国主义、民族主义和暴力"（Miller，1997）从社会学角度探索国家和民族的关系。但是，引人注目的是，这些研究都是从历史、社会学或者思想政治工作角度探讨爱国主义的演变及其对社会的影响，尚没有以语言学理论为框架进行爱国主义语境分析的研究。本课题将会从语言学角度分析及重构爱国主义的语境话语表述。

关于爱国主义的理论中，哈贝马斯的宪法爱国主义比较有影响。所谓的宪法爱国主义，指"政治文化内化为公民的动机和意愿"。因此，"政治文化与宪法爱国主义是一体两面的东西"（应奇，2003：186）。"宪法爱国主义当然可以以多种方式表现出来，但在哈贝马斯晚近的著作中，他是把宪法爱国主义结合到话语民主理论中来处理文化多元主义、欧洲一体化以及全球化等问题的。在哈贝马斯的话语民主理论中，公民的宪法爱国主义则表现在以共同体为取向而不是以个人利益为取向、以理性的参与者而不是自利的策略行为者参与到民主商谈中，并把商谈结果接受为对自身有约束力的规范或原则，所以，理性与德性都是话语政治合法性不可或缺的条件"（彭刚，2009：73）。

我国的爱国主义语境历经千年演变，才形成目前比较核心的话语模式。那么，在我国，到底什么是爱国主义呢？学者们普遍认为，爱国主义体现了人民群众对自己祖国的深厚感情，反映了个人对祖国的依存关系，是人们对自己故土家园、民族和文化的归属感，认同感、尊严感与荣誉感的统一，是指个人或集体对"祖国"的一种积极和支持的态度（傅守祥2003；李培超2000；孙东方2009；等）。

爱国主义作为一种思想，属于意识形态，因此它可以和意识形态一样，通过话语分析得以阐释和建构。

巴赫金（1989：8）提出：意识形态是一种符号，而且这种符号属于现实的一个"物质部分"或"物质中介"。由此出发，巴赫金强调文学作为意识形态符号，是社会中人与人相互作用的物质性体现。这就既摆脱了索绪尔关于语言是抽象语言系统的观点，也赋予传统的意识形态概念以物质实体含义。"意识形态创作的全部产品，艺术作品、科学著作、宗教象征和仪式等，都是物质的事物，是一人周围的实际现实的各个部分"（同上）。巴赫金认为文学的这种物质性也就在于它的符号性，即文学的社会意义只有"在某种一定的符号材料中才能实现"。也就是说，"不管词的意义是什么，它都在具有某种广度的社会环境中的个体之间建立联系，这联系客观地表现在人们的联合反应之中——表现在通过语言、手势、事情、组织等作出的反应之中"（同上）。在这句话中，巴赫金的语境思想显露无遗。巴赫金（1989：11－14）使关于意识形态的几种不同观点在此达到了综合：意识形态性＝符号性＝物质性＝语言性。

在《马克思主义和语言哲学》（1998）里，巴赫金更强调意识形态符号的"社会冲突"内涵："每一个词……都是一个小小的竞技场，不同倾向的社会声音在这里展开冲突和交流。一个人口中的词是各种社会力量活生生的交流互动的产物。"目前国内外学者对于意识形态的分析多是从政治学角度进行，从语言学角度的不太多。笔者拟在这个领域进行尝试。

同时，对属于意识形态领域的爱国主义的研究和分析，绝大多数是从民族学、人类学、政治学或社会学的角度进行，尚没有用语言学理论进行分析爱国主义的。因此，本研究拟用话语分析历史模态结合评价理论分析不同时代运动员的获奖感言里蕴含的爱国主义语义，这是一种理论结合实践的创新。

5　结　语

在本章中，笔者重点介绍了语篇分析的哲学渊源，政治语篇分析的语用学、社会语言学角度，语境研究的起源，爱国主义理论研究和应用等。

第3章　话语符号的历史模态

1　引　言

在本章中，笔者将会介绍研究中使用的理论和研究方法。在目前的语言学界，语篇分析最有效的理论是系统功能语言学，这早就获得了认可。本研究创新之处是，尝试使用韩礼德的话语符号历史模态，希望能对意识形态的分析有所贡献。

2　话语符号历史模态

2.1 话语符号历史模态的渊源

语言的本质是什么？多数语言学家认为语言学是符号学的分支，符号学的法则也适用于语言学。早期的索绪尔和皮尔斯等人，当代的雅各布森和韩礼德等人，此外还有研究人类学的拉康等都持这种观点（王铭玉，宋尧2003）。德国哲学家卡西尔认为人是符号动物，语言是符号活动的组成和生成，是隐喻，表示人类种种经验；海德格尔认为原初的语言是诗；艾柯认为，"语言是人类创造的最强有力的符号工具，由于语言学的地位比其他符号系统更为确定，符号学在许多方面依靠语言学概念"（胡壮麟，1999：2）。雅克·里纳尔认为，人与语言的日常关系建立在推理过程明确揭示意义的公设之上，因此是建立在它的使用价值之上；理解一部作品，就是阐明它与世界观的一种关系，而解释一部作品，就是在整个社会学结构中论证这种世界观的功能；叙述悬浮在历史与思想两矩之间；对一部作品的分析方法包括：1）意义结构；2）意识形态的嵌入；3）阶级和历史结构（雅克·里纳尔 2000：17）。

在巴赫金看来，语言的本质就是对话。如果说生存充满"对话"，那么，"对话"就是生存的最基本的东西，而正是在这种生存与"对话"同一的状态中，语言的"对话"本质显露出来。生存的特性也就是语言的特性——"对话性"（巴赫金 1989）。巴赫金（同上）认为"话语"是语言在具体环境中的运用形式，即人们的具体说话行为及所说的话。作为历史事件，话语总是包含人的具体"社会评价"，即人对历史现象、社会环境的主动的情感反应。这种"社会评价"决定词、形式的选择，决定它们在具体话语内独特的组合。它也决定内容的选择、形式的选择以及形式与内容之间的联系。意义、符号和现实这三者通过社会评价而实现统一。系统功能语言学家马丁的评价理论应该与此有天然渊源。

关于话语符号，福柯（1970）认为应该把文本置于话语活动中去考察。话语（discourse）是比索绪尔的"语言结构"和"言语"更丰富的东西，它包括说话人、受话人、文本和语境等多种因素。更为特殊而重要的是，福柯认为，话语始终是与"权力"结合在一起的。社会性的和政治性的权力总通过话语去运作。一切事物都可以归结为两样东西：权力和话语（知识）。从而话语总是具体的、历史性的话语实践，植根在社会制度之中并受其制约。而这些观点正是新历史主义的历史观的主要来源。新历史主义的历史观包括，其一，历史并不是旧历史主义那种"过去的事件"，而始终是"被叙述的"关于过去事件的故事，过去并不能以真实的面目现形而仅仅存在于"表征"形式中；其二，不存在单一的，具有统一分期的历史实体，而只存在非连续的和矛盾的历史；其三，历史研究不再是纯客观的和独立的，因为我们无法超越自己的历史境遇，过去只是从与我们的特定历史关怀相一致的所有已写就本文中建构起来的东西。这些观点为本研究提供了丰富的理论背景。

阿尔都塞也是新历史主义的精神导师之一。他（塞尔登，1989：104）关于意识形态与想象态、物质存在和主体的"质询"的关系，尤其是关于意识形态国家机器、再生产和文化表征的种种见解，为新历史主义者提供了性能精良的武器，使他们能够透过文本去分析背后的学术教规、经济再生产、物质机器和主体异化等。

在此基础上，我们可以来尝试理解新历史主义的重要主张和特征："本文的历史性和历史的本文性"，颠覆了对文本的现成的传统理解，从而形成对本文所置身其中的文化机器、权力结构或文学惯例的批判。

巴赫金的"对话"，洛特曼的"超文本"，新历史主义的"本文的历史性"等，表达了超越语言学狭隘视界而走向文化、历史的努力。本研究者认为，这些都为话语符号历史模态理论提供了哲学基础。

2.2 话语符号观

人类对话语符号本质的关注由来已久。古希腊哲学家柏拉图认为语言符号是文化的一部分，亚里士多德认为语言符号是逻辑表达的工具；中国春秋时期有"名实之争"，思想家老子持有"道可道，非常道"的道家语言哲学观；20世纪初瑞士语言学家索绪尔的语言符号任意观标志着现代语言学研究的开始；符号批判和话语论述解构是后现代主义的理论基础。

20世纪70年代后，后结构主义从多维角度审视语篇的性质。首先，福柯（1970）从后结构主义角度出发，认为语篇是整合知识、历史和文化的一种特殊方式，是语言借助于某个特定语域（如医学和刑罚领域）的知识系统在实际当中的应用。在这种观点下，语篇是随着历史而演变的知识、信仰和权势的一种文化系统。其次，语篇反映了人们的思维和行为方式。根据后结构主义和社会建构主义理论，语篇是一种人们如何看待这个世界的反映。这种反映不是一种简单反映，它包含着表述、建构、再建构、协商甚至是反对（Litosselitil 2002：49）。第三，语篇是情景下的人与人、集团与集团的社会互动。作为语言的一种形式，语篇是用来在特定场合下交流思想的工具，它包含着人与人和集团与集团在真实社会情景中的互动。

Van Dijk（1990：163 – 183）认为语篇是语境中的话语，它既带有语言使用的具体形式，又有社会互动的特殊形式；它是一种从特定的角度反映真实生活的社会结构，知识以及社会的理性行为的模式。这种社会互动体现着参与交际者之间的社会距离和身份、双方共通的生活经验及习惯、相同的社会背景以及愿意共同分享的情感、想法和感受的程度。通过这种互动，互动关系中的成员来交流和理解话语的含义。

现代语言学认为，语言本身就是一个特殊的符号系统。系统功能语言学家韩礼德指出，语言是一种社会符号；"话语的各种体裁都具有某种文化中具备社会价值的特定符号功能（1978/2001：145）"；语言学研究，必须重视意义与语言符号的关系。他认为语言的意义潜势由表示某一语境特征的选择所表示，一个特定的语境即是一个符号系统。语境的符号结构包括三个社会符号成分：语场、语旨和语式。语场是语篇所涉及的社会活动，反映讲话的内容，如话题等；语旨是谈话参加者之间的角色关系，表明参与者所持的态度；语式是交际时所选择的渠道，体现讲话者勾画语篇的方式，具有传递信息的作用；语言在具体语境中的使用则被称为话语（1978/2001：109）。

语言的符号属性和符号特征一直是语言学家和符号学家探讨的重要问题，符号学为语言学者将社会学、民族学、文学等与文化相关的材料纳入研究的跨学科态度提供了坚实的理论基础，使得语言研究者对语言个别单位和语言整体的功能都给予足够的重视。

为了描述话语符号的动态变化，韩礼德和马蒂森（马丁，2010）参考发生学，创立了一个"符号发生学"模式，表明时间发生轴上话语发生符号变化的历史模态：种系发生（研究语言学特征历时的演变，源于福柯思想）包含并且影响个体发生（考察个体不同阶段在语言学上的发展，源于拉康的思想），个体发生包含并且影响话语发生（单个语篇中语言特征的变化，源于德里达的思想），这三种发生又都通过语言投射给语场、语旨和语式，从而形成语类、语域和语言（同上）。另外，在马丁的语境学说里，语类即意识形态（Martin，2000）。图示如下：

纵观上述各种理论关于语言符号的论述，可以发现后现代哲学对语言意义的深化，语言符号逐渐成为社会和文化生产和再生产的关键中介因

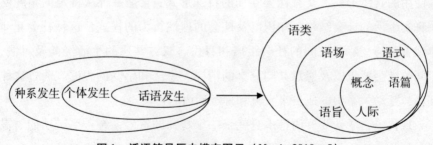

图1　话语符号历史模态图示（Martin 2010：5）

素。基于此，解构和阐释话语符号，即可理解该话语赖以产生的社会历史语境，并能分析出该话语所暗含的意识形态。

2.3 研究框架

本研究使用系统功能语言学分析语篇的框架，自下而上进行分析。其中对词汇的分析结合评价系统和文体学方法。具体如下：

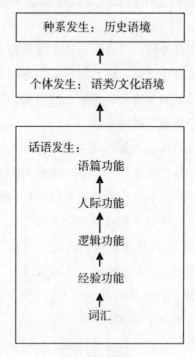

图2　研究框架

2.4 语料选取

纵观前文话语符号研究理论，几千年来的语言学研究从模糊的宏观的概念演变到结构主义语言学，再到结合历史文化语境的诗学，又到福柯的权力话语的后现代主义，最后到系统功能语言学。由此可以看出，系统功能语言学是一个集大成者，把前人的努力巧妙地结合在了一起。尤其话语符号历史模态，把话语的历史性嵌入了语言的研究里。

本研究意在运用话语符号历史模态，分析话语中的意识形态。本研究以《中国体育报》（原名《体育报》，1968－1976 年曾经停办，1978 年开始用现用名）从 1956 年创刊始，到 2010 年所刊登的国内外重要体育赛事后，中国运动员所说的获奖感言为语料（见附录），分析话语符号中所蕴含的爱国主义语义的变化。在进行分析时，限于篇幅，不可能每个语篇都被分析到，因此采用分层采取样本的方法，即每十年算作一代，从每一代中抽取两到三个获奖感言语篇作为样本进行分析。

选取运动员获奖感言为语料的原因是，首先，获奖感言作为一种话语形式，具有独特的语境意义：从语场角度，获奖感言寥寥数语勾勒出运动员本人取得的成就；从语旨角度，获奖感言可以体现出运动员与语篇其他参与人之间的关系；从语式角度，获奖感言具有即兴口语化的典型特征。笔者选择该语料的第二个原因是，如此有特色的话语类型，在国内外语篇分析领域却研究得比较少。另外，该语料具有构建国家认同概念的独特优势。因为，在现代社会中，国际国内大型体育比赛不仅是运动员之间的竞争，也是用来宣传政治和意识形态的工具，因为体育成就可以促进国民对国家的认同感，能塑造良好的国家形象，维持政治统一，激发国民振兴国家的爱国热情。优秀运动员在弱国甚至被看作为国争光的民族英雄和国家英雄，是青年人的楷模。因此，他们的获奖感言对国民的国家认同和爱国热情有极大的感召力。

所以，本研究采用的运动员获奖感言语料，对话语分析的实践和国家认同的研究都具有拓展意义。研究的假设是，不同时代的运动员有不同的感激话语，表现出不同的爱国认同激情。研究中，《中国体育报》上刊登的获奖运动员被按照时间每十年看成一代做分析，即 1956 年至 1968 年为一代人，70 年代、80 年代、90 年代、2000 - 2010、2010 后各自为一代人，从中分析各自不同的话语符号及其暗含的国家认同。

3　结　语

本章分析了话语符号历史模态的哲学渊源，以及本研究所用的框架。之后详细论述了语料的选取以及为何选择该语料。

第4章 话语发生分析

关于语言，功能语言学是这样认为的，语言使用是由功能决定的，语言的功能是用于创造和表达意义，意义的表达受到特定的社会和文化因素的影响和制约，使用语言的过程是个符号过程（参见 Eggins，1994；胡壮麟，2000；胡壮麟、朱永生、张德禄，1989）。

在话语符号系统中，话语发生指单个语篇中语言学特征的变化。而语篇是一个语言使用单位，也是一个语义单位（Halliday 1994：xvii）。它可长可短，可大可小，可以以口头形式出现，也可以以书面形式出现。语篇中的语言学特征则是指语音、词汇、句法等不同层次不同级阶语言的特征。在本章中，按照从微观到宏观、从低到高、从小到大的顺序，分层次探讨选定语料中的语言特征，以说明它们在语境中的作用。

1 词汇功能

1.1 评价功能

词汇是所有语言的基础。语言学中研究词汇的分支主要是词汇学和形态学。词汇学有时跟语法相连，主要研究的是词项，如词类、词源及其变化发展等，而形态学研究的是词的内部关系，如词根、词缀等。伯利认为，词汇与语言的个体项目以及这些个体项目所出现的模式相关（Berry，1975）。

系统功能语言学以小句为基点研究英语语法，总结出英语语言的三大纯理功能：概念功能、人际功能和语篇功能，从语法角度描写和解释语篇中的语义。但是，对于语义中的各种情感表达却无法解释。Martin（2000：145）则吸取了巴赫金的"社会评价"这一理论内涵，创造了评价系统，用于对词汇的分析，希望通过对词汇语义的阐释，评价语义中的情感价值。因此，此节中，研究者要首先运用评价系统，分析语料中词汇的情感标记性特征，进而从语篇角度分析其表达的观点和意识形态。

根据王振华（2010），评价系统（appraisal system）分为态度（attitude）、介入（engagement）和级差（graduation）三个语义系统，它们又分别次系统化。态度次系统化为情感（affect）、判断（judgment）和鉴赏（apprcciation）。介入次系统化为自言（monogloss）和借言（heterogloss），级差系统化为语势（force）和聚焦（focus），另外，语势和聚焦可再次系统化：语势次系统化为强势（raise）和弱势（lower），聚焦次系统化为明显（sharpen）和模糊（soften）（见图3）。

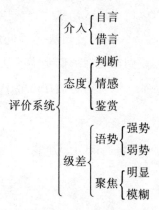

图3 评价系统（Martin 2000）

本研究关注态度系统，分析语料中运动员们如何在获奖感言中判断他们的成绩归属，如何表达他们的兴奋和激情。态度系统实质是对复杂的用不同语言资源表述的社会行为的分层次分析，它有三个层次：情感、判断和鉴赏。其中，情感层次分析的是事物过程的感情话语资源，判断层次分析的是基于体制标准和意识形态从道义上评价的话语资源，鉴赏层次分析的是事物过程和结果中与文化和社会行为相关的审美话语资源。其中，每一个层次都有正面积极意义的话语，也有负面消极意义的话语。

图示如下：

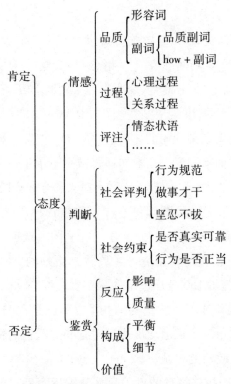

图4　态度系统图（王振华，2010）

就评价理论的功能而言，笔者同意李发根（2006：1-3）的观点，评价具有三大功能：1）表达说话者或作者的意见，反映了个人和社会的价值系统；2）建立和维护说话人与听话人，以及作者与读者之间的关系；3）组织话语。评价系统的功能可以分析出作者或说话者对某事的态度与感受，而这种话语态度行为表达了社会共有的价值系统，评价的行为都趋于建构这种价值系统。这种价值系统又反过来成为蕴含于每个语篇中的意识形态的一个组成成分。因此，确定作者的看法实际上显示了语篇生成的社会思想意识。

评价系统中，态度系统是其核心组成部分，主要通过评价性词汇来评判语言使用者的意识形态。现举例分析运动员感言这种话语资源里的话语态度，评价话语里面所构建的爱国主义态度。在上一章的2.4中，笔者介绍了语料选取方法，即每个年代（10年为一代）随机抽取两到三名运动员的赛后话语，运用评价系统进行分析。在评价词前，用"+"表示积极语义，用"-"表示消极语义。

1）1958年游泳运动员穆祥雄打破世界纪录后，兴奋地说："胜利［+鉴赏］归功于［+判断］党［+情感］！有党［+情感］的鼓舞教育［+判断］，我有信心［+鉴赏］创造［+判断］更好的［鉴赏］成绩［+鉴赏］，向全运会献礼［+鉴赏］！"（1958. 12. 22第1版）可以看出，本句话中充满了积极意义的词汇［+］（下同）；"党"和"全运会"这两个不具备生命力的抽象词汇，在本句话里被赋予了生命力，充当了情感实体；"归功于"和"献礼"体现了讲话人对党和全运会的热爱和激情。

2）1958年举重运动员黄强辉在国际举重锦标赛破世界纪录后，说："在党［+情感］的培养［+判断］下，在全国大跃进形势［+情感］的鼓舞［+判断］下，我还要创造［+鉴赏］更好的［+鉴赏］成绩［+鉴赏］，我还要向挺举160公斤进军［+鉴赏］。"（1958. 12. 1第4版）这句话里"党"的地位比上一句更高一些了，不仅是"归功于"，而是党充当了培养运动员的角色。该运动员通过对党和大跃进的情感表达，显示出对国家的忠诚和对政治的忠诚。

3）1963年在布拉格举行的世界乒乓球锦标赛后，男子双打冠军王志良说："我的技术来自［+判断］集体［+情感］，光荣［+鉴赏］应归功于［+判断］党［+情感］，归功于［+判断］集体［+情感］，我个人只是一个代表罢了。"（1963. 5. 6第1版）该运动员通过对党和集体的情感表达，显示出对国家的积极情感。

4）1976年11月，中国女子篮球队获亚洲女篮锦标赛冠军，队长方凤娣和队员罗学莲说："今后一定要发扬［+判断］成绩，不断进步［+判断］，为促进我国［+情感］篮球运动的发展［+判断］，为更好地贯彻执行毛主席［+情感］的体育路线做出自己的贡献［+判断］。"（1976. 11. 15第4版）。该运动员通过对政治领袖毛主席表达的情感，表示自己对国家的政治认同。

5）1984年洛杉矶奥运会，李宁夺得男子体操三枚金牌后，说："我们尽了最大努力［+判断］报答祖国人民［+情感］，十亿人民［+情感］

会和我们一样欢笑［＋情感］的。"（1984.8.6 第 1 版）这句话的情感对象有了转变，该运动员把对民族同胞的认同视作对国家的热爱。

6）1996 年亚特兰大奥运会，占旭刚取得男子举重冠军后："骄傲地对全世界说：'我有了这个实力［＋判断］，该轮到我［＋情感］了。'"（1996.7.25 第 1 版）这句获奖感言中，对政治认同和民族同胞认同都让位给了自我认同。

7）同场奥运会，王军霞获得女子竞走 5000 米冠军后说："我这个人命好［＋判断］，是个幸运儿［＋判断］，遇到了两个好教练［＋判断］，马俊仁指导［＋情感］帮我获得世锦赛冠军［＋判断］，毛指导［＋情感］助我取得奥运会金牌［＋判断］。我要衷心感激［＋情感］他们。"（1996.7.30 第 1 版）在这句话语里，运动员表达了对教练的感激和认同。

8）2008 年北京奥运会，庞伟取得男子气步枪冠军后说："我希望自己的金牌［＋判断］能够带给中国射击队［＋情感］更多的好运气［＋判断］，让中国代表团［＋情感］在后面的比赛中多拿金牌［＋判断］!"（2008.8.10 第 5 版）在这句话里，运动员把情感给予了自己所在的集体，由集体充当了对民族同胞和国家的认同。

9）郭晶晶在获得女子双人 3 米板冠军后，说："你们看到我们在比赛中显得轻松［＋鉴赏］，其实为了这枚金牌我们［＋情感］做了充分的准备［＋判断］。从早到晚刻苦训练［＋判断］我们［＋情感］付出了很多，每天都要流很多的汗水［－判断］，我们［＋情感］也承受着相当大的压力［－判断］。好在我们［＋情感］没有受影响［－判断］，把 5 套动作完完整整地完成了［＋判断］。"（2008.8.11 第 3 版）这句话里罕见地出现了负面判断，"汗水"、"压力"、"受影响"，情感完全转移到"我们（即运动员）"身上，与例 7 类似，对自我的认同取代了对集体和国家的认同。

10）仲满获得男子佩剑冠军后，说："每一场比赛我［＋情感］都抱着拼的态度［＋判断］，打到哪儿算哪儿［＋判断］，我［＋情感］就是来向选手［＋情感］学的。我很开心［＋情感］有这样一名神奇的［＋鉴赏］教练［＋情感］，我想把金牌献给他［＋情感］!"（2008.8.13 第 5

版）这句话里的运动员自己也承担了相当多的自我认同，但是最后把金牌认同情感给了教练。值得关注的是，仲满的教练是位外籍人士，获奖感言里突破了狭隘的民族主义，既体现了体育无国界的博大，也体现了与之前不同的全球化的影响。

11）2010年2月冬奥会，王濛获500米金牌后对教练磕了两个头，之后对记者说："我一共磕了两个头［＋情感］。第一个是感谢［＋判断］我的教练［＋情感］，第二个是感谢［＋判断］中心的领导［＋情感］和我的队友［＋情感］，所有关心［＋判断］我的人［＋情感］，我的父母［＋情感］，包括我自己［＋情感］。"（2010.2.22第4版）与前句相比，本句中鲜明情感色彩的词是"磕（头）"，这是中国文化里非常经典的表达正面情感的动作，现代社会用的已经很少。王濛坦然地在全世界面前用了这个动作和这个词，表明她内心的激动和虔诚。

12）2010年冬奥会，上文王濛的队友——女子1500米冠军周洋说："拿到冠军［＋判断］，可以让我的父母［＋情感］生活得更好一些［＋判断］。"（2010.2.25第1版）这句感言把父母赋予了情感认同，可以视为对民族的认同，是国家认同的一部分。

从上面这些例子中，我们可以分析出不同的语言资源中，所包含的不同爱国态度。最明显的特征是，运动员们所表达的情感实体随着时间在改变，20世纪50、60年代的时候，激情歌颂"党"，"党"和"全运会"等政治性组织代表了运动员们对国家的认同和感情；70年代的时候转为"毛主席"以及自己所在的集体成为情感的承受者；80年代时"十亿人民"代表了运动员对于国家的理解和认可；90年代，自我意识强烈抬头，"我"可以代表国家面向世界，"我"拿金牌是在于自己的"命好"；21世纪后运动员的自我意识仍然强烈，但是又回归集体，希望给自己的集体添光彩，更多人开始感谢教练和自己的家人。

从上面的分析可以看到，评价理论为词汇的语义和情感分析提供了很好的框架。但是，问题也很明显，即理论内部各个范畴的界定不精确，导致分析中大量的主观因素和结论，因而很难用于大规模的语料分析。另外，评价理论针对的是英语词汇，对应的汉语词汇因文化和社会等因素，意义范畴上会有偏差，分析汉语时出现歧义是不可避免的。

因此，为了尽量让本研究更加严谨，笔者在下面将使用修辞理论再一次分析词汇对于国家认同的表达模式。

1.2 修辞功能

除了评价功能外，我们还可以运用修辞功能来分析词汇。修辞指的是为提高语言表达力所采用的原则和技巧，修辞学是研究这些原则和技巧的学问。人们在说话、写文章或文学创作中为了表示强调、渲染气氛、增加色彩等，尝试用一些特殊的语体变异方式或手法，这就是修辞。修辞的方式有语音、词汇、句法等。修辞可以分成积极修辞和消极修辞。积极修辞指根据表情达意的需要，运用各种语文材料，极力使语言准确、鲜明、生动、富有感人力量的修辞方法。积极修辞不仅要使人理会，还要使人感动。要求语言不仅意思准确、明白，而且还要形象、生动、活泼。根据表达的需要，它可以运用各种语文材料，运用各种表现手法，来加强表达效果。积极修辞的内容是极其丰富的，包括选词、炼句、各种辞格以及谋篇布局等。积极修辞的适用范围非常广泛。它主要适用于文艺语体、政论语体和一般的交谈中，无论写人、记事、议论还是抒情，都能运用。消极修辞指的是一种普遍使用的、基本的修辞法，它要求语言表达得极明白，没有丝毫的含糊，也没有丝毫的歧解，唯恐意义的理解上有困难，因此极力避免古怪新奇及其他一切不寻常的说法。有时还怕别人的理解不能一致，预先加以界说，临时加以说明，总之力求意义明白，而且容易明白。这里消极修辞中的"消极"，不是表达意义上的"消极"的效果，而是与积极修辞——修辞格相区别的一种说法。积极修辞与消极修辞的关系十分密切。它们既各独立，又互相依存；既各有所用，又不能截然分开。

所谓积极修辞，可以理解为主动表现技能意识，而且这些形式对造成某种效果或风格有明显的作用。借助语音的修辞格有拟声、押韵、双关等；借助词汇的有拟人、比喻、夸张、反语等，借助语法的有对偶、排比、倒装等。

英语的修辞理论来源于古希腊、古罗马时期的古典修辞学，"柏拉图在修辞学方面所表述的主要思想是强调修辞学不能脱离正确的思想指导，在方法学上采取综合与分析相结合的辩证法。……亚里士多德认为修辞学与辩证法是匹配的，因为两者都处理人类的知识问题，不属于特定的学科。后者还认为修辞的方法是由说话人的习惯形成的"（胡壮麟，2000：23－24）。这为后人研究语篇与修辞的关系定下基调。传统修辞学往往凭印象作直观评说，现代修辞学依靠结构分析，尽量言而有据，Grice，Leech 等还对修辞格意义的理解和生成做出了动态的语用分析。

下面笔者将对语料中的词汇进行修辞分析。

1）1958 年游泳运动员穆祥雄打破世界纪录后，兴奋地说："胜利归功于党！有党的鼓舞教育，我有信心创造更好的成绩，向全运会献礼！"（1958.12.22 第 1 版）

在这句话中，我们可以发现拟人的用法。"党"是无生命的抽象物体，但是运动员却说"胜利归功于"，从而把党赋予了生命。并且，"党"还会"鼓舞教育"人，拟人程度更深一层，从中可以感受到运动员对于党的深情。另外，运动员还提到向"全运会""献礼"。全运会也被赋予了生命。又一个拟人修辞。显然，运动员在这里真正要表达的是对于国家的激情和热爱，对于政治的忠诚，这是爱国主义语境的重要体现。

2）1958 年举重运动员黄强辉在国际举重锦标赛破世界纪录后，说："在党的培养下，在全国大跃进形势的鼓舞下，我还要创造更好的成绩，我还要向挺举 160 公斤进军。"（1958.12.1 第 4 版）

这句话里，"党"同样被赋予了生命，是拟人用法；"大跃进"也有了生命力，可以"鼓舞"人，也是拟人用法；"进军"则是借喻，表达运动员用战士战斗般的豪情去参加比赛。从这句话里我们能发现说话人对于党、国家和政治运动的拥护。

3）1963 年在布拉格举行的世界乒乓球锦标赛后，男子双打冠军王志良说："我的技术来自集体，光荣应归功于党，归功于集体，我个人只是一个代表罢了。"（1963.5.6 第 1 版）

这句话对党和集体用了拟人修辞，这是对于集体的认同，仍然是政治认同的一种。但是，和上两个例句相比，激情减少，公式化和模式化在增加。

4）1976年11月，中国女子篮球队获亚洲女篮锦标赛冠军，队长方凤娣和队员罗学莲说："今后一定要发扬成绩，不断进步，为促进我国篮球运动的发展，为更好地贯彻执行毛主席的体育路线做出自己的贡献。"（1976.11.15 第4版）

这句话里，使用了夸张和指代两种修辞方式。众所周知，对于国家的体育事业，运动员个人贡献微薄。但是，运动员既为国家篮球事业作贡献，又为毛主席的路线作贡献，很明显是夸张了自己的力量。同时，"毛主席的路线"被用来指代国家的体育路线。说明当时的政治教育格式化、严肃化，对政治领袖的忠诚取代了50、60年代对党的忠诚。

5）1984年洛杉矶奥运会，李宁夺得男子体操三枚金牌后，说："我们尽了最大努力报答祖国人民，十亿人民会和我们一样欢笑的。"（1984.8.6 第1版）

这句话里，"十亿人民"一起欢笑，是夸张修辞手法；"报答"人民，把人民看成一个有生命的整体，这是一种暗喻。

6）1996年亚特兰大奥运会，占旭刚取得男子举重冠军后，"骄傲地对全世界说：'我有了这个实力，该轮到我了。'"（1996.7.25 第1版）

这句话里没有出现修辞技巧，但是简明、连贯，在修辞理论里属于消极修辞。话里没有任何与国家相关的事物或词语，用自我代表国家和集体，自我认同代表国家认同，这说明当时的爱国主义语境有变化。

7）同场奥运会，王军霞获得女子竞走5000米冠军后说："我这个人命好，是个幸运儿，遇到了两个好教练，马俊仁指导帮我获得世锦赛冠军，毛指导助我取得奥运金牌。我要衷心感激他们。"（1996.7.30 第1版）

这句话里的"命好"和"幸运儿"是同义反复，起强调作用；并且，把自己的巨大成绩降格为"幸运"，体现了运动员谦虚的同时，凸显了教练的作用和对教练的感激。句中没有出现任何对政治忠诚或对人民和集体忠诚的话语，与上句同属90年代。因此，我们可以断定90年代的爱国主义语境大大世俗化。

8）2008 年北京奥运会，庞伟取得男子气步枪冠军后说："我希望自己的金牌能够带给中国射击队更多的好运气，让中国代表团在后面的比赛中多拿金牌！"（2008.8.10 第 5 版）

这句话里，"好运气"和"多拿金牌"构成移觉，两个不同的事物共同用来表达对集体的美好祝愿，对于"中国代表团"的忠诚，体现了对国家的认同和拥护。

9）郭晶晶在获得女子双人 3 米板冠军后，说："你们看到我们在比赛中显得轻松，其实为了这枚金牌我们做了充分的准备。从早到晚刻苦训练我们付出了很多，每天都要流很多的汗水，我们也承受着相当大的压力。好在我们没有受影响，把 5 套动作完完整整地完成了。"（2008.8.11 第 3 版）

句中先用了对比——"轻松"和"充分的准备"表达了运动员的信心，再用"汗水"和"压力"指代"刻苦训练"。铺垫过后，完美的结果表达了运动员的释然。这句话里没有直接提及国家或集体，但是反复表述"你们"给予的"压力"和"我们"的努力，体现了被迫努力的无奈和对集体荣誉的重视。

10）仲满获得男子佩剑冠军后，说："每一场比赛我都抱着拼的态度，打到哪儿算哪儿，我就是来向选手学的。我很开心有这样一名神奇的教练，我想把金牌献给他！"（2008.8.13 第 5 版）

这句话里的"拼"和"打"都是暗喻，指运动员把赛场视作战场，拼搏精神跃然纸上。"神奇的"是夸张用法，表示对教练的赞叹。"献给"是下对上的敬辞，表现了对教练的尊重。这里对教练的认同，也是对于集体认同的一种表现形式。

11）2010 年 2 月冬奥会，王濛获 500 米金牌后对教练磕了两个头，之后对记者说："我一共磕了两个头。第一个是感谢我的教练，第二个是感谢中心的领导和我的队友，所有关心我的人，我的父母，包括我自己。"（2010.2.22 第 4 版）

这句话中的"磕头"是一种借代，用身体语言来表达感谢之情，表达讲话者对于获得冠军的激动的同时，也表达了对于集体、教练、领导、家人等的认同和忠诚。

12）2010 年冬奥会，上文王濛的队友——女子 1500 米冠军周洋说："拿到冠军，可以让我的父母生活得更好一些。"（2010.2.25 第 1 版）

这句话里用了借代和联想，"冠军"借指"更好的生活"。而"冠军"词义本身并无"美好生活"的含义，是运动员运用了联想：得到冠军后会有大笔的奖金，从而可以孝敬父母了。本句感言鲜明地体现了爱国主义语境的改变，对于政治和集体的忠诚变成对物质的认可。

从上面笔者对于运动员们获奖感言的修辞探讨，可以清晰地分析出话语里蕴含的爱国主义语境。但是，修辞分析和评价分析面临的问题类似，即主观性较强，难以展开大范围的语料分析。

在本小节中，笔者回顾了评价理论和修辞理论的起源、内容和发展，对于分析词汇的情感价值和意识形态功能，并且指出了两种理论各自的优点和问题，希望在以后的研究和学习中对问题能有所突破。

2 经验功能

功能语法中一个非常重要的组成部分是纯理功能，韩礼德把它分成三种：概念功能、人际功能和语篇功能。概念功能表达对事物的认识和感受，它又分成经验功能和逻辑功能。本章中，研究者将运用经验功能分析语料，探讨话语中所蕴含的爱国主义语境。

在功能语法中，语言的经验功能指我们可以用语言来与别人交谈，也可用它来谈论主观世界和客观世界中的事物、时间、情态以及我们对世界的认识（包括感情、信念、思想等）。因此，在韩礼德的功能语法中，经验功能被用来指人们用语言来谈论他们对世界的经验，包括内心世界，用语言来描述周围所发生的事件或情形。经验功能由多个语义系统构成，其中最重要的是及物性系统。它的作用是把人们对现实世界和内心世界的经验用若干个过程表达出来，并指明过程所涉及的参与者和环境成分。韩礼德（1994）区分出六种主要过程：物质过程、关系过程、言语过程、心理过程、行为过程和存在过程。物质过程涉及的是"动作",如走、跑、读、飞等;其中的参与者是动作的发出者,受动作影响的被称作"目标",表示动作发生的时间、地点、方式等成分被称作环境。关系过程可以分为两类:修饰型和认同型。在修饰型中,两个参与者分别是载体和属性;认同型中,两个参与者分别是认同型和被认同型。言语过程较少使用,参与者包括说话人、受话人和说话内容。心理过程表示的是情感、认知和感觉这类非动作过程。在这一过程中,有两个参与者:感觉者和现象。感觉者指发生心理变化的人,现象指存在的人、物、事件和情境。行为过程通常只有一个由人充当的行为者。存在过程也只有一个参与者,即存在物。下面笔者针对《中国体育报》上刊登的重大赛事后运动员们的获奖话语,运用及物系统中的六个过程,进行经验功能分析。

1)1958年游泳运动员穆祥雄打破世界纪录后,兴奋地说:"胜利归功于党!有党的鼓舞教育,我有信心创造更好的成绩,向全运会献礼!"(1958.12.22第1版)

本句话中,"胜利归功于党"是认同型关系过程,"胜利"是"被认同者","党"是"认同者",表达了说话者对于党的充分感谢和认同。"我有信心"也是认同型关系过程,"我"是被认同者,"信心"是认同者,"创造更好的成绩"和"向全运会献礼"是环境成分,修饰"信心",表达了说话者昂扬的斗志和士气,以及对于"全运会"的认可。

2)1958年举重运动员黄强辉在国际举重锦标赛破世界纪录后,说:"在党的培养下,在全国大跃进形势的鼓舞下,我还要创造更好的成绩,我还要向挺举160公斤进军。"(1958.12.1第4版)

本句中,说话者表达的是物质过程,"创造"取代了日常话语中的"取得",有很强的动作感和使命感;"进"也是物质过程,"军"是目标。把比赛当作军队进攻打仗,表达了说话者强烈获胜的渴望和进取的精神。环境成分"在党的培养下"和"在全国大跃进的鼓舞下"分明是政治话语。运动员获得成绩应该是刻苦训练和教练指导的结果,但是这里用了如此的政治语言作为获胜的必要条件,说明当时"党"对于普通百姓已经深入人心,国家认同等同于"党"。由此得知,二十世纪五十年代的政治教育效果出色。

　　3）1963年在布拉格举行的世界乒乓球锦标赛后，男子双打冠军王志良说："我的技术来自集体，光荣应归功于党，归功于集体，我个人只是一个代表罢了。"（1963.5.6 第1版）

　　这句话里用的全是关系过程。"来自"表明认同关系，"我的技术"并非自己获得，而是集体培养的。因此，后面的两个"归功于"表达出对"党"和"集体"的认同。"我"与"代表"又是认同关系过程。本句里，尽管出现"我的"和"我"，却丝毫感觉不出运动员对成绩的沾沾自喜和骄傲，自我被深深隐藏在了集体和党的背后。

　　4）1976年11月，中国女子篮球队获亚洲女篮锦标赛冠军，队长方凤娣和队员罗学莲说："今后一定要发扬成绩，不断进步，为促进我国篮球运动的发展，为更好地贯彻执行毛主席的体育路线做出自己的贡献。"（1976.11.15 第4版）。

　　本句里用的是物质过程，表示动作的动词是"发扬""进步"和"做出"，但是动作感都不强烈，仅是过程而已。标记性特征是，过程里缺少动作者。显然，根据语义，"我们"是动作者，但是说话者有意隐藏了动作者，为的是强调后面的动作"发扬成绩""做出贡献"和环境成分"为了我国篮球事业""为了毛主席的体育路线"。由此可见，讲话人对集体的认同和政治忠诚，自我认同完全淹没在政治话语里。

　　5）1984年洛杉矶奥运会，李宁夺得男子体操三枚金牌后，说："我们尽了最大努力报答祖国人民，十亿人民会和我们一样欢笑的。"（1984.8.6 第1版）

　　本句话中有三个过程，第一个是物质过程，动词"尽了"，目标是"努力"，说明讲话人比赛时的状态；第二个动词"报答"，目标是"人民"，说明前一个动作"尽力"的目的；第三个过程是行为过程，动词"欢笑"，表达出说话者的期待。本句话鲜明地表达了说话者对祖国人民的热爱，也意味着对国家的热爱。

　　6）1996年亚特兰大奥运会，占旭刚取得男子举重冠军后，"骄傲地对全世界说：'我有了这个实力，该轮到我了。'"（1996.7.25 第1版）

本句话中有两个过程类型。第一个"有"作为动词的关系过程，说自己拥有某种能力或者实力，这是对自己的认同；"轮到"表明物质过程，是个事件发生的动作，生动地表达了运动员的自信和等待。这句很骄傲的自我认同，鲜明地表达了自己的身份，和傲视其他国际运动员的信心。

7）同场奥运会，王军霞获得女子竞走 5000 米冠军后说："我这个人命好，是个幸运儿，遇到了两个好教练，马俊仁指导帮我获得世锦赛冠军，毛指导助我取得奥运会金牌。我要衷心感激他们。"（1996.7.30 第 1版）

这句话里有三种过程类型。"命好"和"是幸运儿"是关系过程，自我认同为幸运，而不是能力强，表达了运动员的谦虚；"遇到""帮"是物质过程，简洁地描述事情的发展过程，即运动员获得冠军的过程。"感激"是心理过程，表达运动员对教练的感谢。本句话中看不出对教练以外的认同，因而是通过对教练的认可表达了对集体的认可。

8）2008 年北京奥运会，庞伟取得男子气步枪冠军后说："我希望自己的金牌能够带给中国射击队更多的好运气，让中国代表团在后面的比赛中多拿金牌！"（2008.8.10 第 5 版）

本句话中，主句里的动词"希望"是心理过程，表达了运动员对自己集体的美好祝愿，是对集体的认同表达。"带给"和"拿"是两个物质过程，是运动员希望集体能做到的事情。本句话显示了运动员对集体的认可和忠诚。

9）郭晶晶在获得女子双人 3 米板冠军后，说："你们看到我们在比赛中显得轻松，其实为了这枚金牌我们做了充分的准备。从早到晚刻苦训练我们付出了很多，每天都要流很多的汗水，我们也承受着相当大的压力。好在我们没有受影响，把 5 套动作完完整整地完成了。"（2008.8.11 第 3版）

在这句话中，"看到"体现的是行为过程，即表达运动员内心的不满，外人并不了解运动员的辛苦。"做准备"表现的是运动员们备战比赛的物质过程，表述了赛前事物。"付出"、"流汗"、"承受"都是物质过程，描述了运动员们刻苦训练的过程。"受"影响是心理过程，从反面强化运动员的艰苦。"完成"则是物质过程，表达成功的结果。这句话罕见地用了否定词，"显得"说明外人对他们的不了解，"没有"受影响说明运动员们被外界的干扰。这段话里，运动员通过一系列的物质过程表达个人的勤奋和实力；用行为过程和心理过程表达外界对运动员们的不理解。

10）仲满获得男子佩剑冠军后，说："每一场比赛我都抱着拼的态度，打到哪儿算哪儿，我就是来向选手学的。我很开心有这样一名神奇的教练，我想把金牌献给他！"（2008.8.13 第 5 版）

这句话里有两种过程类型。"打"、"学"是物质过程，表达了运动员的拼劲儿和谦虚精神；"献给"表达了对教练的敬意。"抱着……态度"、"开心"、"想"都是心理过程，描述了选手的心理活动，对教练的赞美。

11）2010 年 2 月冬奥会，王濛获 500 米金牌后对教练磕了两个头，之后对记者说："我一共磕了两个头。第一个是感谢我的教练，第二个是感谢中心的领导和我的队友，所有关心我的人，我的父母，包括我自己。"（2010.2.22 第 4 版）

本句中含有两个过程类型。第一个是物质过程，"磕"头，用身体动作语言表述内心的激动和虔诚，也表达了自己内心的卑微。后面两个"是"是关系过程，解释前面磕头的含义，表达感谢里面有对集体、领导、教练、家人的感激，标志性的也"是""感激"自己，说明运动员的率真和单纯。

12）2010 年冬奥会，上文王濛的队友——女子 1500 米冠军周洋说："拿到冠军，可以让我的父母生活得更好一些。"（2010.2.25 第 1 版）

这句话里，只有一个行为过程"生活"，动作者是"父母"，说明说话人对家人的认同，和对物质的认同。

本小节以韩礼德的系统功能语言学的经验功能分析为理论依据，对《中国体育报》上登载的 20 世纪五十年代以来重大赛事后部分运动员的获奖感言进行了初步的探讨，有些分析对语篇分析有指导作用，有些分析对话语里蕴含的国家认同语义有解释作用。本章的主要目的是，试图通过语言学分析揭示，对国家认同等政治性和社会性语篇的语言学分析，可以帮助我们对该类语篇从新的角度阐释和理解。

3 逻辑功能

在前面一小节中，我们对语料进行了经验功能分析。本章准备从逻辑功能角度进行探讨，看看分析出的语篇特征与经验功能分析有什么相同和相异之处。

根据系统功能语言学，概念功能是一种意义潜势。不管你如何特殊地使用语言，都要参照对世界的经验范畴；而且，事物之间有一种抽象的内部关系，即逻辑功能。因此，概念功能包括经验功能和逻辑功能。具体地讲，经验功能指人们用语言谈论他们对世界的经验（包括内心世界），用语言来描述周围所发生的事件或情形。逻辑功能指功能语法中表明小句与小句之间关系的机制。这一功能主要在小句复合体中起作用。通过对小句复合体的逻辑功能分析，我们可以确定小句与小句之间的语义关系。

韩礼德（1994）认为，逻辑功能的主要特征是其"递规性"，即语篇的内部抽象关系由并列关系（parataxis）和主从关系（hypotaxis）来体现，二者都是递归的。并列关系指两种类似成分之间的平等关系，这两个成分一个是起始成分，另一个是延续成分，在做句中分析时，用数字1，2，3……来表示；与此相对照的是，主从关系指依赖成分和支配成分之间的关系，在做句中分析时，用希腊字母 α，β，γ……来表示。语言中所有的逻辑结构或为并列关系，或为主从关系。比如：

He would be punished if he did such a thing, but he did not do it.

        1α 1β 2

逻辑功能研究的不仅仅是小句之间的逻辑关系，还要研究语义关系。语义关系分成主要句（primary clause）和次要句（secondary clause），Thompson（1996/2000）还把它们命名为扩展句（expansion clause）和投射句（projection clause），即扩展句和次要句依赖主要句用各种方式扩展语义，比如上面例句中的2就是1的扩展句/次要句，在1中，β 是 α 的扩展。再例如：

When you are hungry, all foods here are edible.

       2   1

在此句中，2 是 1 的扩展句。

扩展句分阐明、延伸和增强三种类型。阐明，顾名思义是解释的意思，即第二个小句对第一个小句在语义上进行解释，或者扩展和说明；延伸通常指传统语法中的并列句，对第一个小句的意义进行添加；增强指对第一小句进行时间、地点、方式、原因等方面的补充，传统语法中是状语从句。

投射句是传统语法里的引语，只是换了一个角度，探讨的内容也较传统语法复杂。传统语法里的引语指某句话被某人说，不暗含任何意义。而投射句则指某句话在别处已经被某人说过，在本句中是次要句。例如：

The clerk asked, "Do you need another one?"

          1   2

本句话中，2 是投射句。间接引语同样是投射句，再如，下句中的 2 也是投射句。

A senior supervisor denied that a mistake happened to their computer.

         1   2

除此之外，还有一种小句被称作嵌入句（embedded clause），比如：

The picture shows a pretty girl *lying in the sunshine.*

He told me about Helen's plan *to study in London.*

在这两句话中，lying in the sunshine 和 to study in London 是嵌入句。

下面笔者试着分析本研究中的语料。

本研究者认为，国内外大型体育比赛后，取得好成绩的运动员通常要被各种媒体采访。有时一问一答，有时多问一答，但是肯定的是，获奖感言都是口语表达出来，现场即兴发挥，不可能像书面语那样严谨、那样有严密的逻辑性。当然，不排除事先打好腹稿或者提前背好教练或领队教好的话语的可能性。而且，口语通常还会伴随有音调变化、手势语、表情等。囿于篇幅，本研究只针对《中国体育报》上登载的话语，即运动员的直接引语，省略掉了其他因素。下面是笔者的分析。

1）1958 年游泳运动员穆祥雄打破世界纪录后，兴奋地说，"胜利归功于党！有党的鼓舞教育，我有信心创造更好的成绩，向全运会献礼！"（1958.12.22 第 1 版）

本次感言由两句话组成。第一句是简单句，没有丝毫复杂成分，是典型的口语，同时有口号语的可能性。第二句是复杂句，可以分析成支配句（"我有信心"）和依赖句（"有党的鼓舞教育"，"创造更好的成绩"，"向全运会献礼"）。图示如下：

"胜利归功于党！有党的鼓舞教育，我有信心创造更好的成绩，向全

$$\beta \qquad\qquad \alpha \qquad \beta \qquad\qquad \beta$$

运会献礼！"

从分析可以看到，复杂句的第一个依赖句是增强句，第二个为嵌入句，第三个为延伸句。每句句式不同、类型不同，很短，节奏感强，有力量，体现了运动员的自信、激情和勃勃生机。

2）1958 年举重运动员黄强辉在国际举重锦标赛破世界纪录后，说："在党的培养下，在全国大跃进形势的鼓舞下，我还要创造更好的成绩，我还要向挺举 160 公斤进军。"（1958.12.1 第 4 版）

本句中，只有一个主句，"我还要创造"，其他都是依赖句。图示如下：

"在党的培养下，在全国大跃进形势的鼓舞下，我还要创造更好的成

$$\beta \qquad\qquad\qquad \beta \qquad\qquad\qquad \alpha$$

绩，我还要向挺举 160 公斤进军。"

$$\alpha$$

从分析可以看到，此句中含有两个结构类似的主句，在口语里如此重复会比较拖沓，不自信。主句前有两个结构类似的依赖句，属于增强句类型，有头重脚轻之嫌。和 1）相比，不如 1）句简单自然，2）更像是排练好的话语。

3）1963 年在布拉格举行的世界乒乓球锦标赛后，男子双打冠军王志良说："我的技术来自集体，光荣应归功于党，归功于集体，我个人只是一个代表罢了。"（1963.5.6 第 1 版）

这句话里有三个过程，所以是三个主句。图示如下：

"我的技术来自集体，光荣应归功于党，归功于集体，我个人只是一
　　　　　　1α　　　　　　　　2α　　　　　　2β　　　　　　3α
个代表罢了。"

第一主句简洁明了，说明自己的成长源头；第二句的依赖句是延伸
句，拓展了主句的含义；第三主句是全句的总结，语义简洁谦逊。

4）1976年11月，中国女子篮球队获亚洲女篮锦标赛冠军，队长方凤
娣和队员罗学莲说："今后一定要发扬成绩，不断进步，为促进我国篮球
运动的发展，为更好地贯彻执行毛主席的体育路线做出自己的贡献。"
（1976.11.15第4版）。

本句里用的是两个主句。图示如下：

"今后一定要发扬成绩，不断进步，为促进我国篮球运动的发展，为
　　　　　　1α　　　　　　　　1β　　　　　　　2β
更好地贯彻执行毛主席的体育路线做出自己的贡献。"

2γ　　　　　2α

本句中含有两个主句。第一个主句简短，但是缺少主语，说明讲话人
不愿宣扬自己；第二主句前有两个依赖句，都是增强句，说明主句的意
图，不符合口语习惯。口语一般是简短主句在前。所以，本句的口号性、
模式化很明显，语义表达比较生硬。

5）1984年洛杉矶奥运会，李宁夺得男子体操三枚金牌后，说："我们
尽了最大努力报答祖国人民，十亿人民会和我们一样欢笑的。"（1984.8.6
第1版）

本句话中两个主句，图示如下：

"我们尽了最大努力报答祖国人民，十亿人民会和我们一样欢笑的。"
　　　　　　　　1α　　　　　　　　　　　　2α

两个主句都简单明了，没有依赖句，符合运动员赛后兴奋激动的
语境。

6）1996年亚特兰大奥运会，占旭刚取得男子举重冠军后，"骄傲地对
全世界说：'我有了这个实力，该轮到我了。'"（1996.7.25第1版）

本句话中有两个主句，图示如下：

"我有了这个实力，该轮到我了。"

        1α   2α

两个主句简单明了，没有依赖句。但是过于简短，说明该运动员对其他事物联想不丰富，只考虑自己的奖牌和名次。

7) 同场奥运会，王军霞获得女子竞走 5000 米冠军后说："我这个人命好，是个幸运儿，遇到了两个好教练，马俊仁指导帮我获得世锦赛冠军，毛指导助我取得奥运会金牌。我要衷心感激他们。"（1996.7.30 第 1 版）

这句话里有三个主句，图示如下：

"我这个人命好，是个幸运儿，遇到了两个好教练，马俊仁指导帮我

   1α   1β   1γ   2α

获得世锦赛冠军，毛指导助我取得奥运会金牌。我要衷心感激他们。"

            2β   3α

第一主句后有两个依赖句，第一个是阐释类型，解释前面的主句，第二个依赖句是增强句，说明原因。第二主句其实整体是第一主句的依赖句，增强说明第一主句。第三主句简洁明了，表达感激之意。整体看三个主句，口语化较强，很自然，符合语境以及运动员的身份。

8) 2008 年北京奥运会，庞伟取得男子气步枪冠军后说："我希望自己的金牌能够带给中国射击队更多的好运气，让中国代表团在后面的比赛中多拿金牌！"（2008.8.10 第 5 版）

本句话中，只有一个主句。图示如下：

"我希望自己的金牌能够带给中国射击队更多的好运气，让中国代表

     α   β   γ

团在后面的比赛中多拿金牌！"

本句中仅一个主句，后面两个依赖句，第一个是嵌入句，第二个是增强句。句式变化灵活轻松，过渡自然，说明是运动员自己的心里话。

9) 郭晶晶在获得女子双人 3 米板冠军后，说："你们看到我们在比赛中显得轻松，其实为了这枚金牌我们做了充分的准备。从早到晚刻苦训练

我们付出了很多，每天都要流很多的汗水，我们也承受着相当大的压力。好在我们没有受影响，把5套动作完完整整地完成了。"（2008. 8. 11 第3版）

在这句话中，有五个主句，图示如下：

"你们看到我们在比赛中显得轻松，其实为了这枚金牌我们做了充分

$\qquad$ 1α $\qquad$ 1β $\qquad$ 2α $\qquad$ 2β

的准备。从早到晚刻苦训练我们付出了很多，每天都要流很多的汗水，我

$\qquad$ 3α $\qquad$ 3β

们也承受着相当大的压力。好在我们没有受影响，把5套动作完完整整地

4 $\qquad$ 5β $\qquad$ 5α

完成了。"

图示可看出，这些感言里含有五个主句。第一主句是被投射句，依赖句是投射句，是说话者准备驳斥的内容。第二主句是说话者的真正意图，表明成绩得来的原因所在。第三主句语义上是第二主句的增强句，第三主句里面又分主句和增强句，是在逐层递增强调自己的刻苦和辛苦。第四句继续增加辛苦度。第五句先用依赖句表示延伸，最后的主句讲出结果。这条感言在语料中算是比较长的，标记性特征是诉苦，得到成绩后的激动欣喜也比较弱。这应该是二十一世纪运动员的特点。

10）仲满获得男子佩剑冠军后，说："每一场比赛我都抱着拼的态度，打到哪儿算哪儿，我就是来向选手学的。我很开心有这样一名神奇的教练，我想把金牌献给他！"（2008. 8. 13 第5版）

这句话里有四个主句，图示如下：

"每一场比赛我都抱着拼的态度，打到哪儿算哪儿，我就是来向选手

$\qquad$ 1α $\qquad$ 1β $\qquad$ 2

学的。我很开心有这样一名神奇的教练，我想把金牌献给他！"

$\qquad$ 3α $\qquad$ 3β $\quad$ 4α $\quad$ 4β

四个主句都不长，前面两个主句表达自己的拼搏和放松的心态，第一依赖句是第一主句的增强句，表明说话者没有任何心理负担；第二主句更是一种谦虚的精神。第三主句和第四主句都是是投射句，后面的被投射句

表达运动员的心理状态，对教练的感激之情。

11）2010 年 2 月冬奥会，王濛获 500 米金牌后对教练磕了两个头，之后对记者说："我一共磕了两个头。第一个是感谢我的教练，第二个是感谢中心的领导和我的队友，所有关心我的人，我的父母，包括我自己。"（2010.2.22 第 4 版）

本句中含有两个主句，图示如下：

"我一共磕了两个头。第一个是感谢我的教练，第二个是感谢中心的

$\qquad$ 1α $\qquad$ 2α $\qquad$ 2β

领导和我的队友，所有关心我的人，我的父母，包括我自己。"

第一主句描述了自己的行为，是简单句。第二主句语义上是第一主句的阐释，由两个并列句构成，列举感谢的对象。全句简单明快，充满激动和虔诚。

12）2010 年冬奥会，上文王濛的队友——女子 1500 米冠军周洋说："拿到冠军，可以让我的父母生活得更好一些。"（2010.2.25 第 1 版）

本句是一个主句和一个依赖句组成。图示如下：

"拿到冠军，可以让我的父母生活得更好一些。"

$\qquad$ α $\qquad$ β

全句简单，结构清晰。主句表明物质过程，依赖句是增强句，说明结果。

本小节通过韩礼德的系统功能语言学的逻辑纯理功能分析运动员们的获奖感言，可以看出，小句与小句之间存在着语义关系。这种语义关系是通过语言形式来体现的，包括扩展、嵌入、延伸等类型。从分析中可以看出，哪些感言是符合口语语境和心情的，哪些是生硬不自然的，从中我们可以发现国家和政治在里面起的作用。

4 人际功能

在前面两章中，我们从经验功能和逻辑功能两个不同的角度探讨了语

料中所蕴含的国家认同语义。本节拟从人际功能入手，分析这些语料。人际功能在系统功能语言学里是个很重要的概念，它通过分析语气、限定成分和剩余部分来探讨语篇互动过程中，信息或服务重要与否，哪部分更重要。

　　社会语言学也对语言的人际功能有所研究。彼得·罗宾逊（Scherer 1979：215）等人提出了一个模式，关于说话人和听话人的身份和关系的社会信息如何在社会互动中传达出来。该模式是：1）在孤立的社会变量和语言学变量之间有简单的直接关联，即言语中的社会标记；2）这样的标记被互动的参与者看出来，成为相关社会变量的有效标记；3）言语传达社会信息就是这样的标记清单组成的。此外，还有社会语言学家提出更充分的模式：1）人际功能应包含一个互动的模型，该模型将解释语言标志如何依赖语境；2）它应包含社会结构的各种模型，并解释它对互动话语参与者的相关意义；3）它应解释各种社会结构和各种社会互动结构之间的关系，从有情景的言语中推断社会信息（参见李战子 2002：17 - 18）。尽管社会语言学提出了非常详细和有价值的模型构造，但是并没有细致的语言分析模式。因此，真正进行语篇分析时，还是系统功能语言学更加适合。

　　根据系统功能语言学，人际功能是语言的重要的社会功能，指说话人对自己的评价及对与听话人建立的关系的表达，尤其指用语言来影响别人的行为的作用，以及用语言来表达对世界的看法。在较广的语境中，语言被要求用来建立与维持所有人的关系；用这种方式社会群体被组合在一起，个人的作用得到认可和加强。因此，语言的人际功能既是相互作用的，又是个人的：语言中的这个成分，在最宽泛的意义上，作为意义潜势的领域，同时表达个人的内部和外部层面意图。

　　人们在日常交往中，除了寒暄客气之外，表达最多的是交际角色之间信息的需求和互换。互相给予的可能是信息，也可能是货物和劳务。如果把交际角色和交换物组合起来，便构成了四个言语功能。图示如下（参见Thompson/黄国文，2000）：

交换物 交际角色	信息	劳务或需求
给予	声明（statement） We're nearly there.	提供（offer） I'll show you the way.
需求	问题（question） Is this the place	命令（command） Give me your hand.

图 5　交际角色信息与劳务交换（参见 Thompson/黄国文，2000）

　　表格中的内容都用语言表达出来，通常声明和提供都是陈述句，问题用疑问句，命令用祈使句。

　　另外，人际功能的最重要的一方面是讲话人对其讲话意图的效度和效果的评价，或者要求被讲话人承担义务，或者对提议的赞成。人际功能的这一方面由语法中的情态系统实现。换句话说，情态与描写事件的命题状况相关。情态有程度和范围。比如，讲话人可能指出一个命题的效度的较高或较低的确定性，或者给另一个人施加或高或低的压力去执行一个命令（如：你必须/应该离开），某种程度上围绕这些确定点在范围上建立三个基本值：高、中和低。韩礼德（1994：362）在情态系统的每个范围之内给出一些情态值：

	低	中	高
肯定	can, may, could, might, dare	will, would, should, is / was to, shall	must, ought to, need, have / had to
否定	needn't, doesn't/didn't + need to, do not/does not have to	won't, wouldn't, shouldn't, (isn't / wasn't to), shall not	mustn't, oughtn't to, can't, couldn't, (mayn't,) mightn't, hasn't / hadn't to

图 6　情态值（韩礼德，1994：362）

　　汉语中的情态词同样可以根据它们的不同值进行归类。下表是彭宣维（2000：123）对情态词的归类，笔者稍加修改：

	低	中	高
肯定	可能，会/能/能够，可以，需要	愿意/乐意/乐得，敢于/勇于，值得，善于，适于/宜于	得/应该/应/应当/必须/务必/要
否定	可能不,，不必/不须/不需，难免/不免	不乐意/不愿/不情愿/不肯/不想，不善于/不适于	不可能，不可/不可以/不能/不得/不应/不该/不许/禁止/严禁

图7　汉语中的情态值（彭宣维，2000：123）

　　本研究中的运动员获奖感言，通常是被媒体采访询问时做的回答，而在新闻报道里记者的问话一般都被省去。所以，运动员作为交际角色是提供信息的一方，不涉及需求，也不提供劳务或者需求。海热热（Hagege，1999：380）曾指出："说话者即表达欲望者。反映欲望的象征标记可能会超出其他标记而胜出，从而揭示言语深藏不露的一面。表述者要把自己从低人一等的社会标记中解脱出来，通过语言模仿以取得与理想群体的认同。"

　　1）1958年游泳运动员穆祥雄打破世界纪录后，兴奋地说，"胜利归功于党！有党的鼓舞教育，我有信心创造更好的成绩，向全运会献礼！"（1958.12.22第1版）

　　本段获奖感言由两个陈述句组成。第一句由语气和剩余部分组成，语气中没有限定成分，可见讲话人语气的肯定。第二句中，有语气、限定语、剩余成分和补语，因为是将来时态，还未发生的事情，表达了说话人的愿望。话语里的参与者包括"党"、"全运会"这样的组织机构，可见说话人对它们的尊重和虔诚。

　　2）1958年举重运动员黄强辉在国际举重锦标赛破世界纪录后，说："在党的培养下，在全国大跃进形势的鼓舞下，我还要创造更好的成绩，我还要向挺举160公斤进军。"（1958.12.1第4版）

　　本句话的前半部分由两个并列结构的补语成分组成，不是口语，有很强烈的"被指导"这么说的可能，说明当时的政治语境很浓厚。后面的两个语气成分中，各有一个高情态值的"要"，表达了运动员强烈的渴望。

整个感言有一种热烈的口号式形式化特征。

3）1963 年在布拉格举行的世界乒乓球锦标赛后，男子双打冠军王志良说："我的技术来自集体，光荣应归功于党，归功于集体，我个人只是一个代表罢了。"（1963.5.6 第 1 版）

这句话不像上两句那么热烈，但是语气也非常肯定，是"党"和"集体"的培养，他自己仅仅是个代表。话语参与者是党和集体，和前两句一样政治思想浓厚。

4）1976 年 11 月，中国女子篮球队获亚洲女篮锦标赛冠军，队长方凤娣和队员罗学莲说："今后一定要发扬成绩，不断进步，为促进我国篮球运动的发展，为更好地贯彻执行毛主席的体育路线做出自己的贡献。"（1976.11.15 第 4 版）。

本句的标记性特征是没有主语，只有剩余部分和补语部分，说明运动员对政治话语的熟练掌握。情态词"要"是高价值词，表明运动员的决心。本句话里的参与者有"毛主席"，说明当时的政治气候，"党"的位置被取代。

5）1984 年洛杉矶奥运会，李宁夺得男子体操三枚金牌后，说："我们尽了最大努力报答祖国人民，十亿人民会和我们一样欢笑的。"（1984.8.6 第 1 版）

本句话先用过去时"了"表明取得的成绩，又用将来时"会"邀请听话的人参与活动。明显与前几句不同的是，"人民"成了话语的参与者，意味着政治气氛的再一次改变。

6）1996 年亚特兰大奥运会，占旭刚取得男子举重冠军后，"骄傲地对全世界说：'我有了这个实力，该轮到我了。'"（1996.7.25 第 1 版）

这个获奖感言由两个小句组成，第一句里的时态是过去式，"有了"表明运动员对自己实力的自信。第二句高肯定情态词"该"代表运动员对实力的骄傲。本句话没有其他参与人，一副舍我其谁的态度，强烈地表达了运动员的自我认同，和自我的个性。

7）同场奥运会，王军霞获得女子竞走 5000 米冠军后说："我这个人命好，是个幸运儿，遇到了两个好教练，马俊仁指导帮我获得世锦赛冠

军，毛指导助我取得奥运会金牌。我要衷心感激他们。"（1996.7.30 第1版）

在本段话中的第一句，说话人肯定了自己的运气，接着用完成时态表明教练的帮助，最后一句里用高情态词"要"表达将会对教练的感谢。Thompson（2000：59）强调："语气中的限定成分表达说话人的协商语气，'将、有可能、会做什么'。"而不是没有情态词的直接肯定。前面1）、2）、3）中，运动员直接地肯定"胜利归功于党"，这里却先说自己命好，最后又说"要"感谢教练，而不是"我感激教练"。话语里的参与人是两位教练，没有其他政治性话语。

8）2008年北京奥运会，庞伟取得男子气步枪冠军后说："我希望自己的金牌能够带给中国射击队更多的好运气，让中国代表团在后面的比赛中多拿金牌！"（2008.8.10 第5版）

本句话里的剩余成分很长，低情态值"能够"说明运动员讲话比较有保留，不骄傲张狂。话语参与者是中国射击队和中国代表团，表明说话人对集体的关注和认同。

9）郭晶晶在获得女子双人3米板冠军后，说："你们看到我们在比赛中显得轻松，其实为了这枚金牌我们做了充分的准备。从早到晚刻苦训练我们付出了很多，每天都要流很多的汗水，我们也承受着相当大的压力。好在我们没有受影响，把5套动作完完整整地完成了。"（2008.8.11 第3版）

本段话的标记性特征是，有很多的补语成分，说明运动员有很多的话要说，语义上可以看出有很多抱怨。

10）仲满获得男子佩剑冠军后，说："每一场比赛我都抱着拼的态度，打到哪儿算哪儿，我就是来向选手学的。我很开心有这样一名神奇的教练，我想把金牌献给他！"（2008.8.13 第5版）

本段话的标记性特征是最后一句里用了中情态值"想"，而不是高肯定的"要"或没有情态值的直接肯定句，说明讲话人在献奖牌上有犹豫。

11）2010年2月冬奥会，王濛获500米金牌后对教练磕了两个头，之后对记者说："我一共磕了两个头。第一个是感谢我的教练，第二个是感

谢中心的领导和我的队友，所有关心我的人，我的父母，包括我自己。"（2010. 2. 22 第 4 版）

本段话的标记性特征是，说话人在回答别人的问题，在解释她的动作的含义。话语参与人包括教练、领导、队友、父母，标记性特征是参与人中还有自己，感谢自己，鲜明地表现出运动员率真的性格以及 2010 年运动员的自我认同。

12）2010 年冬奥会，上文王濛的队友——女子 1500 米冠军周洋说："拿到冠军，可以让我的父母生活得更好一些。"（2010. 2. 25 第 1 版）

本句话的标记性特征是话语参与人没有教练和集体，只有自己的父母。说明讲话人对家庭的看重，另外也说明她的世界观不太开阔。

在本小节，笔者运用系统功能语言学里的人际功能，分析了运动员们的获奖感言，从中发现了一些标记性特征。我们可以看到，运动员话语里的语气、参与者等在随着时间而改变，说明我们的政治气氛、管理风格等都在变化。

5 语篇功能

在前面第 2 节、第 3 节、第 4 节和第 5 节中，笔者分别对运动员获奖感言的词汇、经验功能、逻辑功能和人际功能进行了分析。本章试图从语篇功能方面进行探讨。

语篇功能指人们在使用语言时如何把信息组织好，同时表明该信息与其他信息之间的关系。语篇功能主要由三个语义系统组成：主位—述位系统，已知信息—新信息系统，和衔接系统。

从语篇功能角度看，每个小句和小句复合体的出发点都是主位，主位后面的结构都是述位。朱永生（2001）认为，较早提出主位和述位概念的是布拉格学派创始人之一 Mathesius。他提出这对概念的目的在于研究句子中不同成分在语言交际中发挥的作用有何不同。而韩礼德也非常注重句子和语篇中各个成分所发挥的语义功能。他认为，一个句子的句首和句尾最重要。句首是信息的起点，是旧信息；句尾是要表达的最重要的新信息，是全句的信息中心。韩礼德（1985）把主位分成单项主位、复项主位和句项主位。单项主位指单个的词或词组，复项主位指有内部结构的主位，句项主位指小句作主位。韩礼德认为，主位系统和信息系统的区别在于，主位结构的分析是从讲话者的角度考虑的，先讲出来的是主位，后讲出来的是述位；而信息结构的分析是从受话人角度分析的，信息是新是旧，是由受话人掌握信息情况而定的。

朱永生（2001：103 – 104）把语篇中主位推进的模式做了以下四种区分：

1）主位同一型（主位相同，述位不同）。

T（theme）1 – R（rheme）1
$|$
T2（ = T1） – R2
…

Tn（ = T1） – Rn

本模式中，所有句子都以同一个主位为信息出发点，每个句子的述位都对该信息做新的论述。发话人在围绕什么主题，一目了然。不过，这样的语篇主位模式比较枯燥。

2）述位同一型（主位不同，述位相同）。

T1 – R1
$|$
T2 – R2（ = R1）
…

Tn – Rn（ = R1）

这种模式的结构首尾相连，意义逐步展开，如果是故事会扣人心弦。

3）延续型（前一句的述位或述位的一部分成为后一句的主位）。

T1 – R1
$|$
T2（ = R1） – R2
…

Tn（ = Rn – 1） – Rn

这种模式里，后一句的主位对前一句所有或几乎所有内容概括，形成一个新的谈话起点，并由此引出新的谈话内容即新的述位，即先概括、后展开、句句有新意。

4）交叉型（前一句的主位是后一句的述位）。

T1 – R1
|
T2 – R2
…

Tn – Rn（＝Tn －1）

这个模式与前三种不一样，各个句子的主位和主位之间，述位和述位之间，以及这句的主位和其他句子的述位之间，形式上不重复，意义上不相关，每个句子各有自己的信息起点。

了解了这些主位述位结构，信息起点和扩展的模式之后，我们才能更加细致地分析语篇的结构，和讲话人的真实想法。

在语言使用中，人们通过谋篇布局手段来组织语言结构，以便达到表达语句与语句、成分与成分之间的关系的目的。系统功能语法中的语篇功能涉及的是怎样通过语言成分组织来体现语篇，怎样通过语言结构的组合来表达语义。下面我们来分析一下运动员获奖感言的主述位结构和信息结构。

1）1958 年游泳运动员穆祥雄打破世界纪录后，兴奋地说，"胜利归功于党！有党的鼓舞教育，我有信心创造更好的成绩，向全运会献礼！"（1958.12.22 第 1 版）

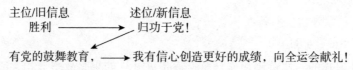

从图示可以看出，这位运动员的讲话用的是第三种主位延续模式。"胜利"已经取得，有目共睹，因此已经是旧信息，因此成为首个主位。前一句的述位"党"成为后一句的主位"党的教育"，后一句的主位对前一句内容概括，为什么要归功于党？形成一个新的谈话起点，并由此引出新的谈话内容即新的述位，"创造更好的成绩"。如此一来，句句有新意，句句有高潮。报纸的读者会跟着这位运动员一起热血澎湃，激动昂扬。

2）1958 年举重运动员黄强辉在国际举重锦标赛破世界纪录后，说："在党的培养下，在全国大跃进形势的鼓舞下，我还要创造更好的成绩，我还要向挺举 160 公斤进军。"（1958.12.1 第 4 版）

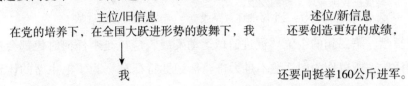

主位/旧信息	述位/新信息
在党的培养下，在全国大跃进形势的鼓舞下，我	还要创造更好的成绩，
我	还要向挺举160公斤进军。

本句中，运动员把"党"的培养和"大跃进"的鼓舞当作旧信息，放于主位位置，之后再扩展自己的计划，说明当时的语境是讲话人、受话人都认可的旧信息，说出来不会让人觉得突兀。由此可以看到，20 世纪五十年代政治教育的到位。

3）1963 年在布拉格举行的世界乒乓球锦标赛后，男子双打冠军王志良说："我的技术来自集体，光荣应归功于党，归功于集体，我个人只是一个代表罢了。"（1963.5.6 第 1 版）

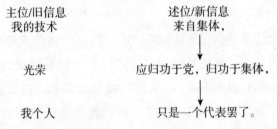

主位/旧信息	述位/新信息
我的技术	来自集体，
光荣	应归功于党，归功于集体，
我个人	只是一个代表罢了。

本句话的主位推进模式是第二种，述位同一型，即主位变化，述位保持一致。讲话人三句话中，换了三个主位。这三个主位在他自己和受话人看来，都是旧信息。"技术"很高，否则得不了冠军；冠军肯定"光荣"；他"个人"正在讲话。所以，真正的信息在述位部分。讲话人再三重复他的成绩来自党和集体，他是代表意即他是集体的一分子。讲话人对于集体的认同可见一斑。

4）1976 年 11 月，中国女子篮球队获亚洲女篮锦标赛冠军，队长方凤娣和队员罗学莲说："今后一定要发扬成绩，不断进步，为促进我国篮球运动的发展，为更好地贯彻执行毛主席的体育路线做出自己的贡献。"（1976.11.15 第 4 版）。

本句话的主位推进模式是述位同一型。讲话人一再表决心，要进步，

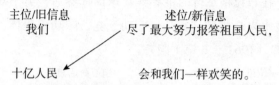

主位/旧信息　　　　　　　　　　述位/新信息
　　今后　　　　　　　　　　　一定要发扬成绩，不断进步，

为促进我国篮球运动的发展，
为更好地贯彻执行毛主席的体育路线　　做出自己的贡献。

要作贡献。第二句的主位"促进篮球运动发展"应该是个任何时代都会接受的话题，所以作为旧话题不足为奇。标记性特征是"为了毛主席的体育路线"，这是前几句都没出现的话题。由此可见，二十世纪七十年代的社会语境有了较大变化，政治上的个人崇拜占据主导地位。

5）1984 年洛杉矶奥运会，李宁夺得男子体操三枚金牌后，说："我们尽了最大努力报答祖国人民，十亿人民会和我们一样欢笑的。"（1984.8.6 第 1 版）

主位/旧信息　　　　　　述位/新信息
　　我们　　　　　　　尽了最大努力报答祖国人民，

十亿人民　　　　　　　会和我们一样欢笑的。

本句话的主位推进模式是延伸型，第一句话的述位成为第二句话的主位。第一句中的主位很显然是旧信息，述位是"报答祖国人民"，这与前面几句的主述位都有很大不同。"人民"被首次提到。过去被经常提及的是领导者——"党"或"国家主席"，再有就是自己所在的"集体"，政治色彩浓厚。而本句表达了对祖国人民的认同，说明政治气氛又有了改变。人民是被感激和报答的对象，是可以一起欢笑的，政治空气自由了许多。

6）1996 年亚特兰大奥运会，占旭刚取得男子举重冠军后，"骄傲地对全世界说：'我有了这个实力，该轮到我了。'"（1996.7.25 第 1 版）

主位/旧信息　　　　　　　　　　述位/新信息
　　我　　　　　　　　　　　　有了这个实力，

该轮到　　　　　　　　　　　　　我了。

本句话的主位推进模式是交叉型，第一句的主位成为第二句的述位。经过八十年代对人民的认可的转变，九十年代则走到了极端，自我认识的膨胀。功劳和成绩方面不再提及领导者和集体，仅仅出现了讲话者自己。第一句的主位是话题，述位表达了自己的能力，这是新信息。下一句的述位又回到第一句的主位"我"，说明讲话人关注的是自己。社会语境已经感觉不到丝毫政治性的控制。

7）同场奥运会，王军霞获得女子竞走 5000 米冠军后说："我这个人命好，是个幸运儿，遇到了两个好教练，马俊仁指导帮我获得世锦赛冠军，毛指导助我取得奥运会金牌。我要衷心感激他们。"（1996.7.30 第 1 版）

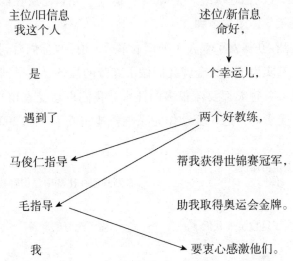

本句的主位推进模式是交叉型，讲话人的主位和述位在互相变换。第一句主位是"我"，最后一句主位又回到了"我"。第一句的述位也是第二句的述位，第三句的述位分别是第四句和第五句的主位。主位和述位互相交叉发展得有条理，一直在围绕自己的"运气"说事，说明该运动员头脑比较清晰，讲话有思路：感恩教练的同时，还夸赞自我幸运。但是，以前的"国家领导者"和"人民"不见踪影。

8）2008 年北京奥运会，庞伟取得男子气步枪冠军后说："我希望自己的金牌能够带给中国射击队更多的好运气，让中国代表团在后面的比赛中多拿金牌！"（2008.8.10 第 5 版）

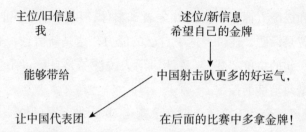

本句话的主位推进模式是交叉型,第一句的述位"金牌"成为第三句的述位"金牌",第二句的述位"中国射击队"成为第三句的主位"中国代表团"。讲话人的话题围绕"金牌"、"运气"和自己所在的集体,说明讲话人非常在意集体多拿金牌。

9)郭晶晶在获得女子双人 3 米板冠军后,说:"你们看到我们在比赛中显得轻松,其实为了这枚金牌我们做了充分的准备。从早到晚刻苦训练我们付出了很多,每天都要流很多的汗水,我们也承受着相当大的压力。好在我们没有受影响,把 5 套动作完完整整地完成了。"(2008.8.11 第 3 版)

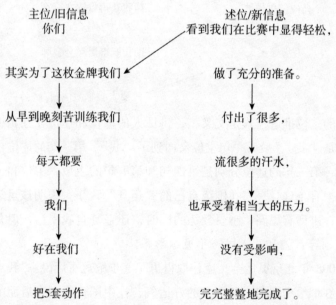

本句话的主位推进模式比较特殊,主位和主位平行,述位和述位平行。在一些媒体报道中,这位运动员多次被描述为不善言辞。但是在这

里，我们看到她的感言是比较长的，话题围绕的是他们训练的艰辛，承受的压力。社会语境里感觉不到政治压力了，但是无形中的社会舆论对于金牌的渴求的压力出现在讲话人的话语里。

10）仲满获得男子佩剑冠军后，说："每一场比赛我都抱着拼的态度，打到哪儿算哪儿，我就是来向选手学的。我很开心有这样一名神奇的教练，我想把金牌献给他！"（2008.8.13 第5版）

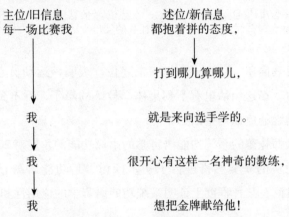

这段获奖感言的主位推进模式是典型的主位同一型，每一句话都以"我"当话题的开始，但是每一个述位都不同。说明讲话人最关心的是自己的行为和结果。包括他给教练献金牌时用的"想"都不是特别地慷慨。

11）2010年2月冬奥会，王濛获500米金牌后对教练磕了两个头，之后对记者说："我一共磕了两个头。第一个是感谢我的教练，第二个是感谢中心的领导和我的队友，所有关心我的人，我的父母，包括我自己。"（2010.2.22 第4版）

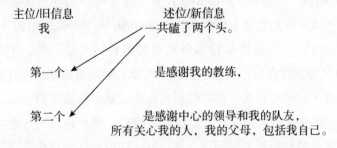

本段获奖感言的主位推进模式是延伸型，第一句中的述位"磕了两个

头"在第二句和第三句中分别在主位的位置,之后述位里对它们进行详细的介绍。这样的话题模式比较灵活,每句话都有新话题。从语义上可以看到,该名运动员对教练和集体的认同与感激,也很自我地认同她自己。这是从九十年代以来一直存在的社会语境的影响。

12)2010 年冬奥会,上文王濛的队友——女子 1500 米冠军周洋说:"拿到冠军,可以让我的父母生活得更好一些。"(2010.2.25 第 1 版)

主位/旧信息	述位/新信息
拿到冠军,	可以让我的父母生活得更好一些。

这句话极其简单,一个主位加一个述位,表明该运动员心中所想:为了家人而努力。在这句话里看不到集体、教练的影子,看不到政治的渴望或束缚,激励她的应该是生活的压力。

本小节从韩礼德的系统功能语言学的语篇功能的角度对 20 世纪五十年代以来的运动员的获奖感言进行了初步探讨,是功能语篇分析的一种尝试。本节的讨论在某种程度上证明系统功能语言学的应用性和可操作性。

6 衔接与连贯

韩礼德认为语篇连贯必须满足两个条件:一是上下衔接,二是符合语域的要求。所谓上下衔接,就是通过照应(reference)、省略(ellipsis)、替代(substitution)和连接(conjunction)等语法手段与重复(repetition)、同义(synonymy)、上义(hyponymy)和搭配(collocation)等词汇手段把语篇中的不同成分从意义上联系起来(Halliday & Hasan,1976:318)。本节将从衔接与连贯的角度解构本研究中的语料——二十世纪五十年代到2010 年的《中国体育报》上登载的重大赛事后运动员的获奖感言。

胡壮麟(1994)认为,语篇的衔接和连贯是语篇研究的核心,也是一个语篇能否被接受的关键。一个语篇前后衔接,意思连贯,方才能被称为"语篇"。语言既然分为不同层次,语篇的衔接与连贯也会在不同层次有所体现。衔接指语法结构上的逻辑链接,连贯指语义的上下贯通。二者结合得好，语篇会通达顺意。有衔接，语篇未必连贯；没有衔接，语篇的语义未必不连贯。总体说来，衔接有以下方式：

首先，指称的照应性。指称指语篇中的不同成分，有人称指称（你、我、他等）、社会指称（同一语篇中，讲话人根据不同社会地位，多个指称词所指同一个人）、地点指称（这里、那里等）、时间指称（这时、那时、当年等）和语篇指称（不指人、事、物或地点、时间等，而是指语篇中的某一陈述）等。照应性指在一个语篇中，具体地指示人们从某个方向接收解释有关段落的信息。照应与指称的关系如下（胡壮麟，1994：50）：

$$
\text{照应性}
\begin{cases}
\text{外指}
\begin{cases}
\text{情景指称} \\
\text{人指}
\end{cases} \\
\text{内指}
\begin{cases}
\text{回指} \\
\text{下指}
\end{cases}
\end{cases}
$$

图 8　照应与指称的关系（胡壮麟，1994：50）

在指称中值得关注的是"零式指称"，指在语篇中本该出现的指称词被省略了。比如，"我加入革命，（0）也造过多少次的反（胡壮麟，同上）"，（0）代表的是省略掉的"我"。

然后，衔接的手段包括"替代"。顾名思义，替代指的是语篇中某一词用来代替某个信息。它可以进一步分为名词替代、动词替代和小句替代。英文中可以用"the same"，"one"等词代替上下文中提到的某个名词，汉语里可以用"……的"进行代替。比如："这份工作只适合年轻的。""年轻的"在这句话里替代"年轻人"这个名词。关于动词替代，英语里用"do"，汉语灵活得多，没有专门的某个动词进行替代。比如："谁能帮个忙？我来。""来"在这里替代了"帮忙"这个动词。小句替代，英语有"so"，汉语用"这样""那样"替代。比如："他雅思考了7分。这样，他就顺利地出国学习了。"

另一个重要的衔接手段是省略，语篇中可以省略代词、名词、动词、小句等。

第四个方法是同现（胡壮麟，ibid.）。这里面包括重复、添加、交替和拼合。交替指在不改变原来结构的情况下，用同类词语替换原来的词。这样可以避免重复过多造成的单调。拼合指在会话交际时，一个人未说出的话由另一人说出。

第五种衔接方式是逻辑连接，用"因此"、"尽管"、"比如"、"再……"、"之前"等词语进行前后逻辑上的联系。举例，"事情竟会发展到这个地步，事前怎么一点儿也不知道？"这句话里的"事前"代表两件事的逻辑结合。

最后一种衔接方式是词汇的近义反义关系、分类关系和搭配关系。

近义词好理解，即同类词反复使用，例如"祖国的花朵/少年儿童"，"时间/光阴"就属于同义反复。同一性的另一个极端则是反义性，互补、对立、相反等语意的词皆在此列。例如，"新的/旧的"，"胜利/失败"，"老板/员工"等属于此种用法。

分类关系可以分成下义关系、局部整体关系、集合关系和一致关系。上下义关系的词汇，比如"都市——北京、纽约、伦敦"，"水果——苹果、哈密瓜等"。局部整体关系的词，比如"房屋——门、窗、天花板"，"学校——教室、图书馆、操场"等。集合关系的词汇，比如"团委——团支书、宣传委员、组织委员"，"欧盟——法国、德国"等。一致关系是说明某物体与某种物质或材料存在一致的关系，比如"溪流——水"，"餐桌——实木"等。

搭配关系指词项之间有因果关系或者预期出现的结果关系。比如"咖啡——兴奋"，"失败——焦虑"，"银行——存钱"等。

除了这些衔接方式外，还有及物性衔接、主位述位衔接等句式衔接，前面几节涉及类似分析，这里不再赘述。因为这些词汇和句式之间的衔接，导致上下文之间语义的连贯，从而语篇得以成立。那么，另一方面，我们也可以通过分析词汇的衔接，了解到某一类语篇一定会或者可能会使用的词汇，因而探讨到某种语类的必然成分和或然成分。下面，笔者分析搜集到的语料中的衔接和连贯现象。

1）1958年游泳运动员穆祥雄打破世界纪录后，兴奋地说，"胜利归功于党！有党的鼓舞教育，我有信心创造更好的成绩，向全运会献礼！"（1958.12.22 第1版）

本段话中，有主位述位的衔接，"党"是第一句的述位，是第二句的主位，这两句衔接得非常完美；此外，"胜利"和"成绩"属于同义反复，又和"献礼"属于一致关系；"鼓舞教育"和"归功于"属于因果关系；"鼓舞教育"又和"有信心"属于因果关系；同时，"党"和"全运会"属于社会语境"国家"的下义词。由此可见，本段话属于非常精心准备的话语，体现了当时的政治气氛，又对政治气氛起了推波助澜的作用。

2）1958 年举重运动员黄强辉在国际举重锦标赛破世界纪录后，说："在党的培养下，在全国大跃进形势的鼓舞下，我还要创造更好的成绩，我还要向挺举 160 公斤进军。"（1958.12.1 第 4 版）

本段话中，"在……下"和"在……下"是句式重复，"我还要……"和"我还要……"也是句式重复；"培养"和"鼓舞"是近义词，"创造成绩"和"进军"属于近义词。本句话的衔接也非常精当，是在政治语境下的产物，同时会对受话人产生积极的政治影响。

3）1963 年在布拉格举行的世界乒乓球锦标赛后，男子双打冠军王志良说："我的技术来自集体，光荣应归功于党，归功于集体，我个人只是一个代表罢了。"（1963.5.6 第 1 版）

本句话中，"集体"用了两次，是重复衔接；"党"和"集体"是上下义关系；"归功于"用了两次，是重复衔接；"归功于集体"前省略了"光荣"，既是省略技巧，又是零指称"它"；"我的技术"和"光荣"属于因果关系；"代表"和"集体"属于部分和整体关系。通观本句，衔接技术非常巧妙，既歌颂了政治实体"党"，又赞扬了体育实体"集体"（即自己的体育队），个人隐藏在大集体和小集体的后面，体现了二十世纪六十年代"公而忘私""集体主义"的思想。

4）1976 年 11 月，中国女子篮球队获亚洲女篮锦标赛冠军，队长方凤娣和队员罗学莲说："今后一定要发扬成绩，不断进步，为促进我国篮球运动的发展，为更好地贯彻执行毛主席的体育路线做出自己的贡献。"（1976.11.15 第 4 版）。

本句话中，开头的"今后"体现了与刚结束的比赛的时空衔接；"成绩"、"进步"、"发展"和"贡献"是近义词；两个"为……"是句型重复；"我国篮球运动"和"毛主席的体育路线"是部分与整体的衔接关系，同属于国家事业和政治任务，有强烈的国家认同语义。本句的衔接技巧鲜明，语义连贯，一气呵成，提前准备痕迹明显。或者是当时的政治气氛即如此，以至于随口而出。

5) 1984年洛杉矶奥运会，李宁夺得男子体操三枚金牌后，说："我们尽了最大努力报答祖国人民，十亿人民会和我们一样欢笑的。"（1984.8.6第1版）

本句话中，"我们"用了两次，属于重复衔接；"祖国人民"和"十亿人民"是近义重复；"报答"和"欢笑"属于部分和整体的关系；"我们"和"人民"属于部分和整体的关系，又同属于国家认同的下义词。非常简短的两句话，衔接成分很充实，语义连贯，说明讲话人的政治敏感度。从分析中可以看出，本句话的政治性词语比前几句少了很多，分量也轻了很多，说明政治控制松了许多。"欢笑"一词尤其使受话人感到愉悦。

6) 1996年亚特兰大奥运会，占旭刚取得男子举重冠军后，"骄傲地对全世界说：'我有了这个实力，该轮到我了。'"（1996.7.25第1版）

本句话中，"我"重复了两次；"这个"是照应性指称，属于外指，应该指的是"获得冠军"这件事情；"实力"后面省略了"获得冠军"；"实力"是比赛成绩的另一种说法，与前文中的"技术"类似，同属于"成绩"的近义词；"该"是逻辑连接，属于因果关系；"轮到我"后面省略了"拿冠军"。这句话和其他的获奖感言比起来，省略了很多词，简短有力，霸气十足，自我意识强烈。与之前的感言相比，已经没有一丝一毫的政治话语成分。说明九十年代社会语境宽松，体育队管理宽松，受话人对运动员做政治楷模的期待低了许多。

7) 同场奥运会，王军霞获得女子竞走5000米冠军后说："我这个人命好，是个幸运儿，遇到了两个好教练，马俊仁指导帮我获得世锦赛冠军，毛指导助我取得奥运会金牌。我要衷心感激他们。"（1996.7.30第1版）

本句中，"我"重复了四次，语义连贯。"命好"和"幸运儿"是同义反复；"好教练"的"好"与"命好"和"幸运儿"是因果关系；"是个幸运儿"前省略了"我"，"遇到了两个好教练"前也省略了"我"，这两句同属于省略衔接；"马俊仁指导"和"毛指导"是"好教练"的部分与整体的关系；"冠军"和"金牌"是近义词；"他们"是句内照应，与"好教练"是回指关系。本句话中凸显了幸运和好教练这两个语义，但是这两个词其实是因果关系。因为命好、幸运，才遇到两位好教练。所以，这段获奖感言与以前相比又有了很大不同。八十年代以前包括八十年代强调政治挂帅，集体的力量的强大，对人民的回报，看不到教练和运动员个人的付出。九十年代个人主义猛烈抬头，这两位运动员的话语中显露出强烈的自我意识。不过，作为女运动员，王军霞还是知恩图报的，感谢了教练。国家的意识几乎看不到。

8）2008年北京奥运会，庞伟取得男子气步枪冠军后说："我希望自己的金牌能够带给中国射击队更多的好运气，让中国代表团在后面的比赛中多拿金牌！"（2008.8.10第5版）

本句话中，"金牌"重复了两次；"金牌"与"好运气"是近义词；"我"与"自己的"属于近义指称，"更多的"与"多拿"是近义反复；"让"前面省略了"金牌"；"中国射击队"和"中国代表团"是部分与整体的关系。本句中的各种衔接，代表了运动员心中所想，"金牌"代表一切，"金牌"是最大的目标。

9）郭晶晶在获得女子双人3米板冠军后，说："你们看到我们在比赛中显得轻松，其实为了这枚金牌我们做了充分的准备。从早到晚刻苦训练我们付出了很多，每天都要流很多的汗水，我们也承受着相当大的压力。好在我们没有受影响，把5套动作完完整整地完成了。"（2008.8.11第3版）

本段中，"我们"重复了五次；"每天"前面省略了"我们"，是零指称；"把5套动作……"前面省略了"我们"，是零指称；"没有受影响"中间省略了"压力"；"轻松"与"准备"、"刻苦训练"、"汗水"、"压力"和"影响"形成对比衔接，凸显了运动员心中的郁闷和抱怨；"从早到晚"和"每天"是时空衔接；"轻松"与"完成"是近义词的照应，开头与结尾形成呼应。本段话凸显了运动员自己的刻苦，看不到教练和集体的影子。

10）仲满获得男子佩剑冠军后，说："每一场比赛我都抱着拼的态度，打到哪儿算哪儿，我就是来向选手学的。我很开心有这样一名神奇的教练，我想把金牌献给他！"（2008.8.13第5版）

本段话中，"我"重复了四次；"打到哪儿算哪儿"前面省略了"我"，是零指称；"打"和"拼"是同义反复；"打"、"拼"和"学"是对立衔接；"开心"和"神奇"是因果衔接；"神奇"和"献给"是因果衔接；"他"是句内照应，属于回指。本段话与前面的相比，感谢了教练的同时，强调了自己的学习态度、放松的心情，即金牌对他而言是意外的惊喜。

11）2010年2月冬奥会，王濛获500米金牌后对教练磕了两个头，之后对记者说："我一共磕了两个头。第一个是感谢我的教练，第二个是感谢中心的领导和我的队友，所有关心我的人，我的父母，包括我自己。"（2010.2.22第4版）

本段话中，"我"和"我的"、"我自己"形成多次重复衔接；"两个"与"第一个"和"第二个"形成整体与部分的关系；"所有关心我的人"和其他被感谢的人形成部分与整体的关系；"教练"和"队友"、"我"形成对立衔接。本句突出了运动员的集体意识，对教练和领导的尊重，对队友的关爱，对家人的感恩，同时也有自己的自我意识。同样，国家认同意识不明显。

12）2010年冬奥会，上文王濛的队友——女子1500米冠军周洋说："拿到冠军，可以让我的父母生活得更好一些。"（2010.2.25第1版）

本句话中，开头省略了"我"，属于零指称。在这些运动员中属于标记性特征。因为语料中几乎所有的运动员都提到了"我""我们"如何，这句里"我"的空缺，说明该运动员自我意识并不强烈；想到的是父母家人，说明家里条件不会太好；也说明该运动员没有什么社会名誉企图心和政治企图心。

本小节运用系统功能语法中的衔接与连贯理论，梳理了大型国际比赛后运动员们的获奖感言，发现了话语中随着时间的变化，运动员们的思想和情感的变化，以及爱国主义语义表达的变化，社会语境的变化。

7　语法隐喻

前面我们从纯理功能的角度对运动员们的获奖感言做了一些尝试性的分析。本节准备从功能语言学的"语法隐喻"这个方面对获奖感言进行功能语篇分析。

本节准备先对系统功能语言学中的"语法隐喻"这个概念进行简单的回顾，然后从语法隐喻这个角度分析那些获奖感言，通过分析提出一些值得探讨的问题，并进行讨论。

隐喻这个概念萌芽时期和语言学的初始时期一样，来源于古希腊时的柏拉图和亚里士多德。柏拉图学派认为隐喻是语言的本质属性，是人类学的一部分；亚里士多德学派认为隐喻是语言的附属物或修饰。奥托尼（Ortony 1979）认为，当代隐喻理论可以大致分为构建主义和非构建主义。构建主义因袭了柏拉图学派理论，把隐喻看成是介于语言、现实与思维之间的、反映人类智能和语言本质的一种动态过程；非构建主义则接受了亚里士多德学派的传统，只把隐喻看成是修辞学或文体学的一部分，隐喻是附属于语言的一种反常的语言运用现象。

系统功能语言学家韩礼德在隐喻的研究上前进了一大步。他认为传统和现代所谓的隐喻学只是在研究词汇隐喻，即把一种物体比喻成另一种物体，比如 blossom of trees 可以换成 blossom of life。这里的 life 选取了 trees 的内涵，被成功隐喻。韩礼德认为还有一种隐喻，比词汇隐喻隐蔽，但是对语篇的架构更具有意义，它就是——语法隐喻。Halliday（1985）指出，语法隐喻不是用一个词去代替另一个词，而是用某一语法类别或语法结构去代替另一语法类别或语法结构。这两个类别分别代表了一个给定意义的两种表达变异，一致式（congruent form），即通常所说的"平白体"（literal）语言，和隐喻式（metaphorical form），即与一致式相对应的，在某种程度上经过了"转义"（transferred）的语言。胡壮麟（2000：88）用图示表明词汇隐喻和语法隐喻的区别：

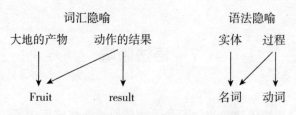

图9 词汇隐喻和语法隐喻的区别（胡壮麟 2000：88）

韩礼德曾从不同视角加以解释，"首先，传统的隐喻概念指发生在词汇层面的隐喻化过程，而语法隐喻则发生于语法层面的隐喻化过程。语法隐喻的词语意义没有发生变化，变化的是语法性状，如动词或形容词化为名词，连词化为动词。其次，所谓隐喻是在两个语言变体之间建立关系，如果按习惯'从下'看问题，着眼于形式，一个词有两个意义，一个是本义的，一个是隐喻的（'动作的结果'），如果"从上"看，'动作的结果'这个意义可体现为 result 和 fruit。例如把 fruit 看作是隐喻的，因为在它之前出现过另一个词。在语法隐喻中，变体体现的不是词义而是范畴意义。韩礼德又用能指和所指的关系加以解释，词汇隐喻是同样的能指，不同的所指（如图示左边，fruit 一词除表示'果实'外，也表示'结果'）；而语法隐喻处理的是不同的能指，同样的所指（如图示右边的所指'过程'的能指为'动词'和'名词'）。因此，语法隐喻是在不同层次之间的重新排列，是将语义重新映叠于词汇语法上。通过对科技语篇的分析，韩礼德确认了三种隐喻化过程：（1）原先为名词仍以名词形式变换，并作为中心词，如 small，unnoticed surface cracks 这一词组中的 cracks。（2）隐喻成分虽在名词词组之中，但不具事物的功能，如上述词组中的作为修饰语的 small，unnoticed 和 surface。（3）隐喻化词语不是名词，也不是名词词组中的功能成分，如同词组中 can span 中的 span"（胡壮麟，同上）。

关于语法隐喻的具体内容，胡壮麟（同上）做了极其详细的阐释：韩礼德在其 1985/1994 的语法隐喻模式中，认为语法隐喻主要包括概念隐喻和人际隐喻两种形式。概念隐喻表示一个事物过程随着过程的变化，各小句中的功能成分（如参与者、环境因子等）可以互相隐喻化，被转换的功能成分在词汇语法层体现时可以从一个形式隐喻为另一个形式，比如名词可以转喻为动词。在人际隐喻中，则区分情态隐喻和语气隐喻，前者表现为情态的体现形式可以有多种，如情态动词、形容词、副词、名词等，而语气可以有多种言语行为互相转换。这个模式可以用下图表示。

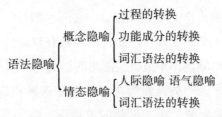

图10　韩礼德有关语法隐喻的1985/1994模式

韩礼德在其1996年关于语法隐喻的论述中，对上面的理解进行了修订。首先，"96模式"突出了语言的元功能这个层次，因为语法隐喻是及物过程的相互转化，词汇语法层是最后的体现形式；其次，韩礼德对语法隐喻研究时发现，占主要形式的是名词化，因此，词汇语法层可以与语义层相提并论；最后，引入层次的概念可以避免与乔姆斯基的结构转换雷同，还能说明语法隐喻与人类语言的发展本质相联系。所以，韩礼德有了如下1996的语法隐喻模式。

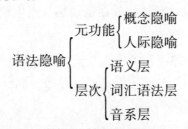

图11　韩礼德有关语法隐喻的1996模式

韩礼德的理论中，还有一个概念是"一致式"。因为，一个隐喻形式必然要与一个非隐喻形式对照，这个非隐喻形式就是"一致式"。自1995年起，韩礼德分别用"雅式（Attic）和"土式（Doric）"代表隐喻式和一致式的区别。

下面，我们用语法隐喻分析一下运动员们的获奖感言，就可以发现语篇内蕴含的不同语义。

1）1958年游泳运动员穆祥雄打破世界纪录后，兴奋地说，"胜利归功于党！有党的鼓舞教育，我有信心创造更好的成绩，向全运会献礼！"

（1958.12.22 第 1 版）

本段话里的语法隐喻在"有党的鼓舞教育"这个短语里。这句话本应该是"党教育鼓舞了我"，但是，通过语法隐喻和名词化，小句被浓缩成了词组短语。这种雅式比土式更具分量，它陈述的是一个严肃的已经证明了的事实——接受了党的教育。因此，该句具有权威性和智慧，科学性更强。而且，句式简单凝练，不拖沓，鲜明的语义和结构令人印象深刻。

2）1958 年举重运动员黄强辉在国际举重锦标赛破世界纪录后，说："在党的培养下，在全国大跃进形势的鼓舞下，我还要创造更好的成绩，我还要向挺举 160 公斤进军。"（1958.12.1 第 4 版）

本句中的"在党的培养下，在全国大跃进形势的鼓舞下"分别是两个雅式语法隐喻，土式应为"党培养了我"和"全国大跃进的形势鼓舞了我"。同样，雅式结构信息量大，浓缩了原句的含量，使得句子结构紧凑，短时间表达更多的内容。从 21 世纪回顾当时，大跃进是个破坏力极强的运动。但是当时的人们，尤其 1958 年是大跃进初期，对结果满怀激情和憧憬，是可以理解的。本段话在当时符合社会语境，但是，一句话中含有两个语法隐喻，如此正式的话语，放在运动场有点生硬，有模仿媒体和他人话语之嫌。

3）1963 年在布拉格举行的世界乒乓球锦标赛后，男子双打冠军王志良说："我的技术来自集体，光荣应归功于党，归功于集体，我个人只是一个代表罢了。"（1963.5.6 第 1 版）

本句中没有语法隐喻，通篇是土语，话语随意，结构松散，是典型的口语。

4）1976 年 11 月，中国女子篮球队获亚洲女篮锦标赛冠军，队长方凤娣和队员罗学莲说："今后一定要发扬成绩，不断进步，为促进我国篮球运动的发展，为更好地贯彻执行毛主席的体育路线做出自己的贡献。"（1976.11.15 第 4 版）。

本句中有两个语法隐喻，"为促进我国篮球运动的发展"和"为更好地贯彻执行毛主席的体育路线"。土式应该为"我们要促进我国篮球运动发展"和"我们要更好地贯彻执行毛主席的体育路线"，但是，如果真的按照土式结构，句子就会极其拖沓冗长，不精练，没有了铿锵有力。由此看出，雅式句式不仅信息量大，还可以用作激励人们的口号式话语。

5）1984 年洛杉矶奥运会，李宁夺得男子体操三枚金牌后，说："我们尽了最大努力报答祖国人民，十亿人民会和我们一样欢笑的。"（1984.8.6 第 1 版）

本句话中没有用到语法隐喻，虽然是土式，因其句式结构平行，排比性强，受话人会觉得该话语简洁有力，朗朗上口。

6）1996 年亚特兰大奥运会，占旭刚取得男子举重冠军后，"骄傲地对全世界说：'我有了这个实力，该轮到我了。'"（1996.7.25 第 1 版）

本句话中的语法隐喻是"该轮到找了"，土式应该为"该轮到我拿金牌了"。隐喻隐去了说话人的骄傲，但是语义依然张扬。

7）同场奥运会，王军霞获得女子竞走 5000 米冠军后说："我这个人命好，是个幸运儿，遇到了两个好教练，马俊仁指导帮我获得世锦赛冠军，毛指导助我取得奥运会金牌。我要衷心感激他们。"（1996.7.30 第 1 版）

本句话全是土式结构，没有语法隐喻，因此听起来或者读起来非常亲切自然，是典型的口语，是讲话人的心里话。

8）2008 年北京奥运会，庞伟取得男子气步枪冠军后说："我希望自己的金牌能够带给中国射击队更多的好运气，让中国代表团在后面的比赛中多拿金牌！"（2008.8.10 第 5 版）

本句话中没有语法隐喻，仅仅有词汇隐喻，即"金牌"被比作"好运气"。说明讲话人的心里话，就是希望自己的代表队能取得好名次。

9）郭晶晶在获得女子双人 3 米板冠军后，说："你们看到我们在比赛中显得轻松，其实为了这枚金牌我们做了充分的准备。从早到晚刻苦训练我们付出了很多，每天都要流很多的汗水，我们也承受着相当大的压力。好在我们没有受影响，把 5 套动作完完整整地完成了。"（2008.8.11 第 3 版）

本段话可以说是典型的土式结构，没有一点语法隐喻，因此感觉很啰唆和冗长，全是絮絮叨叨的抱怨。如果是雅式，应该这么说："比赛中的轻松，代表了我们赛前的充分准备。每天从早到晚的刻苦训练，每天的汗水，还有承受的巨大心理压力，都没有影响到我们。我们把动作完完整整地完成了。"如此一来，许多小句都消失了，代之的是简单明了的名词化词组，而且语义积极向上。语法隐喻是在不同层次之间的重新排列，是将语义重新映叠于词汇语法上。浓缩的语义，精简的句式，代表的是一种发达的讲话思维。所以，可以理解为什么媒体喜欢把该运动员描写成"不善言辞"了。

10）仲满获得男子佩剑冠军后，说："每一场比赛我都抱着拼的态度，打到哪儿算哪儿，我就是来向选手学的。我很开心有这样一名神奇的教练，我想把金牌献给他！"（2008.8.13 第 5 版）

本段话的隐喻出现在"神奇的教练"，因为"人物"不能用"神奇的"修饰。因此本句不是语法隐喻，而是词汇隐喻。通观整句，简洁有力，尽管没有"雅式"，接受起来尚可。

11）2010 年 2 月冬奥会，王濛获 500 米金牌后对教练磕了两个头，之后对记者说："我一共磕了两个头。第一个是感谢我的教练，第二个是感谢中心的领导和我的队友，所有关心我的人，我的父母，包括我自己。"（2010.2.22 第 4 版）

本句话里没有语法隐喻，通篇是土式。是讲话人发自内心的激情和虔诚。句子简短，词汇平易，感情充沛，容易被受话人接受。

12）2010 年冬奥会，上文王濛的队友——女子 1500 米冠军周洋说："拿到冠军，可以让我的父母生活得更好一些。"（2010.2.25 第 1 版）

本句话里的语法隐喻是"拿到冠军"，土式应为"我拿到冠军了"。现在，小句被浓缩成了名词词组，充当全句的主位。句型简短，内容鲜明，所以引起了很大的关注，曾被网友热评。

本节运用系统功能语法里的语法隐喻，探讨了运动员的获奖感言。发现"雅式"确实比"土式"更具分量，它陈述的是一个严肃的已经证明了的事实，具有权威性和智慧，科学性更强。雅式就是隐喻式，土式就是一致式。这种分析和理解可以推广到我们的日常讲话和工作语言的思考与运用中，会帮助我们学会在不同的场合如何使用得体的言语。

8 结 语

在本章中，笔者从评价系统角度和修辞角度对话语的词汇进行了分析，又从话语的经验功能、逻辑功能、人际功能和语篇功能，衔接与连贯角度，语法隐喻角度等分析了语料中的爱国主义语境，发现随着年代的不同在不断变化。因为语境的变化，针对不同的参与者，讲话人会用不同的话语满足受话人的期待。

第5章 个体发生分析

1 引 言

　　韩礼德的话语发生模态第一层次是话语发生，在前面一章中笔者已经从词汇、经验功能、逻辑功能、人际功能、语篇功能、衔接与连贯和语法隐喻等方面进行了详细探讨。本章将对话语符号历史模态的第二层次个体发生进行分析，力图从情景语境、语域和语类等方面进行国家认同语义的探讨。

2 语域理论

　　语域理论是系统功能语言学的重要理论之一，也是系统功能语言学家经常探讨的重大课题。国内外学者对语域（register）的定义不尽相同。这个概念最初是 Reid 在 1956 年研究双语现象时提出来的（Ure & Ellis，1977：198），但是作为理论它其实应该发源于"英国的语境主义"。人类学家马林诺斯基（Malinowski）在 20 世纪 30 年代提出了情景语境和文化语境的思想，后来弗斯（Firth）将语境概念发展为"语义存在于语境"的理论（Eggins，1994）。60 年代韩礼德继承并发展了弗斯的语境理论，建立了最初的语境模型。他在 The Linguistics Science and Language Teaching 一书中提出，可以根据话语范围（field of discourse）、话语方式（mode of discourse）和话语风格（style of discourse）来区分语域，认为语域是语言使用的功能变体，即因情景语境的变化而产生的语言形式的变化。同时代的David Crystal 也有语域的定义，"在文体学和社会语言中，语域指根据语言在社会情景中的用途所区分的一种语言变体，如：科学语域、宗教语域、正式英语的语域等"（张煜，2001）。

1978 年韩礼德在他的《作为社会符号的语言》（Language As Semiotic）一书中改变了他原来的看法。他把语域看作是"通常和某一情景类型相联系的意义结构"。这样，不同语域之间的区别不再被认为仅仅是形式上的区别，而是意义上的区别。前者是由后者来决定的。图示如下：

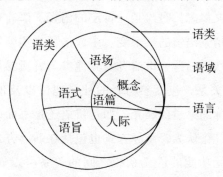

图 1　元功能与语言、语域、语类的关系

在这个语境模型中，韩礼德把语言系统分成语义层、词汇语法层和语音层三个系统，各个层次之间是激发和体现的过程。韩礼德从无数个具体情景中发掘出三个可比较的变量，1）发生了什么事（语场）；2）谁参与了这件事（语旨）；3）语言起什么作用（语式）。这三个变量共同决定了意义选择的范围和表达内容的语言形式，同时又各自有所激发和表现的内容。语场变量所激发和体现的是概念意义，语旨所激发和体现的是人际意义，语式所激发和体现的是语篇意义。

从语境和语域的关系来考虑，由于语场的不同，可产生属于不同学科或领域的语域（如法律英语、经贸英语、新闻英语等）。这些语域之间的差异主要表现在对概念意义的不同选择上。在词汇—语法层次上，表现在对词汇，及物关系和语言结构等级上的逻辑关系的不同选择上。由于交际者的不同，可产生不同正式程度的（如刻板式英语（frozen English）、正式英语、非正式英语等），以及不同的口气和态度的（说教英语、幽默英语、应酬英语等）语域。这些语域之间的差异主要表现在对交际意义的不同选择上。在词汇—语法层次上，体现在对语气、情态系统以及表达态度意义的词汇的不同选择上。由于方式的不同，可产生由不同渠道、媒介或修辞方式所区分的语域（如口头英语、写来说的英语、说为写的英语、写来读的英语、背诵式英语等）。这些语域之间的差异主要表现在对语篇意义的不同选择上。

　　在韩礼德和哈桑合著的 Language，Text and Context：Aspects of Language in a Social Semiotic Perspective（1985：26）一书中，韩礼德进一步明确指出，语域是一个语义概念，是与某一特定的语场、语式和语旨情景组合有关的意义组合。在情景语境的三个变量中，语场指实际发生的事情，语言发生的环境，包括谈话话题、讲话者及其他参与者所参加的整个活动。语旨指参与者之间的关系，包括参与者的社会地位以及他们之间的角色关系。语式指语言交际的渠道或媒介，如是口语还是书面语，是即兴的还是事先准备好的。韩礼德认为，修辞方式也包括在话语方式之中。情景语境的三个变量与三大元功能的语义系统之间的关系可以如下图表示（参见 Halliday & Hasan 1985：26）。

语境：情景特征	由……体现	语篇：功能成分
语场：正在发生的事		概念意义：及物性等
语旨：参与者		人际意义：语气、情态等
语式：语言模式		语篇意义：主位、信息等

图 2　语篇与语境关系（参见 Halliday & Hasan 1985：26）

　　值得关注的是，马丁（Martin，1986，1992）对语域的理解与韩礼德有所不同。在马丁的语境模型中，语域和语篇体裁（genre）分别对应情景语境和文化语境（1992：496）。在 Martin 看来，语域并非位于语义层面，而位于语境层面。他的语域的概念涵盖了韩礼德的语域和情景语境，包括了语场、语旨和语式这三个语境变量。并且，马丁还认为，在语类这一层次之上还有一个更高、更抽象的层次——意识形态。所谓意识形态，指构成一种文化倾向的编码系统（1992：507）。

关于语域的研究，最近几年一直有新进展。一些系统功能语言学者通过精密阶对语域变量进行了进一步的描写。譬如关于语旨，进一步的分析范畴包括人际间的社会距离（social distance）、语篇角色（textual role）、社会角色（social role）和参与者角色（participatory role）。Hasan 在进一步研究中提出可从角色（agent role）、控制或权势（control or power）和社会距离三个方面对语旨进行描写。Poynton（1985）认为可从权势（power）、接触（contact）和情感（affect）三方面讨论语旨，等等（参见常晨光，陈瑜敏，2011）。同时，Martin & Rose（2008：12 – 16）在最近的研究中，也对三个语域变量进一步细化。他们提出，语旨包括地位（status）和认同（solidarity）两个维度。地位指交际双方在垂直方向上的距离，分为平等与不平等两种情况；认同是指社会距离的远近，即交际双方在多大程度上具有共同性，以及两者之间的熟悉、亲密程度。这两个维度的不同组合方式又构成语旨的四种变异，图示如下（参见常晨光，陈瑜敏，2011）：

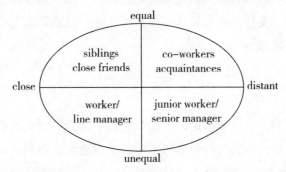

图 3　语旨的变异维度（参见常晨光，陈瑜敏 2011：17）

关于语场的细化研究，笔者将结合汤普森（1990）的深度阐释学。汤普森认为，分析语篇的语境时，一定要包括语篇发生的时空场合，同时结合交际领域、社会机构和社会结构的描述与分析，再进行技术分析。因此，笔者分析本研究的语料时，将会采用如下的语域框架。

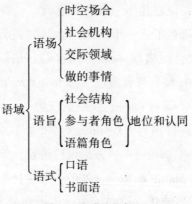

图4 语域分析框架

从上面的论述中可以看出，语域是一个概括性极强的理论模式，它的显著功能是可以推测文化语境，并且根据某个语域推测别的语篇的语言形式和谈论的内容。这一模式与语言的元功能、语言组织形式之间十分吻合。这是系统功能语言学对语言学理论的巨大贡献。近年来它已广泛地应用于语篇分析、文体分析、翻译以及教学之中，功能语言学家也在不断地探讨和发展语域理论。

2.1 语　场

由上节可知，在语域理论中，语场指时空场合、社会机构和交际领域的综合。在这里，笔者将分析本研究中运动员重大比赛后获奖感言语篇的语场。

首先，获奖感言产生于体育比赛场地，这是它的交际领域。体育比赛是人类社会特有的一种社会现象，在阶级社会中，当论及体育比赛与其他社会领域的关联时，政治是首要的因素。体育比赛与政治的结合在国家政治中发挥着举足轻重的作用。现代社会中，国家或政府一般是通过象征、认同、操作等方式对体育比赛加以利用（林繁藏，1994：90－91）。体育比赛本身不具有意识形态的特点。然而，作为一种基于竞赛的文化形式，体育比赛是唯一对政治和意识形态操纵开放的文化形式。体育比赛在国际关系中总是被作为各国政府可以利用的主要政治资源，其他非政府组织也对其饶有兴趣。因此，不同时代的体育比赛必定会带有该时代的烙印。比如，1954年中国申请参加1956年的墨尔本奥运会，但是国际奥委会保留台湾在国际奥委会的席位，并称其为"中华民国奥委会"；建议中国大陆和台湾同时参加墨尔本奥运会，分别冠名为"北京中国"和"台湾中国"。尽管大陆抗议，国际奥委会不予理睬。1956年，3名大陆运动员已经登上飞往墨尔本的飞机，却听到台湾代表团已经抵达并且升旗的消息，决定不参加，否则等于承认有两个"中国"。1958年，中国宣布断绝与国际奥委会的关系，直到1984年才重返奥运比赛。由此可以看出，体育比赛中蕴含着政治意识形态。

笼统说来，体育比赛是一种在裁判员主持下，依据一定的规则进行个人或集体之间的体育技能、技艺、心理或智能等层次的比赛活动，像文化和教育一样具有很高的价值。首先，体育比赛可以吸引公众的关注和参与，吸引和鼓舞人们参加体育锻炼，在促进民众提高身体素质方面有很高的社会价值；第二，体育比赛能使公众欣赏到高水平的技能展示，活跃生活，丰富娱乐项目；第三，体育比赛可以加强国内和国际民众的团结，促进友谊。但是，因为比赛的竞争性，和人们对好结果的期待，使比赛不期然地带上了政治意味。

大型体育比赛，通常有主办方，下设专门的组委会组织和协调各项准备与赛事工作，比如该体育比赛的目的、参加时间、地点、人物、分配人员负责项目及运动器材前期准备等。接到比赛的正式通知和邀请函后，各运动队即可参赛。因此，在社会机构上，主办方和组委会有一定的权力决定代表队在比赛中的地位，比如对比赛场地、体育设施的选用等，但是权力不大，不至于影响运动员的比赛成绩。

运动员获得冠军后，被媒体采访，发表获奖感言已成中西各国多年惯例。通常运动员会表述自己获奖的激动心情，对教练和父母家人等感谢。因为时空场合不同，获奖感言会有所不同。那么，通过不同的获奖感言，我们可以分析出不同的语场。

1）1958年游泳运动员穆祥雄打破世界纪录后，兴奋地说，"胜利归功于党！有党的鼓舞教育，我有信心创造更好的成绩，向全运会献礼！"（1958.12.22 第1版）

2）1958 年举重运动员黄强辉在国际举重锦标赛破世界纪录后，说："在党的培养下，在全国大跃进形势的鼓舞下，我还要创造更好的成绩，我还要向挺举 160 公斤进军。"（1958.12.1 第 4 版）

3）1963 年在布拉格举行的世界乒乓球锦标赛后，男子双打冠军王志良说："我的技术来自集体，光荣应归功于党，归功于集体，我个人只是一个代表罢了。"（1963.5.6 第 1 版）

4）1976 年 11 月，中国女子篮球队获亚洲女篮锦标赛冠军，队长方凤娣和队员罗学莲说："今后一定要发扬成绩，不断进步，为促进我国篮球运动的发展，为更好地贯彻执行毛主席的体育路线做出自己的贡献。"（1976.11.15 第 4 版）。

这几句感言发表于二十世纪五十至七十年代，基本都是感谢集体、感谢党，表决心以后要怎样取得成绩。从话语中我们可以分明地感受到讲话人对国家和集体的热爱，对政治的忠诚，对领袖的崇拜，个人的谦虚和政治的进步淹没了个人主义的意识，从而我们可以分析出二十世纪五十至七十年代政治挂帅的语境，几十年的社会背景变化不大，政治言论高于一切，集体主义意识绝对高于个人主义，以至于看不见个人的作用。

5）1984 年洛杉矶奥运会，李宁夺得男子体操三枚金牌后，说："我们尽了最大努力报答祖国人民，十亿人民会和我们一样欢笑的。"（1984.8.6 第 1 版）

本句感言发表于二十世纪八十年代。讲话人代表运动员群体表述自己非常勤奋地报答了人民的恩情，类似于七十年代以前的政治表达，但是人民取代了党的位置，说明时空场合与七十年代前有所变化，政治空气变淡了。

6）1996 年亚特兰大奥运会，占旭刚取得男子举重冠军后，"骄傲地对全世界说：'我有了这个实力，该轮到我了。'"（1996.7.25 第 1 版）

7）同场奥运会，王军霞获得女子竞走 5000 米冠军后说："我这个人命好，是个幸运儿，遇到了两个好教练，马俊仁指导帮我获得世锦赛冠军，毛指导助我取得奥运会金牌。我要衷心感激他们。"（1996.7.30 第 1 版）

这两句感言是二十世纪九十年代的话语，第一句表达的内容是对自己的实力的自信和骄傲的展示，没有对任何其他人的感激。第二句表达内容是感慨自己的命运际遇好，感谢两位教练的栽培。这说明语场的时空场合又有了很大变化，社会语境已经从号召集体主义转变成认同个人主义。

8）2008年北京奥运会，庞伟取得男子气步枪冠军后说："我希望自己的金牌能够带给中国射击队更多的好运气，让中国代表团在后面的比赛中多拿金牌！"（2008.8.10第5版）

9）郭晶晶在获得女子双人3米板冠军后，说："你们看到我们在比赛中显得轻松，其实为了这枚金牌我们做了充分的准备。从早到晚刻苦训练我们付出了很多，每天都要流很多的汗水，我们也承受着相当大的压力。好在我们没有受影响，把5套动作完完整整地完成了。"（2008.8.11第3版）

10）仲满获得男子佩剑冠军后，说："每一场比赛我都抱着拼的态度，打到哪儿算哪儿，我就是来向选手学的。我很开心有这样一名神奇的教练，我想把金牌献给他！"（2008.8.13第5版）

这几句感言发表于21世纪2008年，共同表达了拿到金牌之后的欣喜与欣慰，以及对集体获得更多金牌的热望，有集体意识。但是，能发现运动员们与以往的不同之处在于，他们对金牌的过度在意是由社会语境造成的。

11）2010年2月冬奥会，王濛获500米金牌后对教练磕了两个头，之后对记者说："我一共磕了两个头。第一个是感谢我的教练，第二个是感谢中心的领导和我的队友，所有关心我的人，我的父母，包括我自己。"（2010.2.22第4版）

12）2010年冬奥会，上文王濛的队友——女子1500米冠军周洋说："拿到冠军，可以让我的父母生活得更好一些。"（2010.2.25第1版）

这两句感言发表于2010年。表达的内容与以前又有所变化，可以分析出语场的变化较大。感言里有对所有关心运动员进步的人的感激，既有集体主义意识，也有对自己的个人认同。但是，对金牌的欣喜已经达到狂热，不仅是荣誉驱使，还有对物质利益的看重。

从上面的分析可以看出，时空场合的不同，运动员们表述的内容就不同，尽管都是获奖感言。

2.2 语　旨

语旨包括社会结构、参与者角色和语篇角色，以及各角色之间的距离和地位。下面笔者具体分析各语料里所展示的角色关系。本研究中所有语料的参与者角色几乎一样，运动员是获奖者和讲话人，受话者包括采访的记者和报纸的读者。语篇角色是讲话人的话语里所涉及的人物角色。

1）1958年游泳运动员穆祥雄打破世界纪录后，兴奋地说，"胜利归功于党！有党的鼓舞教育，我有信心创造更好的成绩，向全运会献礼！"（1958.12.22 第1版）

本段话中可以看出的社会结构是，党位于全国全民之上。一切有党的领导，包括运动员获得好的成绩也是党的领导。语篇角色包括党、全运会和"我"。参与者包括运动员自己以及观看比赛的观众、报纸的读者和采访的记者。居斯（Joos，1962）认为语体从亲密到正式可以分成五种：亲密、随便、协商、正式和僵化。从1）句中的正式词语和句法，可以确定这是正式的语句。"归功于"、"献礼"鲜明地表明了讲话人和"党"的地位的不同，讲话人是属于顺从者的地位。因此，我们可以断定参与者角色中"我"即运动员本人和"党"之间距离遥远，运动员用虔诚尊敬的语气对党表达感激。另外，语体可以是正面的，也可以是反面的；既可以是积极的，也可以是消极的。从本语段看来，里面的词汇全是积极的，"鼓舞教育"、"信心"等，说明语篇参与者之间的关系是积极乐观的。句中对"党"的重复，在成绩上表决心，说明"党"是讲话人经常面对的角色，是讲话人随口可提却不能随便亵渎的角色。最后，句中语法的感叹句的使用，词汇的情感的表达，说明讲话人对"党"的深厚情感。

2）1958年举重运动员黄强辉在国际举重锦标赛破世界纪录后，说："在党的培养下，在全国大跃进形势的鼓舞下，我还要创造更好的成绩，我还要向挺举160公斤进军。"（1958.12.1 第4版）

本语段中，社会结构仍然是"党"对群众的领导和培养，但是与上句的"全运会"不同之处在于有个"大跃进",语篇角色包括党、大跃进和"我"。说明 1958 年的社会背景不仅有全运会,还有著名的"大跃进"。参与者角色包括运动员自己和观看比赛的观众、报纸的读者和采访的记者,说明参与者都认同"党"的领导,认同"全运会"和"大跃进",讲话者才会满足读者和听众的期待。从本句中的正式词语和句法,可以确定这是非常正式的语句。因此,我们可以断定参与者角色中"我"即运动员本人和"党"之间距离遥远。"在党的培养下,在全国大跃进形势的鼓舞下",说明讲话人的地位是被教育的,因而是处于顺从地位的。另外,本语段里的词汇全是积极的,"培养""鼓舞""进军"等,说明语篇参与者之间的关系是积极乐观的。在成绩上表决心,说明"党"和"大跃进"是讲话人经常面对的角色,是讲话人随口可提却不能随便亵渎的角色。"进军"这样的军事用词用在体育比赛上,感情色彩减少,说明讲话人对军事化管理和行动的认可。最后,句式中排比句的使用,说明讲话人洋溢的激情。

3)1963 年在布拉格举行的世界乒乓球锦标赛后,男子双打冠军王志良说:"我的技术来自集体,光荣应归功于党,归功于集体,我个人只是一个代表罢了。"(1963.5.6 第 1 版)

本段与前两段相比,词汇、句式、语义等方面没有什么新意,只多了一个"集体",说明该语篇反映的社会背景以及语篇角色的关系与前两段话没有什么变化,说明集体主义远远高于个人主义。值得注意的是,情感色彩的词显著减少,语气平淡,说明讲话人对句中参与角色的感情下降。另外,这样雷同的感言在不同时间不同地点由不同讲话人表达出来,有套话之嫌。

4)1976 年 11 月,中国女子篮球队获亚洲女篮锦标赛冠军,队长方凤娣和队员罗学莲说:"今后一定要发扬成绩,不断进步,为促进我国篮球运动的发展,为更好地贯彻执行毛主席的体育路线做出自己的贡献。"(1976.11.15 第 4 版)。

本段与前三段相比,词汇、句式、语义等方面仍没有什么变化,语篇角色增加了一个"毛主席的体育路线",说明该语篇反映的社会背景增添了政治领袖的崇拜,说明政治思想、领袖思想远远高于个人意识。而且,本句中讲话人有意地不用"我们"，看不见个人的出现，说明社会背景是集体主义。

5）1984 年洛杉矶奥运会，李宁夺得男子体操三枚金牌后，说："我们尽了最大努力报答祖国人民，十亿人民会和我们一样欢笑的。"（1984. 8. 6 第 1 版）

本段话中可以看出的社会结构是，"我们"和"人民"之间构成社会关系。参与者角色是祖国的十亿人民和"我们（运动员）"。句中使用正式词语和句法，可以确定这是非常正式的语句。因此，我们可以断定参与者角色中"我们"即运动员们和"人民"之间的距离并不亲密。"报答"一词鲜明地表明了讲话人和"人民"的地位的不同，讲话人是属于顺从者的地位，是受恩的一方。"尽了最大努力"说明人民对讲话者的恩情之深，以及"人民"对运动员好成绩的期盼之切。但是，"欢笑"一词，说明语篇参与者之间的关系是积极乐观的。"一起欢笑"进一步说明参与者双方的平等。从这段话里我们可以感觉到政治气氛的减轻，领导者约束的减弱，感觉到了社会的变化。

6）1996 年亚特兰大奥运会，占旭刚取得男子举重冠军后，"骄傲地对全世界说：'我有了这个实力，该轮到我了。'"（1996. 7. 25 第 1 版）

本段话中可以看出的社会结构是，"我"和看不见的比赛竞争者之间构成社会关系。语篇角色是"我（运动员本人）"和其他所有看不见的该运动的竞争者，暗示讲话人让其他人靠边站，一副"舍我其谁"的霸气。句中的词语和句法都不正式，比如"这个"指什么并不明确，只有结合语场才知道该词指"拿金牌这个实力"；"该"前省略"冠军"一词。由此，我们可以断定参与者角色中"我"讲话人和他的竞争者之间的距离很近，仿佛触手可及。"该轮到我了"说明讲话人和竞争者地位平等，即参与者双方平等。语气里没有谦让，说明讲话人的骄傲和强烈的自我意识。同时，也表达了讲话人对自己实力的信心，和对冠军的强烈渴望。尤其引人注意的是，这段话里没有像以前那样提及政治性的领导、社会的政治动向、集体和人民等，说明政治对体育比赛的影响力减轻了许多，政治领导者不再对比赛有约束力，感觉到了我国社会的巨大变化。

7）同场奥运会，王军霞获得女子竞走 5000 米冠军后说："我这个人命好，是个幸运儿，遇到了两个好教练，马俊仁指导帮我获得世锦赛冠军，毛指导助我取得奥运会金牌。我要衷心感激他们。"（1996.7.30 第 1 版）

本段话中可以看出的社会结构是，运动员"我"和教练之间的关系。语篇角色包括讲话人、命运和两位教练。句中的词语和句法都不正式，比如"命好""幸运儿"是口语，"是个幸运儿"和"遇到了两个好教练"前面都省略了"我"，在语体中应该属于"随便"语体。因此，我们可以断定语篇角色中"我"即运动员本人和"教练"之间的距离较近，运动员对他们尊敬但并不陌生或者崇拜。"帮我""助我"具体地表明了讲话人从教练那里获得的培养，虽然属于从属者的地位，但是这种培养者没有光环笼罩，不用讲话人激情地表决心。另外，本语段里面的词汇在情感上全是积极的，"好""衷心"等，说明语篇参与者之间的关系是积极乐观的。但是，"命好"和"幸运儿"之类的词语，在二十世纪五十年代到七十年代不属于积极词汇，因为它们代表了唯心主义。而在九十年代运动员可以堂而皇之地使用，并被刊登在高规格的报纸上，说明国家在意识形态管理上的极大宽松。

8）2008 年北京奥运会，庞伟取得男子气步枪冠军后说："我希望自己的金牌能够带给中国射击队更多的好运气，让中国代表团在后面的比赛中多拿金牌！"（2008.8.10 第 5 版）

本段话中可以看出的社会结构是，中国代表团和其他国家代表团之间的社会关系。语篇角色包括"我""中国射击队"和"中国代表团"。既然不断提到中国，说明竞争者是其他国家代表团。所以，语篇角色除了参与者角色外，还有话语里没出现的其他国家的运动队。从句中的非正式词语"好运气""多拿""自己的"和非正式句法（"让"前省略主语），可以确定这是非正式的语体——协商体。因此，我们可以断定语篇角色中"我"即运动员本人和"中国射击队"和"中国代表团"之间距离不遥远，他是其中的一分子，和后者关系平等，运动员在用轻松的语气表达心中的愿望。另外，本语段里面的词汇全是积极的，"好运气""多拿金牌"

等，说明语篇参与者之间的关系是积极乐观的。句中对"金牌"的重复，说明"金牌"在讲话人心目中的分量，说明这是他与受话人的共同期待。最后，句中语法的感叹句的使用，词汇的情感的表达，说明讲话人对"中国代表团"的深厚情感。

9）郭晶晶在获得女子双人3米板冠军后，说："你们看到我们在比赛中显得轻松，其实为了这枚金牌我们做了充分的准备。从早到晚刻苦训练我们付出了很多，每天都要流很多的汗水，我们也承受着相当大的压力。好在我们没有受影响，把5套动作完完整整地完成了。"（2008.8.11 第3版）

本段话中可以看出的社会结构是，我们运动员和金牌与压力之间的关系。语篇角色包括"你们"和"我们"。句中没有正式词语，句法简单，而且有重复的词语和语义，可以确定这是"协商"语体。因此，我们可以断定语篇角色中"我们"即运动员本人和"你们"即国内观众之间距离不遥远，但是不在一个行列，而是在对立面。并且暗示有两个"我们"。一个是"你们"看得见的"我们"，一个是"你们"看不见的"我们"。因为没有尊敬词，说明双方关系平等。同时，本语段里面的词汇不似以往的获奖感言全是积极话语，而是有很多消极词汇和语义。比如"看到……显得轻松""付出""压力""好在没有受影响"等，都在抱怨"你们"对"我们"的不理解和不体谅；"充分的""从早到晚""刻苦""汗水"等这些原本积极的词汇，用在抱怨的消极语气里，也变成了消极的词汇，代表运动员对委屈的倾诉。

10）仲满获得男子佩剑冠军后，说："每一场比赛我都抱着拼的态度，打到哪儿算哪儿，我就是来向选手学的。我很开心有这样一名神奇的教练，我想把金牌献给他！"（2008.8.13 第5版）

本段话中可以看出的社会结构是运动员、选手和教练之间的社会关系。语篇角色包括"我"（运动员本人）、"选手"（其他运动员）和"教练"。从句中的非正式词语（"拼""哪儿""开心""神奇"等）和非正式句法（"打到哪儿算哪儿""就是"等），可以确定这是非正式的语体"随便体"。因此，我们可以断定语篇角色中"我"即运动员本人和"教练"之间距离很近，与参与者角色即观众、读者等关系平等，与其他"选手"是残酷的竞争对手（"拼""打"）。"献"鲜明地表明了讲话人和"教练"的地位的不同，讲话人是属于顺从者的地位。另外，本语段里面的词汇全是积极的，"每一场"说明讲话人的细心和耐心，"打""拼"和"学"说明他的积极进取，"算哪儿"说明他不惧压力的乐观与轻松，"开心""神奇"和"献"，说明讲话人和教练之间的关系积极，讲话人对教练的尊敬与崇拜。句中对"我"的重复，说明讲话人不自觉地对自我的关注。最后，句中语法的感叹句的使用，词汇的情感的表达，说明讲话人对"教练"的深厚情感。

11）2010 年 2 月冬奥会，王濛获 500 米金牌后对教练磕了两个头，之后对记者说："我一共磕了两个头。第一个是感谢我的教练，第二个是感谢中心的领导和我的队友，所有关心我的人，我的父母，包括我自己。"（2010.2.22 第 4 版）

本段话中可以看出的社会结构是运动员和所有关心她的人的社会关系。语篇角色包括"我"（运动员本人）、教练、领导、队友、父母及所有关心"我"的人。从句中的非正式词语"磕头"（正式说法是"跪拜礼"）和非正式句法（"第一个""第二个"后面都省略了"头"），可以确定这是非常随便的语体。因此，我们可以断定语篇角色中"我"即运动员本人和各参与者之间的距离很近，是讲话人经常面对的角色，并且与语篇参与人"观众"和"读者"之间距离也很近。但是，"磕头"这个自古以来在中国属于大礼的举动，鲜明地表明了讲话人和参与者的地位的不同，讲话人是属于依顺者的地位。另外，本语段里面的词汇是积极的，"磕头""感谢""关心"等，说明语篇参与者之间的关系是积极乐观的。句中对"磕头"的解释，对"感谢"的重复，一是说明对大家的感激，二是说明讲话人内心的虔诚，这种虔诚已经类似于信仰，是对成功的信仰。

12）2010 年冬奥会，上文王濛的队友——女子 1500 米冠军周洋说："拿到冠军，可以让我的父母生活得更好一些。"（2010.2.25 第 1 版）

本句话在所有语料里是最简单的，社会结构只表明讲话人和其父母之间的社会关系。语篇角色是省略的"我"和"我的父母"。没有正式词语，没有修饰句法，说明讲话人和参与者之间的距离很近，包括与语篇参与者即观众和读者之间的关系。地位上看，父母是高于讲话人的。"冠军"和"更好"都是积极的词汇，表达了讲话人与参与者积极的关系。没有提及其他的被感谢人，一是说明讲话人没有被政治气氛影响；二是说明讲话人心中的真实愿望是报答父母，别无野心；三是暗示其父母的生活并不舒适，这是激发她刻苦训练获得优异成绩的动力。

从上面对运动员获奖感言的语旨的分析，我们可以发现不同时代参与者的不同，地位和距离的不同，从而可以推测不同的社会文化背景和意识形态。20世纪五十至七十年代，运动员们注重政治话语的表达，语篇角色中会有政治性的角色参与；八十年代则变为"人民"是语篇角色，说明政治氛围开始宽松；九十年代则完全没有政治性话语，个人主义和庸俗的"命运说"堂而皇之发表，说明社会的宽容度大大增加；新世纪后呈现集体主义回归，讲话中重新开始有对团队的关心，但已经不是20世纪六十至七十年代式的套话，而是发自内心对自己团队的关心；新世纪后再次体现出庸俗的物质主义，对冠军和成功的过度崇拜。

2.3 语　式

语式，顾名思义，指的是语言的传播媒介方式。人类最早、最基本的语言传播方式是口语，之后有了书面语。从人的语言习得顺序看，也是先学会说话，再学认字和书写。就语篇形式而言，口语语篇包括日常会话、辩论、演讲、访谈等，书面语篇包括书信、教科书、各类书籍、论文以及学生作文等。但是，口语和书面语并非严格对立，经常互相体现功能和特点。比如，演讲、新闻播报、教师授课和讲座等，虽然是口头表达出来，但是为事先写好或构思好的书面语篇；而人物访谈、影剧对白等，却是凝固下来的口语。

伦肯玛（Renkenma 参见徐赳赳，2010：146-147）引用切夫（Chafe，1982）的观点，论证口语和书面语的区别：一是书面语写的时间比较长，这是一种综合差别。时间长允许仔细思考和修改，因此书面语的句子不可能支离破碎，而且会有大量连词连接的复合句；二是写作者和读者没有交流，这是一种分离性差别，而口语中交流者可以互相参与共同构建语篇涵义。另外，口语和书面语的区别还可通过语境来辨别。口语有包括说话者和听话者共有的环境，在这种环境里，信息可以通过非语言的方法进行传递：如姿势、语调、表情等；同时，说话者可以从受话者的非语言行为作出自己的反应和调整。显然，书面语没有这种优势。而且，口语还可以从合作原则、礼貌原则、外部联系和内部联系、风格的变化等方面进行研究。当然，优秀的作者可以推测或者预见到读者的反应（同上）。

《剑桥英语语言百科全书》（参见刘世生，朱瑞青2006：253）列出了以下七个因素来界定口语和书面语：

口语	书面语
按时间顺序展开（time - bound），动态的、瞬间的、一般有其听话人或者假想的听话人	按空间顺序展开（space - bound），静态的、永恒的、与读者有一定距离，无法预知读者情况
具有自发性，语言的产生和接受一般没有停留时间，无法预先计划	具有预见性，语言的产生和接受有一定的时间滞后。写完前，有充分的时间准备；写完后，可以重复修改
面对面交流，具有互动性，可以依靠副语言特征如手势、表情来表达意思	无视觉的接触，无法依靠语境或反馈来弄清楚含义，指代往往不确切
词汇和结构具有口语性，如多并列句，使用一些没有确切意义的填充词以及粗鄙用语等	词汇和结构具有书面语特征，如多复合句，词汇也多专业化
口语适合进行社会交往，具有语言的"寒暄功能"	书面语适合记录社会，交流思想，用于记忆和学习
口语中可以随时修改和重新表达自己的思想，但是说出之后就无法收回，常常会有打断和重复的话题	书面语中可以在读者没有读到之前修改自己的错误，一旦写作成形，就无法打断
具有超音位切分特征，如语调、音高、重音、节奏、停顿，以及其他无法书写的语音特征	具有分页、分行、分段、大小写、标点、空间安排等书写特征，还可以增加表格、图示等无法写出的内容

图5 口语和书面语的区分（参见刘世生，朱瑞青2006：253）

从上面的这些描述，我们可以发现口语的基本特点是非正式语体，针对听觉，按时间展开，具有自发性，结构松散，语境性强等；而书面语的特点则是其为正式语体，针对视觉，按空间顺序展开，语言精心安排，不具自发性，受语境限制不严等。

专门针对口语语篇，格莱高利和卡罗（Gregory & Carroll，1978：47）也做过分类，图示如下：

口语讲话 { 即兴 { 对话 / 独白 } 非即兴 { 背诵 / 念稿 }

图6 口语语篇的分类（Gregory & Carroll，1978：47）

关于口语和书面语的区别，中国学者也做了大量研究。根据徐赳赳（2010：136–138），郭锡良（2005：606–618）发现，汉语书面语和口语的分离始于东汉，结束于唐末。宋代以后，书面语分为仿古文言文、口语基础上的古白话和继承唐代以前文白夹杂的混合语。直到"五四"后，汉语的文白抗衡才得以解决为口语和书面语一致的状况。胡裕树（1995：4–5）认为，现代汉语在近代汉语的基础上形成，近代汉语是宋元以后在北方话的基础上发生的：书面语方面表现为白话文学，口语是北方官话逐渐渗透到各方言区域。口语方面，大约在白话文学作品广泛流传的时候，北京是元明清历代的政治中心，以北京话为代表的官方话逐渐取得了各方言间交流的中心地位。五四运动后，随着民族民主革命运动的高涨，白话文运动彻底动摇了文言文的统治地位，国语运动确立了现代汉语的标准音。五十年代后普通话成为正式官方语言。

我国语言学界研究汉语口语是以普通话为基础的语料，用非正式发言形式说出的语言形式（赵元任，2001：12）。区分正式谈话和非正式谈话非常有必要，正式的谈话通常是有准备的，或者说是例行公事的带有模式特征的话语，这些话语通常带有较多的书面语特点。例如，媒体报道的国家领导人之间正式会面的口语，虽然通过口语形式表达出来，但通常都是精心准备的，甚至是事先背出来的。这自然与没有准备的口语会话有很多不同。

顾曰国（1999，2002）认为，现场即席话语指在某一场合事先无准备的谈话，是一种目的取向的社会活动。它有七个特点：1）根植于某一时间；2）是动态的、按时间空间展开的一个人际间的互动过程；3）属于谈话人；4）是现场社会活动的一部分；5）受谈话人当时的动机和目的的支配；6）受谈话人当时的大脑认知状态、情感等心理因素的支配和制约；7）生成一个人际间主观世界（参见徐赳赳，2010：140 – 141）。

汉语中口语和书面语的区别首先体现在词汇上，比如"挨个儿"是口语词，与其相对的正式词是"逐一、顺次"；口语的"不许"相对正式语的"不允许"；问句中的"不能"相对正式语的"不得"，如"你就不能读点书嘛?"冯胜利（2003：53；参见徐赳赳，2010：145）总结了一套口语和书面语的词句规则。

名词 （代词）	口语	爸爸、官儿、同学、不同、美、选择、你、我、他（它/她）、什么
	书面语	父亲、官员、同窗、差异、美国、抉择、本、贵、之、何
动词	口语	去、带（枪）、喝（茶）、写、坐（车）、丢、找、到
	书面语	往、携（枪）、饮（茶）、著（述）、乘（车）、失、觅、抵
形容词	口语	容易、怕、小、大、远近、闲、好、沉、一样、长
	书面语	易、惮、微、巨、遐迩、暇、佳、重、同、久
副词	口语	特别、很、仍然、不、没有、有些、都、越来越
	书面语	甚、颇、依然/犹、未、无/未、略、皆/均、日益
介词	口语	在/从/到
	书面语	于
助动词	口语	必须、要、应当、应该、不能、能
	书面语	须、将、当、宜、不得、得/能够
连词	口语	跟、而且、还有、除了这个以外、也（要）、要是不这样、如果、但是
	书面语	与、且、以及、此外、并（将）、否则（不然）、若、但（而）

图7 汉语口语和书面语的区别（参见徐赳赳，2010：145）

从上面的表格中我们可以发现，口语用词较随便，书面语较庄重。

不仅词语有区别，句式也有相当大的区别。董秀芳（2005：22）认为，汉字历史悠久，书面语材料可以追溯到很早，历史文献中存在的一些语法形式，沉淀在了现代汉语的书面性表达中。公认的口语和书面语的语法区别有：口语句子较短，书面语句子较长；口语句子中省略的成分较多，书面语则各种成分齐全；口语多主动句，书面语多被动句等。

赵元任（2001：11）举过一个古汉语书面语和现代汉语口语的区别的例子："庖有肥肉，厩有肥马，民有饥色，野有饿殍。"这几句句型上是主—动—宾句型，但那是翻译成现代口语，四个主语则成了处所词：厨房里，马厩里，百姓脸上，野地里。

朱德熙（1999：142）谈到书面语和口语区别时，认为书面语中，句首处所词前可以加介词"在"，例如"在斜对面的豆腐店里确实终日坐着一个杨二婶，人都叫伊'豆腐西施'"。（鲁迅）"，"在岸边的大槐树下睡着一头大花狗（赵树理）"。这类句式只见于书面语，口语里是不说"在"的。

另外，董秀芳（2005：22）发现汉语口语里有一种傀偏"他"，类似于英语的形式主语。如"有礼拜寺。他有这么个组织，现在更好了。""他"在句中无所指，在书面语中是不会出现的。冯胜利（2003：54）介绍，有些句法格式在口语中不存在，如"少而精""品种之多、质量之好、是近来少有的""深为不满、广为流传、大为惊讶""为现代化而努力奋斗"等。冯胜利（2003：56）还认为，书面语色彩越浓，韵律的控制就越强，如下示例。

口语		书面语	口语		书面语
从美国过境	→	过境美国	从波黑撤军	→	撤军波黑
在中南海讲学	→	讲学中南海	在北京城火爆	→	火爆北京城
在山神庙收徒	→	收徒山神庙	在城外待命	→	待命城外
在凌云崖遇险	→	遇险凌云崖	在昆明湖荡舟	→	荡舟昆明湖
为亚运会备战	→	备战亚运会	与美国队激战	→	激战美国队
向国家队挑战	→	挑战国家队			

图8 书面语和口语中韵律的控制（冯胜利2003：56）

冯胜利认为，图表中箭头后面的句式只见于书面语而不见于口语，这种句式是古语的遗留，但它已进入现在书面语的句法系统。无论如何，当代的书面语既有别于古代汉语，也异于当代口语。

下面来分析一下我们的语料的语式。

1）1958 年游泳运动员穆祥雄打破世界纪录后，兴奋地说，"胜利归功于党！有党的鼓舞教育，我有信心创造更好的成绩，向全运会献礼！"（1958.12.22 第 1 版）

本段话中，"归功于"在汉语里属于书面用语，口语用"功劳是因为"；原句同样的语义用口语会表达为"谢谢党对我的帮助"，"成绩是在党的培养下获得的"，而不是张嘴就说"归功于党"；"献礼"也是书面语，口语应该说成"送给礼物"，原句的语义用口语会说成"取得更好的成绩作为礼物送给全运会"；另外，"党"是个组织，不是看得见摸得着的实体，它是由党员组成，各种党的事物也是由人来做的，而"党"本身是不会教育人的。感谢"党"这么虚无缥缈的事物，如果平时没有很多的接触，是说不出来这样的感谢话语的。是因为话语产生时的周围的语境，感谢"党"符合社会需求，符合受话人对话语的期待。所以，这段获奖感言应该是事前准备好的，而不是即兴的讲话。

2）1958 年举重运动员黄强辉在国际举重锦标赛破世界纪录后，说："在党的培养下，在全国大跃进形势的鼓舞下，我还要创造更好的成绩，我还要向挺举 160 公斤进军。"（1958.12.1 第 4 版）

本段获奖感言中，开头的两个状语"在……下"是书面用语，主句是两个并列句"我还要……"是口语。因此，本段话有事先准备的成分。不排除是社会气氛的影响，必须说这样的套话。

3）1963 年在布拉格举行的世界乒乓球锦标赛后，男子双打冠军王志良说："我的技术来自集体，光荣应归功于党，归功于集体，我个人只是一个代表罢了。"（1963.5.6 第 1 版）

本段话中，"归功于"是书面语，口语说"功劳是由于"；"来自"是书面语，口语说"从……来"；"我个人"是书面语，口语说"我自己"；"一个代表罢了"是书面语，口语说"不过一个运动员"。因此，本段话也是事先准备好的书面话语，而不是即兴讲出的回答媒体的感言。

4）1976年11月，中国女子篮球队获亚洲女篮锦标赛冠军，队长方凤娣和队员罗学莲说："今后一定要发扬成绩，不断进步，为促进我国篮球运动的发展，为更好地贯彻执行毛主席的体育路线做出自己的贡献。"（1976.11.15第4版）。

本段话中的"为……，为……做出……"是书面语，即兴口语不会用这么严密的逻辑。语义上说，政治内容和意识形态包含在获奖感言里，在"文革"后期这样的话语显然是说了无数遍的套话。

5）1984年洛杉矶奥运会，李宁夺得男子体操三枚金牌后，说："我们尽了最大努力报答祖国人民，十亿人民会和我们一样欢笑的。"（1984.8.6第1版）

本句话比前几句符合口语特征，但是"欢笑"一词是书面语，口语用"笑"或者"高兴"。与前几句相比，本句的政治语义减轻了很多。

6）1996年亚特兰大奥运会，占旭刚取得男子举重冠军后，"骄傲地对全世界说：'我有了这个实力，该轮到我了。'"（1996.7.25第1版）

本句是口语，没有任何书面语的成分，应该是讲话人心中所想的话。

7）同场奥运会，王军霞获得女子竞走5000米冠军后说："我这个人命好，是个幸运儿，遇到了两个好教练，马俊仁指导帮我获得世锦赛冠军，毛指导助我取得奥运会金牌。我要衷心感激他们。"（1996.7.30第1版）

本句话里，"命好""幸运儿"是略带土气的口语词，整段话里没有书面词汇和书面句式，因此可以判断是讲话人即兴的感言，是对教练真诚的感谢。

8）2008年北京奥运会，庞伟取得男子气步枪冠军后说："我希望自己的金牌能够带给中国射击队更多的好运气，让中国代表团在后面的比赛中多拿金牌！"（2008.8.10第5版）

本句话里，没有套话，没有书面语，没有政治口号，有的是对金牌的真诚期盼。因此，这段话应该是讲话人的即兴感言。

9）郭晶晶在获得女子双人3米板冠军后，说："你们看到我们在比赛中显得轻松，其实为了这枚金牌我们做了充分的准备。从早到晚刻苦训练我们付出了很多，每天都要流很多的汗水，我们也承受着相当大的压力。好在我们没有受影响，把5套动作完完整整地完成了。"（2008.8.11 第3版）

这段话比较长，三个长句，七个分句，其中的逻辑较严密。"充分的"是书面语，口语用"很多的"；"刻苦训练"是书面语，口语说"紧张的训练"，或"辛苦的训练"；"付出"是书面语，口语说"做"；"承受"是书面语，口语说"有"；"完完整整地"是书面语，口语说"不错地""完整地"。由此看出，这段话是运动员事先准备讨的。而且，第一句的语义是在反驳，说明运动员心里先有了委屈，思考后为自己辩解。

10）仲满获得男子佩剑冠军后，说："每一场比赛我都抱着拼的态度，打到哪儿算哪儿，我就是来向选手学的。我很开心有这样一名神奇的教练，我想把金牌献给他！"（2008.8.13 第5版）

本段话里，"抱着……态度""打到哪儿算哪儿""就是""来""开心""神奇"等都是口语词。说明讲话人事先没想到会拿金牌，即兴讲了这一番比较真诚的话。

11）2010年2月冬奥会，王濛获500米金牌后对教练磕了两个头，之后对记者说："我一共磕了两个头。第一个是感谢我的教练，第二个是感谢中心的领导和我的队友，所有关心我的人，我的父母，包括我自己。"（2010.2.22 第4版）

本段话里没有书面语，全是简单的口语词汇和句式，一边解释自己的行为目的"磕头"，一边还在表达着对大家的感谢。说明讲话人是获得奖牌后欣喜若狂，激动万分，即兴地表达着自己的高兴和感激之情。

12）2010年冬奥会，上文王濛的队友——女子1500米冠军周洋说："拿到冠军，可以让我的父母生活得更好一些。"（2010.2.25 第1版）

本句话非常简短，没有书面词汇和句式，是讲话人内心所想，是即兴的获奖感言。

通过上面对不同时代运动员获奖感言词汇和句式的书面语和口语的分

析后，我们可以发现有些话语是有准备的，或者是经常接触到类似表达法而成了套话，尤其二十世纪六七十年代的话，没有感情成分，没有口语成分，书面口号形势明显。八十年代的话语则是一种过渡，是书面语和口语的结合，说明社会气氛在变得轻松。九十年代后至今的话语里面已经找不到政治的书面套话，基本都是心中所想的口语表达，说明政治的宽松和社会的进一步开放。

本小节总结了语域理论，并且运用理论分析探讨了所选语料的语场、语旨和语式的特征，发现了它们在情景语境上的差异。

3 个体发生分析

本小节中，研究者欲将上小节讨论的语料的语场、语旨和语式各特征综合起来，作为个体话语的总体特征进行分析，试图探讨出不同时代的运动员们发表的获奖感言所映射的不同的国家认同语义。

3.1 个体发生描述

"个体发生"在韩礼德的话语符号模式中指个体不同阶段在语言学上的发展。在本研究中，运动员个人运动生涯短暂，很难有跨越不同时间阶段的重要赛事之后的获奖感言。因此，本研究把运动员看成一个群体，分析该群体在不同时代即不同阶段的语言符号上的变化，即他们整体的话语行为被看成"话语发生"，在不同时代的语言符号的变化被看成"个体发生"。

在前面一章进行语料的话语分析后，本章的前一节又进行了语域分析，笔者发现作为运动员个体的重要赛事后获奖感言在时代发展中，从二十世纪五十年代至2011年，话语符号在"个体发生"层有较大变化和发展。

首先，在词汇层，笔者运用评价理论和修辞理论分析语料时，发现二十世纪七八十年代以前的运动员喜欢用强度高的情感词表达自己对党和集体的感激之情，用夸张、拟人等修辞手法表示对以后的成绩的决心和信心。九十年代后，运动员们则用更多的判断词表示对教练的感谢、对自己的信心、对集体荣誉的期待等，情感表达减少。

在概念意义层次，经验功能和逻辑功能也都发生了变化。经验功能中，七十年代前的获奖感言，多以"集体""党"和领袖等作为动作者或者动作目标，看不见讲话人自己的行为；八十年代以"人民"为行动目标；九十年代后至今，则以讲话人自己的行动为主。从逻辑功能角度看，七十年代以前的感言句式逻辑性强，八十年代后则以松散型为主，说明前者是提前思考后讲出的，后者为讲话人实地所想的话。

人际功能角度分析可以看出，从二十世纪五十年代至今，运动员们的获奖感言多是用提供信息的情态词表达对集体、党或者教练培养之恩的感激之情，以及表达对未来的期盼。

在语篇功能方面，运动员们运用主述位延伸模式、同一模式、交叉模式等，阐述自己的感想，八十年代前的主位多是政治主题，八十年代后则多是运动员自己做主位。衔接与连贯方面则变化不大。

在语域方面，语场的变化较大。九十年代前的语场多表示运动员在政治领导下取得了成绩，要继续努力取得更大成绩。九十年代后则多表达运动员自己的心情或者希望，与政治无关。语式方面，八十年代前的获奖感言事前准备痕迹明显，基本是正式用语即书面用语，应该是受周围语境影响，政治话语接触得多，模式固定，语义相似，形式刻板，表面上的即兴演说实则为提前拟好。九十年代后的获奖感言则多为口语，属于即兴讲话，话语形式多样、轻松，是运动员自己心中所思所想。

在这些功能中，特征比较显著的是语域层里语旨的变化。从二十世纪五十年代以来，体育比赛的性质没有变化，即语场和语式变化不大，但是参加的人和获奖感言语篇参与的人在不断的变化。比如，七十年代前，运动员们屡次提到党、领袖、集体等，八十年代尤其九十年代后，运动员们提到的最多的是教练和自己或家人。笔者对此颇感兴趣，把搜集到的所有语料里面涉及的参与者的频率表示如下：

年代	参与者出现频率（100%）								
	党	国家	领袖	人民	集体	领导	教练	家人	自己
1950－1959 （3人）	100	67	0	33	0	0	0	0	100
1960－1969 （22人）	50	44	20	20	40	8	8	0	60
1970－1979 （13人）	26	38	15	31	23	0	8	0	62
1980－1989 （66人）	11	26	0	18	18	5	14	2	53
1990－1999 （99人）	0	10	0	2	10	2	14	7	55
2000－2009 （195人）	0	8	0	2	16	3	17	7	79
2010－2011 （69人）	0	3	0	2	12	1	12	3	88

图9　参与者出现频率

从表格可以看出，"党"作为话语参与者在二十世纪五十年代时每次话语过程都出现，之后递减，九十年代至今一次也未出现过；"国家"在五十年代时的频率曾高达67%，之后也是逐渐下降，到21世纪则仅剩了3%，其中"国家"也由"祖国"一词代替；"领袖"一词较特殊，只出现在20世纪60至70年代，之后则完全消失，说明该词强烈的政治与时代特征；"人民"一词的使用从九十年代始骤然下降，到现在几乎不再使用，被换成"社会""观众"等没有政治性的词语，说明公民社会时代的到来；"集体"一词在20世纪曾经被大量使用，作为集体主义精神的代名词，目前也仍受到一定程度的重视，不过常用的词已经被换成"团队""代表团""体育队"等；"领导"应该一直是个不招待见的词，使用频率一直不高；"教练"一词从八十年代后一直保持百分之十几的百分比，说明运动员们对教练的感激是发自内心的；对家人的感激没有媒体热炒的那么多，比例一直不高；鲜明的是，从五十年代至今最高值词一直是提到自己，有对自己比赛状态时的描述，有自己的得奖感受，有对自己未来的期待。除此之外，有的运动员会提到队友的表现，有的则是评论对手水平。

3.2 个体发生的阐释

著名批评式话语分析专家费尔克劳（Fairclough，1985）认为，社会制度由意识形态话语结构组成，每一个意识形态话语结构大致相当于一种语言社区。而每一个语言社区都有各自的话语规范和意识形态规范，语言社区由被称作主体的成员参加。社会制度在促成主体社会行为的同时，又限制了主体的社会行为（主要指言语交际）。而"主体"这一概念恰恰反映了这一辩证关系，它在承认人创造话语的同时，又强调了话语创造人这一方面。因此，社会制度通过将意识形态和话语限制强加于主体而构建意识形态和话语的双重主体（参见丁建新，廖益清，2006）。

20 世纪 50 至 70 年代的获奖感言，比如前面例句 1）至 4），是改革开放前的运动员获奖感言，带有明显的时代烙印。他们普遍地把党和集体看作荣誉的给予者和归属者，以此表达对国家的热爱。如果说 50 年代话语是洋溢着新中国成立初期的真诚激情的话，60 年代至 70 年代的获奖话语则变成了公式化和套路式的语言，不谈党和政治领袖，就无法表明自己的政治进步。这说明 50 至 70 年代我国推行的是具有强烈意识形态色彩的治国策略，爱国主义、集体主义和个体荣誉是结合在一起的。当然，爱国主义是国民对国家的一种积极的道德情感。它体现了国民对国家、对某种主义、事业或理想的一种认同和信仰，反映了那个时代个人的价值观以及内心的道德法则："舍弃小我为大我"的无条件的、单向而单纯的理想主义色彩。

20 世纪 80 年代的获奖话语，与之前相比，很明显有了不同。从上文例句 5）可看出，人民成为荣誉的归属者，对国家的热爱和对领袖的尊崇变成与人民这样的实体结合，表明政治压力的降低。而八十年代的中国社会，处于思想巨大转型期，对正统人生观的怀疑、对传统集体主义观念的挑战和对个人价值的高扬，以及西方哲学、政治、社会思潮被越来越多地介绍到中国，这一切在青年人中产生了广泛而深刻的影响。尼采、萨特、弗洛伊德是 80 年代中国知识青年的宠儿，"追求自我价值的实现"成为青年的热门话题。即使是在当时被看作相当积极的"从我做起，从现在做起"的口号，实际上也有着浓厚的存在主义色彩。从积极的方面看，迷惘、怀疑和反思为青年一代的国家观念、民族意识注入了独立思考的成分，而消极的影响也是显而易见的，迷惘、怀疑导致的抱怨、责难情绪为 80 年代中后期民族虚无主义的泛起进行了心理准备（房宁，2009：5）。

　　经过 80 年代的转变，90 年代的运动员获奖感言，已经用强烈的自我和个性张扬代替对集体主义和爱国主义的表达，几乎所有的运动员都提及自己的高兴和激动以及自己的比赛目标；还增添了很多口语成分，比如"命好""幸运儿"之类的词，说明运动员的心情比以前的年代都格外放松，政治气氛愈发变淡了；另外，教练的重要性开始凸显，不少运动员提到教练对自己的帮助。

　　进入 21 世纪后的获奖感言可以看出，运动员们的整体讲话风格自由了许多，套路化模式几乎消失，运动员们畅快地讲述自己的心情感受：比如给自己所在的体育队带来好运气，自己平时的刻苦训练，教练的神奇等。除了对集体和教练的感谢外，还增添了对父母家人的感谢。在这种个人感受的表达里，已经很难发现直接对国家的爱国主义表达。

　　综观运动员们的认同线路图，应是党 → 领袖 → 人民 → 自我 → 教练 → 父母。50 年代时看不到自我，它深深地掩藏在"党"和"全运会"的后面，功劳属于党，有浓厚的集体主义色彩。这种在传统的思想政治教育方式下培养的青年人，自律性强、服从意识强，但是独立性不够、自主意识不强。80 年代至 90 年代，运动员们的集体主义意识在减弱，个人主义越来越明显。在感谢教练和领导的同时，感谢集体主义功劳的同时，突显了鲜明的个人主义。这说明在改革开放条件下，中西文化的猛烈碰撞，开阔了青年一代的视野，进而提高了他们的自信心和自主意识，从而形成了个性化、进取性的道德意识。"竞争""务实""个人权利"，是改革开放年代成长起来的青年人心目中的价值准绳。这种与市场经济相伴生的道德观念，在中国社会目前的发展阶段，从总体上来看积极意义大于消极意义。2000年后，运动员们的讲话风格越来越多样化，感谢的人越来越多——教练、父母亲朋甚至自己。这说明国民对爱国主义不再充满理想主义的期待，不再期待着国家"回应"自己的忠诚。在实行市场经济的社会条件下，在个体本位基调的人生观、价值观的影响下，中国社会传统的整体主义精神显著下降，这一代青年与前辈相比社会责任感明显不足，缺乏理想主义和奉献精神、牺牲精神，观察、思考社会问题、社会现象的角度，也往往是从个体角度出发，视角偏低、境界不高，出现了功利主义膨胀的现象。"这已经在一定意义上成为一种社会问题，这也表明青年一代的价值观出现了失衡。（房宁，ibid.）"

从上面的分析可以看出，时代发生了变化，获奖感言里体现的爱国主义语义也随着发生了变化。

4 结 语

个体发生是话语历史模态的第二层次，即中间层次，连接了话语发生层次和种系发生层次。因此，它既是话语发生层次的语境和背景，又是种系发生的表现形式。对个体发生的探讨既是对话语发生层次分析的总结，又是对种系发生层次的准备和铺垫。

从上文的分析我们可以发现，从二十世纪五十年代以来，运动员重大赛事后的获奖感言作为一种语篇个体，经历了巨大变化。语言符号形式体现了它所存在的社会语境，从中发现五十年代至七十年代我们的社会崇尚集体主义，八十年代过渡到九十年代崇尚个人主义，再发展到二十一世纪重新回归集体主义。打个比方，国人的爱国主义思想发展过程，仿佛七十年代以前是童年时代亦步亦趋，八九十年代开始青春期叛逆，二十一世纪思想渐趋成熟的过程。由此我们看到，语言符号体现社会语境，社会语境影响了话语符号的产生。因为现代体育比赛带有政治意识形态，所以我们可以认为，运动员们在获奖感言中感到激动，一方面是他们为自己的成绩骄傲，另一方面是为国家争取到了荣誉感到骄傲。这是对爱国主义语境的具体表现。

第6章 种系发生分析

1 引 言

前两章分别分析了话语符号历史模态的话语发生和个体发生层次，在本章研究者将运用语类、文化语境和语境的静态与动态的互动理论分析种系发生和历史语境，意图在于从所选语料中探讨我国爱国主义语义的历史话语模式。

2 语类分析

上一章重点分析了语域，语域可以从语篇中分析出发生了什么事，谁参与了，话语方式是什么。但是，语域分析没有涉及语篇形成的动因，即一特定语篇为什么这么写、这么说。而这要靠分析语类来得到。语类的概念源自 genre 一词。有一些学者将其译为"体裁"，但是笔者认为这会与文学中的"体裁"混淆，所以仍然采用多数人译法"语类"。古希腊时期的亚里士多德曾经区分了史诗、抒情诗和戏剧三种文体语类。现代语言学更是细致处理语类和各级语言形式的关系。英国人类学家马林诺斯基于二十世纪二十年代提出研究语言必须在情景语境中进行，之后发现只有情景语境也无法完全理解部分语言形式，因此提出了文化语境的概念，从而区分了情景语境和文化语境。

巴赫金（1986）关于语类也有相关论述，他认为语类是与特定交际领域相关的典型话语形式，并因此发展成为在主题、风格和语篇结构方面相对固定的典型形式。斯维尔斯（Swales，2004）对语类的探讨进了一步，他认为语类展示社会和文化的制度，因为这样可以避免只把语类看作物质的东西，其实语类还包括价值观念和历史历程等文化传统；同时，把语类视为制度可以使人们明白人不过是展现社会文化的语类中的一个角色而已。

关于语类的定义，斯维尔斯（Swales，1990）把它解释为一类交际事件，参与该交际事件的成员共享同一个交际目的；该交际目的为更大的语篇社团成员认可，并因此成为该语类最大的依据；目的决定了纲要式结构，并影响内容和风格。这一点与系统功能语言学家马丁有相似之处。

帕特利奇（Paltridge，1997）在总结前人研究成果的基础上，参考菲尔莫框架理论（the frame theory），根据对科研报告语类研究的结果，提出了自己的语类确认分析框架。这个框架在语类层次之上包括文化和语境两个因素，在语类层次之下包括情景成分如场景、作者、听众、语码、话题、交际框架等和概念成分，如概念框架、语义关系、话语成分、情节、角色等。这个框架比较全面，涉及语类研究的几乎所有主要方面；但是没有表明这些方面之间的关系，包括层次关系、操作顺序关系等，所以系统性不强。

韩礼德和哈桑（Halliday & Hasan，1989：63－69）提出的语类结构潜势（GSP：Generic Structure Potential）理论是由语境构型决定的，它指同一语域中语篇的共同结构类型。方琰对这个理论的介绍比较全面（2011：173－181），她论述道，哈桑认为，在一交际事件中，语篇的总体交际目标是通过一组步骤来实现的，这些步骤有些是必要的，有些则是可选择的或非必要的，它们按一定的顺序呈现。因而，哈桑还有一个重要概念是语境配置（CC：contextual configuration），指一组实现语场、语旨、语式的值（参见方琰 2011：179）。Hasan 认为语境配置 CC 的作用在于：它可以预测语篇的结构成分（必要成分或非必要成分）、成分出现的顺序与次数，即 CC 的三个变量在很大程度上决定了语类结构（generic structure）成分。包

含了某一语类所有的必要成分和非必要成分的结构表达式可称为该语类的
"结构潜势"。例如，商业交易语类结构潜势可表达为（Eggins 1994：40）：
(Sales Initiation) ^ |Sales Request ^ Sales Compliance ^ Purchase ^ (Price)| ^
Payment ^ (Thanks) ^ (Change) ^ Purchase Closure。这个表达式说明：1）属
于这个语类的所有语篇都必须包含 Sales Request，Sales Compliance，Pur-
chase，Payment，Purchase Closure 这几个必要成分；2）（）内的成分为非
必要成分，它们是语篇多样化的依据；3）在 | | 内的所有成分均可重
复；4）所有的成分都是按一定的先后顺序排列的，位置不能相互颠倒
（参见方琰2011：179）。

方琰（同上）用下表勾画出语境配置 CC 与语类结构潜势 GSP 的关系
以及 GSP 与它的语篇之间的关系：

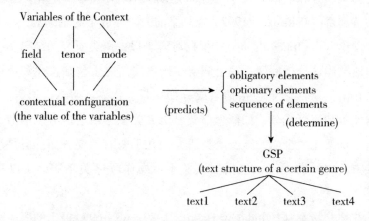

图1　CC 与 GSP 的关系以及 GSP 与它的语篇之间的关系（参见方琰 2011：179）

对于语类，张德禄（2011：188）一直有自己的见解。他评价道，马
丁的文化语境之上的意识形态层次，在语类之上决定语类的整个文化背景
和文化氛围。他认为，文化语境成为总体语类系统的语境，包括原型和人
类性质等概念所覆盖的范围。但是，每一个语类通常都与一定的文化模式
相对应，而不是与整个文化模式相对应。从语言学角度讲，社会活动包括
语言活动，是人们用以完成交际任务，达到交际目的的活动，因而被称为
"语类"。从语言角度讲，体现语类的是意义，包括由语言特征体现的意义
和由非语言特征体现的意义。

　　所以，语类实际上是一种涉及语言活动的社会活动，我们一般不把没有语言活动的社会活动视为语类。据此，语类可以定位为：涉及语言活动的社会活动。这样，语类就是一个社会符号层次的范畴，而不仅仅是意义层次的范畴，在哈桑的框架中可以看作文化下第一层的范畴，与马丁的语类同义，即语类就是一个跨越社会文化层次和意义层次的范畴。在语类之上决定语类的是整个文化背景和文化氛围，马丁的"意识形态"属于这个层次。文化决定所使用的交际符号，以及交际的类型、交际意义的类型等。不同的文化偏重不同的交际符号系统。张德禄（2011：190）根据哈桑和文托拉的语类分析框架设计了一个语类分析图，如下：

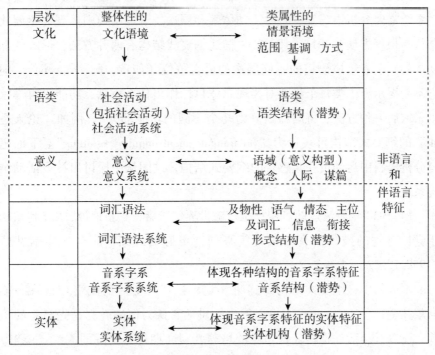

层次	整体性的	类属性的	
文化	文化语境	情景语境 范围 基调 方式	非语言 和 伴语言 特征
语类	社会活动 （包括社会活动） 社会活动系统	语类 语类结构（潜势）	
意义	意义 意义系统	语域（意义构型） 概念 人际 谋篇	
	词汇语法 词汇语法系统	及物性 语气 情态 主位 及词汇 信息 衔接 形式结构（潜势）	
	音系字系 音系字系系统	体现各种结构的音系字系特征 音系结构（潜势）	
实体	实体 实体系统	体现音系字系特征的实体特征 实体机构（潜势）	

图2　语类分析框架（张德禄 2011：190）

　　这个语类分析框架涵盖了韩礼德和马丁几乎所有的关于语言与语境的关系构成。其中，它把语类视为一个包括语言活动的社会活动类型，它本身具有一个结构潜势，包括由非语言特征体现的语类结构成分，也可以说包括必要成分和可选成分。在社会活动系统之上的文化语境决定整个社会活动系统，语类和它直接相关。社会活动系统之下是意义系统，语类由意义系统体现，即由概念意义、人际意义和谋篇意义组成的语域体现。最后，所有的意义都由词汇语法体现，词汇语法再由音系和字系体现。张德禄评价这个框架图是对语境的静态描写，而事实上，语境也可以从动态角度描写，即从选择过程的角度进行解释。这个框架图与哈桑的框架不同之处在于，哈桑的框架只考虑必要和非必要成分，本框架考虑有的选项可以中途退出的问题，即有的条件在讲话开始时存在，随着语境改变该条件渐渐不存在了，意义可以继续进行。

因此，语类应该包括两部分：社会活动结构系统和语类结构。社会活动系统需要分析语篇发生时的活动体系和层次，语类结构则体现为纲要式结构。根据方琰（2011：180），"描述纲要式结构有两种方法：形式的和功能的。前者组成语篇的不同层次的语言单位（如章、段、句、词），但它不能揭示出语类每个步骤对实现总体目标作出什么贡献；功能语言学家则采取后一种方法，将语篇划分为几个不同的功能部分"。例如"论人是非"的纲要式结构可表达为"preannouncement enquiry gossiping"。下面笔者分析语料中运动员获奖感言的纲要式结构，试图从中探讨出社会活动结构系统。

1）1958年游泳运动员穆祥雄打破世界纪录后，兴奋地说，"胜利归功于党！有党的鼓舞教育，我有信心创造更好的成绩，向全运会献礼！"（1958.12.22 第1版）

本段话中，纲要式结构是感谢（党）期待（更好的成绩）报答（能够献礼全运会）。由此我们可以推出，讲话者认为他的胜利是先有党的培养，所以社会活动结构应该是党的培养胜利（期待）更好的成绩（能够）献礼（全运会）。从这个结构中我们可以了解到，党在运动员成长中的重要性，如果没有党，就没有该运动员的优异成绩。

2）1958年举重运动员黄强辉在国际举重锦标赛破世界纪录后，说："在党的培养下，在全国大跃进形势的鼓舞下，我还要创造更好的成绩，我还要向挺举160公斤进军。"（1958.12.1 第4版）

本段获奖感言中，纲要式结构是感谢（党的培养和鼓舞）期待（更好的成绩）。从中我们推出社会活动结构是党的培养和大跃进的鼓舞孕育出了运动员优异的成绩，由此我们了解到政治环境对运动员创造好成绩的影响，政治运动是激励运动员前进的动力。

3）1963年在布拉格举行的世界乒乓球锦标赛后，男子双打冠军王志良说："我的技术来自集体，光荣应归功于党，归功于集体，我个人只是一个代表罢了。"（1963.5.6 第1版）

本段话中，纲要式结构是感谢（党和集体）自我谦虚，从中推出社会活动结构是党的培养集体的技术个人的成功，我们可以感觉到当时的社会语境是，党在培养着社会的一切积极和进步的事业，集体面前个人非常弱小，同时体现了公众认可的鲜明的集体主义意识。

4）1976年11月，中国女子篮球队获亚洲女篮锦标赛冠军，队长方凤娣和队员罗学莲说："今后一定要发扬成绩，不断进步，为促进我国篮球运动的发展，为更好地贯彻执行毛主席的体育路线做出自己的贡献。"（1976.11.15 第4版）。

本段话中的纲要式结构是表决心（进步）目标（促进运动发展和执行毛主席路线）。从中我们可以推出当时的社会活动系统是工作与政治运动相结合，即一切政治路线挂帅，做工作是为了给政治领袖的纲领路线作贡献。

5）1984年洛杉矶奥运会，李宁夺得男子体操三枚金牌后，说："我们尽了最大努力报答祖国人民，十亿人民会和我们一样欢笑的。"（1984.8.6 第1版）

本句话的纲要式结构是总结（努力了）感谢（人民）结果（人民会满意），从中我们推出社会活动结构是人民运动员，即当时的社会语境是运动员由人民培养和教育，运动员的成绩理应让人民满意。

6）1996年亚特兰大奥运会，占旭刚取得男子举重冠军后，"骄傲地对全世界说：'我有了这个实力，该轮到我了。'"（1996.7.25 第1版）

本句话的纲要式结构是感谢（自己的实力）结果（轮到），从中我们推出社会活动结构是个人排队竞争。由此可以推测当时的社会语境是政治要求已经不严格，对集体主义的要求已经不鲜明，运动员可以发挥自己的想法表达自己的感受，社会已经认同强烈的个人主义意识。

7）同场奥运会，王军霞获得女子竞走5000米冠军后说："我这个人命好，是个幸运儿，遇到了两个好教练，马俊仁指导帮我获得世锦赛冠军，毛指导助我取得奥运会金牌。我要衷心感激他们。"（1996.7.30第1版）

本句话里，纲要式结构是感谢（命运）感谢（教练）结果（两个冠军），由此推出社会结构是命运教练运动员个人。说明社会语境比起八十年代开放得多，对个人命运的认同在先，超越了对政治、集体的认同。

8）2008年北京奥运会，庞伟取得男子气步枪冠军后说："我希望自己的金牌能够带给中国射击队更多的好运气，让中国代表团在后面的比赛中多拿金牌！"（2008.8.10第5版）

本句话里，纲要式结构是成绩（金牌）期待（好运气）结果（更多的金牌），社会结构是个人射击队中国代表团，从而推出社会语境是认可个人成就，这是集体进步的基石；个人希望集体辉煌，从而会抬升个人价值；因此，与九十年代相比，集体荣誉受到了重视，集体主义意识有所回归。

9）郭晶晶在获得女子双人3米板冠军后，说："你们看到我们在比赛中显得轻松，其实为了这枚金牌我们做了充分的准备。从早到晚刻苦训练我们付出了很多，每天都要流很多的汗水，我们也承受着相当大的压力。好在我们没有受影响，把5套动作完完整整地完成了。"（2008.8.11第3版）

这段话的纲要式结构是反驳（看着轻松）事实（充分准备）诉苦（压力）结果（成功），社会结构是观众与运动员成绩之间的关系，由此可以推论社会语境是社会公众普遍对运动员寄予厚望，而且是不太合理的厚望。只看到运动员表面的成绩而不予理解其背后的辛酸；只盲目要求金牌而看不到对他们的压力。同时我们还可以看到2008年运动员对观众的评价与20世纪80年代运动员对观众的评价完全不同，80年代是对"人民"充满热切的期盼，希望让人民满意；而2008年则是抱怨，"你们"只管看，哪里了解辛酸。

10）仲满获得男子佩剑冠军后，说："每一场比赛我都抱着拼的态度，打到哪儿算哪儿，我就是来向选手学的。我很开心有这样一名神奇的教练，我想把金牌献给他！"（2008.8.13 第5版）

本段话里，纲要式结构是（比赛）状况描述感谢（教练），从中推出社会结构是运动员自己其他选手教练，因而社会语境是社会需要运动员获得金牌，运动员有奖牌压力，拼搏为上；因为有好的教练而满足公众期待，所以倍感赞叹教练的优秀。

11）2010 年 2 月冬奥会，王濛获 500 米金牌后对教练磕了两个头，之后对记者说："我一共磕了两个头。第一个是感谢我的教练，第二个是感谢中心的领导和我的队友，所有关心我的人，我的父母，包括我自己。"（2010.2.22 第4版）

本段话里纲要式结构是赛后状况描述（磕头）感谢（教练）感谢（所有人），从中推出社会结构是教练领导队友家人自己，因而可以看出社会语境是所有相关人员都希望运动员获得金牌，运动员个人也明白集体关心的力量，能感受到淳朴真诚的集体主义意识和个人主义意识，以及对自己家人的关爱。

12）2010 年冬奥会，上文王濛的队友——女子 1500 米冠军周洋说："拿到冠军，可以让我的父母生活得更好一些。"（2010.2.25 第1版）

本句话的纲要式结构是比赛结果（冠军）感谢（父母），从中推出的社会结构是父母个人冠军，推出的语境是该运动员的父母为她的进步付出过很多，而父母生活并不尽如人意，女儿获得冠军能有较可观的经济效益，说明社会对世界冠军的看重和奖励。

综上所述，运动员在重要赛事上获得冠军后，发表的感言的语类纲要结构是感谢个人成绩，但是二者都不是必要成分，有时两者都存在，有时只有一个。但是，大多数是表达感谢。影响语类构成的社会活动我们也可以较清晰地分析出来：二十世纪七十年代以前，社会政治气氛比较浓厚，运动员们的成绩表达要和党政运动相联系；八十年代由人民取代了党政的领袖地位，为以后时代社会风气的变化做了铺垫；九十年代我们可以感觉到强烈的个人意识，个人主义代替了七十年代前的集体主义；进入二十一世纪，运动员们的讲话再次体现出社会的期待，集体主义开始与个人主义融合。

3　文化语境

通常，语言学界认为马林诺夫斯基（M alinowski，1923）是提出语境概念的第一人。其实，德国哲学家弗雷格（Frege）在其早期的著作《算术的基础》中首次使用了"语境"这个概念。他认为，"只有在语句的语境中，而不是在孤立的词中，才能找到词的意义"（转引自涂纪亮 1988：149）。显然，哲学意义上的语境刚提出来的时候，指的是上下文的意思。现在看来，这是指狭义的语境概念，是现代语境概念的一部分。从结构上来讲，语境一元化所反映的是语言单位的线性关系。

自从马林诺夫斯基提出"文化语境、情景语境"对话语的影响、制约起，语境研究实际上便进入了二元化阶段。但语境的二元化理论却是弗斯完善的。他认为不仅一句话的上句和下句、一段话的上段和下段是语境，而且语言与社会环境之间的关系也叫语境。前者构成语言语境，后者构成情景语境（Firth 1950：76）。马林诺夫斯基与弗斯所讲的情景语境是非言语性的，同时又是具体的，它涉及交际参与者、事件、参与者的相互关系等。但语境还有其抽象的一面，就像里琦（Leech 1983：13）所指出的，说话人与听话人共同所拥有的背景知识也构成人们交际当中的语境，这包括某一特定文化的特定的社会规范和习俗、与特定的文化相关的会话规则与方式、有关客观世界的一般知识，即常识。非但交际双方要共有这些知识，而且彼此要知道对方也具备这种知识，否则交际可能失败。由此可见，文化语境对于语篇理解和建构的重要性。

为了阐明情景语境和文化语境的关系，韩礼德做出如下图示：

关于这个图示，韩礼德解释道，语言作为一个体系，它的意义潜势的语境就是文化语境；某个语言案例，即语篇过程的语境，是情景语境。正如一个语篇是语言的示例，一个情景语境就是文化语境的示例。隐藏于每一个语篇背后的语境，即每一种情形背后的体系，就是文化体系。下面笔

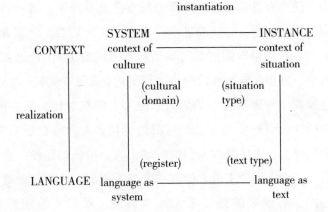

图 3　Language and context；system and instance（Halliday，1999：8）

者就来分析一下本研究中的语料背后的文化语境。

1）1958 年游泳运动员穆祥雄打破世界纪录后，兴奋地说，"胜利归功于党！有党的鼓舞教育，我有信心创造更好的成绩，向全运会献礼！"（1958.12.22 第 1 版）

通过前面几个章节对于概念功能、人际功能、语篇功能、语域、语类的分析，我们可以鲜明地探析到本段话中讲话者对于党和国家体育事业的激情，对党和国家的热爱，由此可以推出当时的文化语境是不管是国家还是个人都积极向上，到处充满了爱国主义和集体主义精神。

我们回首翻看当时的历史，事实确实如此。1949 年新中国成立，在中国共产党的领导下，中国发生了改天换地的变化，人民当家做主，这在中国的历史上是史无前例的。被帝国主义欺压了一百多年的中国终于站起来了。从此，中国人进入了一个前所未有的新阶段，中国的文化也进入了一个前所未有的新阶段。以一首那个年代普及度非常高的歌曲《让我们荡起双桨》为例，这首歌曲以它那优美的旋律和轻快的歌词代表了 50 年代中国文化最典型的特征——明快、轻松、活泼、朝气蓬勃。这也应该是那个时期青年人最典型的特点，单一朴实、清清爽爽、大大方方。50 年代的青年长在红旗下，受的是新中国文化的影响，朴实与纯正、不怕艰苦是他们所独有的特点。党的各项方针政策渗透在文艺作品中去，也渗透到老百姓的生活中去，使老百姓觉得这些事都是与自己分不开的。当时的文艺作品都是积极向上的，引领着时代的进步，比如小说《红日》《创业史》《小二黑结婚》等，校园里吟唱的是《莫斯科郊外的晚上》，青年人聚在一起谈论的是人生、理想，电影播放的是《祖国的花朵》《中华儿女》，整个社会到处都洋溢着一种蓬勃向上的势头。因为人们在对比，新中国成立前、成立后，两种社会两种变化，是新与旧的变化。人们看在眼里喜在心头，反映到人们的脸上，也反映到人们的行动中。新中国的建设，给人们带来了极大信心，也给人们带来极大的欢欣鼓舞。因此，社会公众对党的拥护是发自内心的，对国家的热爱是无比真诚的，对未来的期盼是非常热切的。

由此我们可以判断，1956 年的运动员获奖感言一方面体现了当时积极建设国家的文化语境，另一方面也受到这种社会激情的文化语境的影响，语篇里呈现着强烈的爱国主义和建设国家的使命感。

2）1958 年举重运动员黄强辉在国际举重锦标赛破世界纪录后，说："在党的培养下，在全国大跃进形势的鼓舞下，我还要创造更好的成绩，我还要向挺举 160 公斤进军。"（1958.12.1 第 4 版）

本段获奖感言与上一句同在 50 年代，但是处于 50 年代末，多了一个"大跃进"的说法，把获得好成绩夸张为战斗形态"进军"，说明当时的文化语境比 50 年代中期有夸张的情况。

回顾历史可以发现，50 年代后期，全国上下不管是城市还是乡村，到处都是"多生产、多打粮，支援国家建没，放卫星、夺高产，早日实现共产主义"等这样主题的宣传，表现了 50 年代人们征服自然的信心和气魄。虽然有浮夸风的特点，但是正如毛泽东在《红旗》创刊号首篇位置发表的《介绍一个合作社》（1958）里所说的："我从来也没有看见人民群众像现在这样精神振奋，斗志昂扬，意气风发。"不过遗憾的是，这种"鼓足干劲、力争上游"的建设激情很快演变成了所谓的"不怕神仙、不怕洋人、不怕教授、不怕科学教条的勇于破除迷信的大无畏精神"，即"红旗越插越高"的浮夸现象。因此，语料中运动员的获奖感言也有放卫星、说套话的语义在里面。

3）1963年在布拉格举行的世界乒乓球锦标赛后，男子双打冠军王志良说："我的技术来自集体，光荣应归功于党，归功于集体，我个人只是一个代表罢了。"（1963.5.6 第1版）

本段话中，我们可以分析出讲话者鲜明的集体主义精神，"个人"与"集体"相对，"个人"仅是普通代表；"技术"是由党和集体给予的。因此，我们可以推论当时的文化语境也是崇尚集体主义精神的，党的领导对于人们的成长和进步占着绝对优势。但是，激情方面明显比前两句减少了很多。

而20世纪60年代确实是一个崇尚英雄主义的年代，推崇集体主义和大无畏精神。新中国刚经历完抗美援朝和大跃进，经历了饥饿等磨难，虽然爱国主义的激情平静了许多，但是对社会主义和建国热情丝毫不减。当时的文艺作品是人民精神面貌的一面镜子：《青春之歌》《平原游击队》《林海雪原》《欧阳海之歌》等优秀作品，为人民创造了一个健康向上的文化氛围。因此，运动员们的获奖感言反映出了这种集体主义精神和英雄主义，同时这种文化语境也影响着运动员，因此他才能讲出这种非常高尚的话语。

4）1976年11月，中国女子篮球队获亚洲女篮锦标赛冠军，队长方凤娣和队员罗学莲说："今后一定要发扬成绩，不断进步，为促进我国篮球运动的发展，为更好地贯彻执行毛主席的体育路线做出自己的贡献。"（1976.11.15 第4版）。

本段话中很正式的句式使我们分析出当时的社会文化语境应该是较严格的政治氛围，还表达出了对政治领袖的虔诚。20世纪70年代，为了避免前苏联的"修正主义"和"和平演变"，中国由政治领袖发起了一场以文化为名的政治斗争（1966－1976）。首先，文化战线的反修防修在全国展开，所有的文化产品被"革命样板戏"取代；同时，全国各个角落都活跃着一种业余文艺演出队伍——"毛泽东思想文艺宣传队"，编排一些歌颂领袖和歌颂"文革"的节目巡回演出；另外，各种"忠"字化活动花样翻新，层出不穷，例如各式毛主席像章、画像、拥护领袖的口号、标语等铺天盖地，连吃饭前都要背"毛主席语录"。所以，运动员像背书一样流畅地讲出"为更好地贯彻执行毛主席的体育路线做出自己的贡献"之类的话就丝毫不令人惊奇了。这是那个时代的文化语境造成的，读者和观众也期待运动员说出紧跟政治形势的套话，否则就会被认为政治不进步。

5）1984年洛杉矶奥运会，李宁夺得男子体操三枚金牌后，说："我们尽了最大努力报答祖国人民，十亿人民会和我们一样欢笑的。"（1984.8.6第1版）

本句话中的标记性特征是讲话者用"人民"取代了前几句的党和集体，通过前几章节的分析我们也已经发现90年代后的获奖感言中不再出现政治性话语，因此，我们可以把80年代看作社会变化的转折期。"欢笑"使我们分析出政治气氛开始减弱很多，言论环境开始自由宽松，社会公众开始发出自己喜悦的声音。

而回顾历史，我们发现社会学者、历史学者等确实把80年代视为一个思想解冻、文化翻身的"过渡时期"（张伟栋，2010），作为"新时期"的20世纪80年代，被视为告别50—70年代的革命实践而进行文化"新启蒙"的历史时期。由于改革开放政策的实行，从意识形态到具体各行各业都有翻天覆地的变化。西方现代和后现代思潮伴随着经济、科技、文学、电影、音乐等涌入中国。此时的文化背景乃是一种混血文化：现实主义与现代主义、农业文明与工业文明、本土的传统文化与异域的现代文化、对外开放与顽固的保守主义……交织在一起，传统与反传统、权威与反权威，既相互冲突又相互渗透，构成了这一时期文化发展的奇异景观。虽然，隐藏在这一景观背后的社会大背景因素众多，但是伴随着政治、经济改革开放而来的文化开放却不能不是这众多因素中的一个重要方面。不妨说，文化开放给我们带来的首先就是新的精神参照系或新的价值衡尺，它使得本土的更显其本土，传统的更显其传统，因此，不同的价值体系、价值观念之间的冲突就变得势所难免。面对那难以抉择的十字路口，一种"无为在歧路"的困惑与焦灼就显得更加触目，更加无法闪避（ibid.）。体现在运动员的话语中，"人民"的地位和力量已变得强大许多，运动员考虑的不再是单纯讨好政治，也开始照顾到民众百姓。

6）1996年亚特兰大奥运会，占旭刚取得男子举重冠军后，"骄傲地对

全世界说：'我有了这个实力，该轮到我了。'"（1996.7.25第1版）

本句话的标记性特征是运动员的骄傲，当仁不让，丝毫不谦虚。对任何人没有表达感谢，这与一般的获奖感言的结构和语义不太相符。这也暗示着90年代中国的文化语境更加宽松，个人主义早已取代了70年代以前的集体主义。

回顾历史，研究者们普遍认为90年代就文化而言是一个失去坐标的年代，前半段是被政治空气压抑住了，后半段是被经济大潮裹挟进去了。进入90年代，中国的社会与文化持续发生着相当复杂多变的"转型"，曾经风靡一时的各种西方现代思潮热逐渐降温，社会的价值取向也发生了逆反性的变化：随着文学轰动效应的消失和启蒙工程的崩塌，知识分子精神领路人的优越地位归于消解，不再是社会精英的知识分子出现了分化，相当一部分知识分子告别了80年代的理想化，走向世俗，抨击崇高，张扬私人化，逃避历史和现实。中国社会在90年代出现了后现代的倾向，解构性话语成为文坛主流，后现代主义思想家，如福科、拉康、德里达、罗兰·巴特的学说，成为时代的精神主角。同时，中国思想、文化、学术界出现了消费主义、实利主义和体制化、专业化、学院化的两大倾向，导致了思想的淡出，批判性的削弱，问题意识的淡薄，思想、文化、学术研究越来越脱离中国社会现实，脱离我们脚下的土地和土地上的人民，甚至失去了回应中国现实问题的愿望和能力（参见吴秋兰2009）。

90年代的中国与80年代一样也是一个转型期，只不过80年代是文化转型，90年代是经济转型，从"计划经济"转为"市场经济"。"中国社会发展进入了一个新阶段：一方面执政集团通过机制修复和国家意识形态机器的强化加固了政治的一体化体系；另一方面已经形成惯性运作的经济的国际化和市场化，又使市场经济逻辑渗透和影响到社会的政治/经济/文化的各个层面。政治一体化要求与经济市场化趋势相互缠绕、制约，并逐渐完成了从相互矛盾到相互协作的转化。与此相关，中国民众21世纪以来经久不衰的政治热情开始淡化，功利和实用观念日渐成为民间主导意识"（张西平，2009）。因此，体现在运动员的获奖感言里，就是一种绝对自我的意识。

7）同场奥运会，王军霞获得女子竞走 5000 米冠军后说："我这个人命好，是个幸运儿，遇到了两个好教练，马俊仁指导帮我获得世锦赛冠军，毛指导助我取得奥运会金牌。我要衷心感激他们。"（1996.7.30 第 1 版）

本句话里，对命运的玩笑式认可，一方面可以理解为运动员的谦虚；另一方面说明中国的社会气氛比 80 年代进一步宽松许多。因为命运之说在 50 年代至 70 年代是作为迷信思想受到批判的，而本句话在全世界人面前说出，说明当时的社会语境已经相当自由，认可自我，人们可以比较随心所欲地讲出自己的所思所想。这非常符合上文对 90 年代的评论：文化多元，主题变化，形式多样，线条杂乱，品味娱乐、民俗。

8）2008 年北京奥运会，庞伟取得男子气步枪冠军后说："我希望自己的金牌能够带给中国射击队更多的好运气，让中国代表团在后面的比赛中多拿金牌！"（2008.8.10 第 5 版）

本句话里，讲话者没有单纯地关注成绩带给自己的兴奋和骄傲，而是把注意力转移向了集体，企盼自己的金牌能让自己的集体有更好的运气，说明该运动员关注集体胜于关注个人。从而我们可以推论出该话语背后的社会文化语境是社会期盼更多的金牌，运动员的讲话迎合了社会的期盼；社会从 90 年代的个人主义逐步回归集体主义，但是和 70 年代前的集体主义不同：70 年代前把个人成绩等一切光荣归于集体，新世纪则是个人与集体平等，个人好运则集体好运，集体好运反过来也会带给个人好运。

回顾 21 世纪第一个十年，我们可以发现当时的社会语境主题是"和谐社会"。这个概念对于当今中国的现代化进程而言有一定的积极意义，实现利益分配的协调是构建和谐社会的基础层面，实现文化发展的协调是构建和谐社会的底蕴层面，达成社会心理的协调是构建和谐社会的目标层面，而这些诸多领域和谐的达成，则会大大缓解社会的各种矛盾现象，促进我国的和平发展和崛起。这是 21 世纪的新"集体主义"，一种讲求公平和谐而不是单方面奉献的旧式集体主义。因此，运动员的讲话符合当时的社会语境，同时也是语境要求的结果。

9）郭晶晶在获得女子双人 3 米板冠军后，说："你们看到我们在比赛中显得轻松，其实为了这枚金牌我们做了充分的准备。从早到晚刻苦训练我们付出了很多，每天都要流很多的汗水，我们也承受着相当大的压力。好在我们没有受影响，把5套动作完完整整地完成了。"（2008.8.11 第3版）

本段话的标记性特征是讲话者不断地在抱怨"我们"的辛苦和"你们"的不理解。显然，"我们"指运动员自己，"你们"指社会公众。这句话与80年代的讲话形成鲜明对比，80年代的运动员热切地回报"人民"，而新世纪的运动员则"抱怨""人民"给予了太大的压力，这说明社会的文化语境有了非常大的变化。80年代的人民高高在上，是"施惠方"；新世纪的人民已经变成和运动员同等地位的公众。

这与21世纪的中国人不再以人民自居，而是开始转向公民身份的社会文化语境有密切的关系。不可否认，几十年我们一直接受的是关于人民的教育。但是，吴祚来（2010）认为，"人民"已被滥用如同一张巨大的支票，貌似属于所有的人实则没有一个人可以拿出来兑现使用。而关于公民，古希腊先哲亚里士多德在《政治学》这样定义"公民社会"："城邦国家"或"自由和平等的公民在一个合法界定的法律体系之下结成的伦理—政治共同体"。福柯晚年的深沉的思考赋予了"文化研究"一个新的空间。他指出了"现代"生命政治有其独特的意义，他指明了"现代性"的生命权力来自于一种对于"身体的呵护"，来自于一种对于生命的存在的关怀。他认为：现代的"生命权力""所要求获得的，所要当成目标的，是生命。生命被理解为基本需求，理解为人的具体本质，理解为生命潜能的实现，理解为丰富的可能域（哈特利，2008）"。而托尼·本奈特（2007）等人的研究则打开了相关的领域，将"公民身份"置于一个福柯关于"生命权力"的话语之中。（参见吴祚来2010）

由此，我们不可忽视社会语境中对于公民社会的接受和理解。在目前中国公众社会里，对金牌的狂热追求，不仅蒙蔽了发展人民身体素质这个体育本质，还不惜以全民经济为后盾，以举国之力夺取几块小小的奖牌，这已成为悬在中国体育可持续发展路上的达摩克利斯之剑。因此，运动员对金牌压力的本能抗拒是可以理解的。运动员和公众的抽象的"生命权利"需要得到真正的保护。郭晶晶的获奖感言应该是代表了相当一部分运动员的心声。

10）仲满获得男子佩剑冠军后，说："每一场比赛我都抱着拼的态度，打到哪儿算哪儿，我就是来向选手学的。我很开心有这样一名神奇的教练，我想把金牌献给他！"（2008.8.13 第 5 版）

本段话里，运动员强调的是自己对获取金牌的意外，以及对教练的赞叹。本句对社会语境揭示得不多，但是仍可以推论出社会对金牌的渴望。另外，了解一下该运动员的教练的背景即可得知，该教练是一位外籍人士。说明中国奥运队为了 2008 年奥运会多拿金牌，做了许多努力，包括从海外引进优秀教练。

回顾 2000 至 2009 年，中国的社会语境里充斥的是全球化的宣传，既有对于社会进步的褒扬，也有对西方文化大举入侵的恐慌。体育比赛的本质是增强大众的身体素质，联系国家之间的友谊。本段获奖感言对外籍教练发自内心的感谢应该是对这种全球化语境的认同，向别的选手学习这种态度是对"比赛是友谊"的认同。当全球化不可避免时，对他者文明的充分尊重就是一种最好的方式。王岳川（2003）认为现在的全球化的基本特征是普遍性与特殊性的统一，是整合和碎裂的统一，是集中化与分散化的统一，以及国际化和本土化的统一。这些特点我们从 21 世纪前十年的运动员的获奖感言中可以充分感受到。

11）2010 年 2 月冬奥会，王濛获 500 米金牌后对教练磕了两个头，之后对记者说："我一共磕了两个头。第一个是感谢我的教练，第二个是感谢中心的领导和我的队友，所有关心我的人，我的父母，包括我自己。"（2010.2.22 第 4 版）

本段话里的标记性语言是讲话者解释磕头这个动作，另一个是感谢的人里包括父母家人以及自己。从这句话里我们可以感觉到讲话者的性格是洒脱和随性的；同时，中国人传统的下对上的磕头这个动作早已远离人们的日常生活，该运动员却能在全世界面前坦然运用，说明她对教练、集体和家人的深深感激。

但是，从另一个角度分析这段话语，我们也可以发现话语中隐含的功利主义语义。在 70 年代以前甚至 80 年代以前，磕头感谢这样的行为和话语都是不敢想象的。因为，在那个年代，获得荣誉是集体智慧的结晶，金牌获得者是党培养的结果，不是个人荣誉，自然用不着激动到行跪拜大礼。而进入 21 世纪，运动员乃至整个社会都看轻集体，把个人荣誉和私利看得很重，才会出现上面一幕。这种现象不能不引人深思。

12）2010 年冬奥会，上文王濛的队友——女子 1500 米冠军周洋说："拿到冠军，可以让我的父母生活得更好一些。"（2010. 2. 25 第 1 版）

这句话没有任何夸张的激动和热忱的感激，看似轻描淡写，却是最引波澜的一句话。这句话见诸报端后，立刻就有体育总局的领导批评，"应该先谢国家，再谢父母"，紧随其后就是网友大讨论，到底先谢谁？

显然，这句话表明了社会的文化语境，即代表运动技术优异的金牌已与名誉、地位、金钱直接挂钩。网友们犀利地评论道，运动员脖子上的牌子，等于自己的房子、教练的票子、领导的位子和地方的面子。一块金牌背后，往往可以牵出一条完整的利益链条。难怪获取金牌早已不被运动员看作是为国争光，而是看成脱贫致富的捷径；难怪前面的例子中运动员获金牌后会如此欣喜若狂。同时，这也说明社会贫富差距的明显，是刺激部分运动员勤奋训练出人头地的动机。

而运动员这么小小的一句话，充分暴露了我国新世纪普遍认同的一种价值观：以生产为中介，以政治灌输为中心的无产阶级意识形态策略，已经让位给以生活为中心，以消费为中介的中产阶级意识形态策略。以"休闲""舒适"为核心的生活文化取代了以"劳动""牺牲"为核心的政治文化观，社会世俗化进一步加剧。上文提到我们已进入公民社会，公民社会是一个需要不断学习、训练、实践的历史过程，它不仅是一种政治形式，更是与民众发生关联与合作的一种生活方式。吴祚来（2010）认为，社会发展到今天，民主化已成为双向的进程，除了政府自身的建构，还需培育民众的公民意识，培育的过程即为梯子的过程。

吴祚来还指出：当今时代的政治话语日趋小化，体现了贴近百姓、贴近民心的政治性向人性的回归；大政治家的小话语仍然会通过媒体（纸媒和网媒）放大而发挥巨大的影响力，尤其网媒，已经相当于网络上的大公民社会，政治的小话语与网络的大公民社会正在日益寻求和谐的配对。

4　语境的静态与动态的互动

4.1 语境观的起源

巴赫金是前苏联结构主义符号学的代表人物之一，但是他却毫不忽视语境的存在。他（1998）认为，语言是反映社会意识的符号系统，是意识形态的载体，是处于社会环境中的个体之间得以建立联系的媒介。语言符号运用在具体的社会交际过程时，会产生语义，意义是由具体时代的社会情境和交际人物的社会地位等所决定的。因此，研究语言不能割裂语言与产生语言的社会背景的联系。这就凸显了巴赫金的语境思想。他还认为，将话语与其产生的语境割裂，得到的只能是抽象的语言学的单位。只有掌握了产生话语的非语言语境才有可能全面地理解话语。非语言语境包括三个要素：（1）说话人共同的空间视野；（2）两者共同的知识和对情景的理解；（3）他们对这个情景的共同的评价（巴赫金全集，1998 卷 2：85）。不难看出，巴赫金这里所说的三要素与系统功能语言学的倡导者韩礼德提出的语言三大元功能的思想（概念功能、人际功能和语篇功能）非常相似。毫无疑问，巴赫金的语境观对语言学语境研究产生了极其重要的影响。

另外，难能可贵的是，巴赫金更加强调的是社会语境，这方面他受到了马克思主义的意识形态观的影响。他（1998）认为，基本的社会评价通常并不需要言说出来，它是被话语集团所认同的一套价值体系。这种价值体系完全不包含在话语的内容中，但却决定话语整体的形式和话语选择本身。他认为，个体的意识发展受制于意识形态环境。巴赫金的这些观点有助于把话语分析放到一个更大的语言背景和文化背景中进行考察，从而更加完整而准确地理解语篇的意义。

功能派语言学家马林诺斯基和弗斯等，都强调文化语境和情景语境的重要性，认为语境是从具体的情境中抽象出来的对言语交际主体产生影响的一些因素，这些因素是客观存在的事物，包括上下文和言语交际活动过程中发生于其中的社会文化环境。因为人们在生活经验、知识结构、认知能力等方面存在很大差异，客观存在的现象，有的人感知到了，有的人却感知不到，不同的人对同一事物会有不同的认知，产生不同的看法，因此会导致不同的人心中的语境差异。意义不是从外在因素的简单汇合之中派生的，而是交际者利用语境因素推导出来的。

到目前为止，语境到底包括哪些要素，语境应如何定义，不同的学术流派、不同的语言学家的看法各异。

4.2 静态语境与动态语境

语言学家对语境的不同解释归结起来主要有两种认识：静态语境和动态语境。何兆熊、蒋艳梅（1997）认为传统的语境观是静态语境观。静态语境观，是个包罗万象的范畴，把语境解释为对言语活动参与者产生影响的各种背景信息，涉及上下文、时间、地点、交际者、交际话题等客观的或主观的背景知识，以及使用语言的社会环境、自然环境、时代背景、文化传统和交际者的文化修养、知识储备、认知经验、语言能力等各种因素。因此，传统的静态语境缺乏系统的可操作性。

何兆熊等（ibid.）认为静态语境观大体可分为两类：一类是把语境解释为从具体的情景中抽象出来的、对语言活动参与者产生影响的一些因素，这些因素系统地决定了话语的形式、话语的合适性以及话语的意义；另一类是把语境解释为语言活动参与者所共有的背景知识，这种背景知识使听话人得以理解说话人通过某一话语所表达的意义。这两种解释虽然提法不同，但实质是一样的。莱昂斯（Lyons 1977：572）认为语境是从现实情境中抽象出来、影响言语事件的参与者、系统地决定话语的形式、适切性或意义的所有因素。里琦（Leech 1983：35 - 44）也有共有知识的观点，即起决定作用的必备知识必须是交际双方共知共享的，否则语言活动就无法进行下去。这实际上就把语境当成一个事先确定的静态事物。静态的语境观有着共同的特征：语境先于交际过程而存在，交际者根据这个语境来确定意义。也就是说，交际双方置于被动位置，即语境先于交际过程而存在，交际受控于语境。

富兰克·丹恩斯（Frank Dance）认为交际过程是呈螺旋形上升的，并指出，当受话者把反馈信息传递给发话者时，发话者的状态已与起始状态有所不同，因为发话者已接收了新的信息，即受话者接受到发话者的信息后发出的反馈信息（何兆熊，蒋艳梅，1997）。斯丕尔伯（Sperber）和威尔森（Wilson）则认为语言交际是一种演绎式推理过程，在其推理中，交际者将新信息（话语，可包括伴随话语的其他信息）置入语境（人的知识的某一组合）中处理，得出结论（蔡芸，1997）。通过这一过程，旧的语境不断地得到修正、充实或转换，形成更便于信息处理或话语推导的基础。由此看来，话语交际不管是螺旋上升式还是演绎推理式，语言交际实质上是不断变化的动态过程。交际双方随时根据交际现实情景的变化和相互反馈的不同信息，不断调整、更正自己的话语，确保对话的顺利进行。除了先设的静态语境外，这种对话过程建立在交际者认知推导的基础上。同时，交际双方可以根据交谈的内容及语用含义的理解，选择和设定自己需要的语境，这种语境就是动态语境。

动态语境不同于静态语境的方面表现在：1）实时性：语境随着交际的各种因素变化而随时变化；2）历时性：对语境的理解要以时间为轴线，整体把握；3）非言语性：动态语境经常通过图像符号、声响符号、交际人的动作和表情等传递信息；4）依赖性：动态语境依赖于静态文本为基础而构建；5）互补性：动态语境与静态语境往往是同时作用于人们的认知的，然而两者具有互补性，在许多情况下只有将二者结合起来，才能正确地把握语境的意义。

在语言哲学视域中，因为语言的主体性、模糊性以及建构性，静态语境与动态语境之间的互动堪称是语言结构与语境结合、增加语言结构学能用几率的黏合剂。在言语活动中，交际双方时刻处于一定的语言环境之下。生成话语时，说话人会考虑听话人的状态，主动参照语境特征，在语境与自己将要表达的信息之间寻找关联，灵活地处理自己的语言表达，以建构繁简、明晰程度不同的话语；而听话人则通过语用推理，依据语境和认知，从话语中提取不同的信息。从这个意义上，我们可以说，语言的语境性造就了话语。通过语境性的适度把握，我们可以建构精确的表述；可以建构形象的表述；相反，我们也可以建构不完整的表述；建构笼统的表述；甚至建构悖反的表述。话语建构的这些方法，是我们运用语言进行表达时的一些最常用、最基本的方法，这些方法的实施都离不开话语的语境。另一方面，语境性也制约着话语的语义编码，激活并保障了语言潜在的意义系统扩张、增值的可能性倾向。这种制约贯穿了话语活动的整体过程。所以，我们说语境性的运用具有上述释义和制约两大功能。

现代语言哲学还认为，人类作为认识主体，建构知识和意义是在诸多动态的语境中发生的。因此，语言的主体性、模糊性以及建构性成就了一个事实：语言从来不是精确的。由于"世界"只有一个，我们建构"世界"的角度和方式不同，离散的语言符号也无法精确地标志客观事物，所以就出现了不同版本的"世界"。这就对应了上文的语境性之说。而言语交际本身是一种动态的演绎推理过程，动态的交际过程决定了语境的动态性，不同的个体根据各自的框架结构对语境进行不同的推演认知并不断地调整、顺应，以获得最大的语境效果。

更多的现代语言学家认为言语交际具有动态特征，从说话人开始传递信息起，交际过程就在不断地发展变化着。交际双方不是被动地受控于语境，而是在众多的现存因素之中主动选取、利用、改造甚至创设某些因素，从而使语言交际顺利进行。除了外在的客观因素外，还存在着预设的语境，比如写说表达时为了整个话语策略的展开，交际主体需要根据自己的知识经验给话语活动增加各种因素，有意识地设置某种前提，埋下一些伏笔，营造恰当的气氛，拓展回旋的天地，创造有利的语境。

由此看来，在言语交际过程中，语境不只是起被适应的制约作用，还具有积极的交际参与作用。交际双方既要受到语境因素的制约，同时又能利用各种交际手段来操纵语境因素。说话人可以构造语境，为以下的言语交际创造一个适当的环境，以便有效地达到自己的交际目的。福塞特等人（1988 参见朱永生 2005：40）"系统流程图"模型，用以研究动态语境。如下图所示：

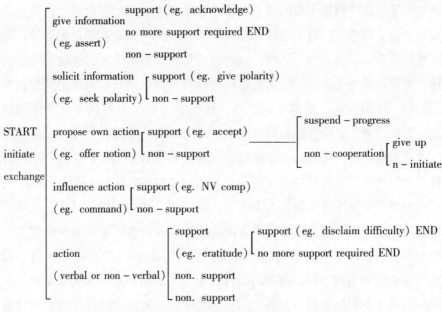

图 4 交际系统流程图（参见朱永生 2005：40）

从本图中可以看出许多反映交际过程的具体的系统网络，流程线反映的是话语序列的横组合关系，系统网络反映的是纵聚合关系。

总之，语境应被视为一个不断发展变化的过程，这一过程反映了交际主体与交际环境之间的动态关系。动态语境观为我们开拓了语境研究的新思路，加深了我们对语境本质的认识，为我们全面认识和了解语境及其在言语交际中的作用和人们的语言实践提供了新的理论依据。

5 历史语境

从上文论述可以得知，任何一种语境研究都不应该是静态的。根据韩礼德的种系发生理论，种系发生学指语言的历史。在话语符号历史模态中，种系发生影响个体发生，它为个体发生提供了环境，个体发生又为种系发生提供了语料。因此，我们如果想真正理解话语，尤其正式场合带有政治意义的话语，就应该从文化语境和历史语境中寻找源头。种系发生为历史语境的研究提供了理论。

我国爱国主义话语的历史语境，可以追溯历史至几千年前中华文明之初。在远古至两汉时期，从总体上说是中华民族的形成和初步发展时期，是统一的多民族国家得以确立，以及爱国主义传统初步形成的时期。该时期的爱国主义本质上是一个由血缘关系的氏族爱发展到民族爱和祖国爱的过程。

著名诗人屈原是先秦时代爱国主义志士的代表，他坚持变法改革、富国强兵、统一国家的理想尽管没能实现，但是爱国家、爱百姓的民本思想、坚持真理、宁死不屈的巍巍人格，影响中华民族几千年。尤其在国破家亡的时候，他的感召精神尤其强烈。屈原爱国主义精神的产生有其时代的特点。春秋战国时代，是一个百家争鸣、生机勃勃的时代，社会充满着进取的、批判的精神。屈原在政治生涯中表现出来的敢于斗争、决不妥协、上下求索的批判和进取态度，正是当时的时代精神的表现。大敌强秦当前，屈原采取了一系列挽救楚国灭亡的措施。在保守思想与改革思想的猛烈冲撞中，屈原不计个人得失，置生死于度外，至死不渝地忠于自己的事业和理想，欲以自己的努力改变楚国的现状。另外，屈原的爱国主义精神，从内因来说，在于他具有朴素的唯物主义世界观。进步的世界观决定其有进步的爱国主义精神。在长诗《天问》中，诗人仰天长问，对自然和人类历史探究天道，再现了诗人忧国忧民的忧患意识。屈原用生命演绎出的爱国主义精神，早已成了中华民族思想宝库中熠熠生辉的珍品，激励着千秋子民爱我中华，并为之富强而奋斗不息。

总体说来，秦汉时期，随着统一的多民族国家的建立，维护国家的统一和民族的团结，便成为该时期爱国主义的固有内涵。强调民族团结，推动各民族之间的和睦相处和友好往来，尊重境内各民族的生活和风俗习惯，是远古至两汉时期爱国主义的重要内容。

秦汉以后，统一的中央集权国家建立，中华民族的爱国主义的发展便进入了一个新的历史时期。经过秦汉两代的发展，中华民族的主体已经基本形成。中华民族的历史发展，在秦汉之前是确立时期，是中原各部族的融合与统一；在秦汉之后，则是中华民族以汉族为主，各个不同民族之间相互交往、相互渗透、相互融合的时期。秦汉时期的爱国主义开始让中华民族的爱国主义从真正意义上添加了忠君的思想，从此，忠君和爱国被联系在一起，甚至有这样的色彩：对内，忠于自己的皇帝，忠于自己的王朝，这是爱国；对外，抵御外侮，保家卫国，这也是爱国。秦朝时期的蒙恬，汉朝时期的李广、卫青、霍去病等武将，抗击游牧民族对我们中原的侵扰，即使朝代更替，他们的行为都不会被抹杀，这是保家卫国，是真正的爱国主义行为。

隋唐时期是我国封建社会鼎盛时期，国力强盛，民族自信心和自尊心都很强，四方皆属王土，这个时期的爱国或者忠于朝廷是发自内心的。元朝和宋朝时期复杂一些，元朝是蒙古族统治中原，对汉族采取高压统治；两宋时汉族更加弱势，处于政治力量的边缘，汉民族中的众多精英挺身而出，力挽狂澜，出现了岳飞等可歌可泣的英雄人物。从明代到清朝前期（1840 年之前），爱国主义是典型的封建王朝的特点：忠君爱国，各个阶层的人都在为他们的爱国主义而奋斗。明末的文天祥是士大夫阶层为君为民为江山的典型代表。清朝是满族人建立的，前期主要是忠于朝廷，尽管有"反清复明"，但是力量非常弱。

因此，从魏晋到清初，中华民族的爱国主义的发展，就沿着中华民族融合与统一的道路演变。争取中华民族的团结、融合和国家的统一，并巩固这种融合与统一，是这近两千年爱国主义发展的主题。

从鸦片战争爆发到新中国成立，是爱国主义发展的近代阶段。从 1840 年开始，国家主权一步步丧失，民不聊生。这是中华民族在世界舞台上最屈辱的一段历史，无数仁人志士为救国图强做出了牺牲。从林则徐虎门销烟到清政府的洋务运动再到戊戌变法，皆以失败告终，同时也昭示着人们，封建的爱国主义传统——忠君爱国已经不是那个年代的爱国主义表现了，而应该是从整个中华民族考虑来挽救民族危机。此时，孙中山领导的辛亥革命爆发。这是爱国的仁人志士运用西方路线救国的一次尝试。尽管辛亥革命失败，但它的意义是给人们带来了民主共和的思想。之后，北洋军阀混战，国共两党先后诞生，开始了中华民族真正的爱国主义。国共合作后推翻了北洋政府，但国民党出卖了共产党，尽管两党的爱国主义革命精神还在。宁汉合流后的南京国民政府在形式上统一了中国，却因一党之私又断送了中华民族的前进之路。国共对峙十年之内日本侵略，国共两党再次合作，扛起爱国主义的大旗。这次国共合作是中国成为真正的民主共和国的好机会，但抗日战争结束后国民党立刻挑起内战，让中国走向民主之路化为泡影。失去民心的国民党败退台湾。

分析这段历史，我们会发现这个时期的爱国主义的主题是救亡与图强。这决定了近代的爱国主义运动必然在两条战线上展开：一是在硝烟弥漫的战场上与侵略者浴血奋战；二是在没有硝烟的战场上逐步积累着反侵略的民族战争所需要的物质和精神力量。

新中国成立以来，爱国主义进入了一个全新的发展阶段，爱国主义在中国共产党的宣传下进一步成为我们民族精神的中流砥柱。因为有爱国主义精神，我们在朝鲜战场上打赢了美军；因为有爱国主义精神，我们取得了几十年社会主义建设的丰硕成果。从新中国建立到目前的新世纪，爱国主义的核心体现在爱国主义与社会主义的统一上。在这个核心的统率下，现代爱国主义的主题有二：一是在中国共产党的领导下，中华民族一步步地走向繁荣富强，因而现代爱国主义发展的历史就是一段富国强国的历史；二是实现祖国的统一是现代中华爱国主义精神的重要体现。

当然，不容忽视的是，改革开放后，我们共和国传统的爱国主义精神受到了冲击，民众的爱国主义表现有了多元化的趋向。传统的忠党爱国思想的主体地位发生动摇，这个是可以预见的。因为随着改革开放的深入，西方各种思潮涌入，带来各种不同的价值观；同时，市场经济造成人们经济状况多元化，经济基础决定上层建筑，所以多元经济的影响也造成人们思想上一定程度的混乱。但主流是好的，人民的爱国情绪仍然高昂。

当中国漫长的历史成为民族的骄傲，而不再是历史包袱的时候，中华民族真正觉醒了。从醒悟的那一天起，我们明白自己有着其他民族无可比拟的传承和财富，它将一直伴随我们走向发展之路……

经过上面历史语境的分析，我们可以发现我国爱国主义语境几千年来一直在变化。并且了解了历史语境后，我们就可以理解二十世纪五六十年代的人们讲话时为什么会有政治的激情，因为是新中国刚刚诞生，一切都充满了活力和希望，人们对救国建国的共产党发自内心地感谢和崇敬；再加上千百年的封建统治刚结束不久，人们仍习惯政治崇拜，所以个人感想里也表达政治的忠诚。这种状况持续到七十年代改革开放前夕。改革开放后，语境有了很大变化。随着政治语境的宽松，人们越来越可以自由地表达自己的想法，渐渐摆脱公式化模式化的表述方式，个性化的话语越来越多。但是因为过于关注经济利益，从而发生轻视集体荣誉的现象。

本研究里的运动员的获奖感言，是作为一种比较正式的话语出现在国家甚至媒体面前，尤其一些优秀运动员是许多青年人的楷模，他们的话语对于语境的体现和再塑造功能远远大于学校教育和媒体宣传。因此，运动员们在表达自己的个性的时候，若能注意引导增加语言的文化功能和社会功能，增加社会责任感的语义，就会对社会起更多的楷模作用。

6　结　语

本章重点阐述了话语发生历史模态中的种系发生层次，从语境的静态与动态和历史语境角度分析语料所反映的爱国主义语义。

第7章　爱国主义语境的语言学重构

1　引　言

在本章里，研究者准备运用系统功能语言学的语境理论，重新阐释当代全球化语境下中国爱国主义话语的建构。

2　从积极话语分析视角阐述全球化语境

二十一世纪伊始，全球化已经以各种各样的形式悄然渗入到人们的物质生活和精神生活之中，并在不同程度上影响着人们的日常生活和思维及行为方式，从而给人们带来了一种全新的时尚、品位和全新的生活方式。在全球化的时代背景下，重新审视爱国主义的本质，揭示爱国主义的存在方式和全新的时代特色，有利于我们加深对爱国主义民族凝聚力价值的认识。

分析一下各国的政治、经济和文化活动领域与方式，即可发现所谓的全球化，其实是西方化，甚至是美国化。发达国家正以文化输出为载体，把它的意识形态强加于发展中国家，从而对发展中国家进行思想控制和经济控制。这就是社会学家眼里的"文化帝国主义"，即后殖民时期，帝国主义已不再热衷于从事领土征服和武装霸权地进行殖民主义活动，而是注重在文化领域里攫取第三世界的宝贵资源并进行政治、意识形态、经济、文化殖民，也就是说西方发达国家通过文化输出对不发达和欠发达地区实现文化霸权和文化控制（金慧敏 2011：160；丁锐、孙鲁飞 2011：23）。

在这样的语境中，我国一方面受到西方发达国家意识形态的进攻和挑战，另一方面自身也处于改革转型期，必然带来人们思想观念、价值取向的多元化。旧的规章制度与价值体系逐渐解体，原来占主导地位的社会主义意识形态和价值观念受到强烈冲击，民族精神的作用也相对弱化，而新的制度与价值体系尚未完全确立，因此某些环节容易出现失范、无序的现象。

多元文化价值观的并存，极容易使人们产生信仰危机；外来高科技文化的大量涌现，容易对本民族的历史产生怀疑，形成历史虚无主义，对外来文化产生同化和顺应；市场经济弘扬了个体主体性，却造成集体观念的消解，使个人主义盛行；对民主政治的认识不足，导致政治参与爆炸与政治参与冷漠同时并存的奇特矛盾。如何继承和发扬民族优秀文化传统，弘扬和培育民族精神，加强民族优秀传统文化和社会主义意识形态的认同感和凝聚力是我们在新的历史条件下面临的又一重大课题。

运用积极话语分析的思想，从历史上看，中华民族几千年来一直处于不同文化的融合之中。张波（2008：124）认为，每当一种文化进入中国，大都逐步走向中国化而成为中国文化的一部分。比如佛教东渐就是一个鲜明的例证。经过几百年的改造与吸收，佛教有一部分变成中国式的宗教（如禅宗），另一部分则被吸纳于宋明理学之中。同时，中国文化也并非华夏文化的一元格局，亦非儒家思想的一家独行，而是华夏文化与周边少数民族文化"多元一体"，儒、释、道三教并存。中国传统文化的这种包容性更有利于其充分利用全球化这一契机，积极主动地与外来文化进行交流，取长补短，推动民族文化的发展和创新。

在全球化带来了多元化、个人主义、历史虚无主义等思潮的大背景下，积极话语分析也让我们看到了机遇：多元化丰富我们开放的语境；个人主义促使我们形成包容性的语境；虚无主义促使我们形成对待历史的理性态度。

3 爱国主义语境的话语重构

经过前文对不同时期运动员获奖感言的话语符号历史模态角度的分析和讨论，我们可以发现获奖感言背后蕴藏的文化语境和意识形态，即在不同的时代获奖感言体现不同的爱国主义语境。

在二十一世纪全球化视野下，我国的爱国主义语境发生了巨大的变化，可以说，超国家的文化语境、个人主义的语域和自由主义的语言等深刻地影响了当代的中国爱国主义语境。然而，积极话语分析视角又让我们看到，语境也是由种系发生、个体发生和话语发生共同组成的。因此，我们将从种系发生、个体发生和话语发生三个方面来重构全球化背景下的中国爱国主义语境。

3.1 个体发生层次

回顾中国的体育发展史，作为一种独立的话语模式，它较好地体现了中国体育的公益化和集约化的模式。九十年代之前，我国体育的管理模式是政府完全主导的计划性模式，举一国之财力、物力和人力，最大限度地调配有限的资源，为了国家荣誉而争取最大的成绩。运动员的培养有业余体校、体育学校、地方体育队和国家体育队等不同层次，每四年举办一次全国运动会和城市运动会。

九十年代之后，随着市场经济的发展，体育管理开始有经济效益和产业化的理念，许多体育企业开始出现。但仍然以政府拨款和支持为主。我国现行体育管理体制是由国家直接领导的政府机构和社会体育组织相结合的体制，其构成的组织机构是国家体育总局、中国奥委会、中国体育总局、国家体育局各单项协会、各行业各系统的体育协会以及中国体育科学学会。这种庞大的体育组织机构有利于体育工作上下一条线，层层有人抓，便于实施管理与控制（刘明 2007；庞晓杰 2008；等）。

据中国日报网站（2004/09/07），培养一名奥运冠军的费用远远高于四五百万元人民币，包括教练费、场馆修建费、参加各类比赛费、营养医药费、科研人员研究费等。美国《洛杉矶时报》2008 年 8 月 26 日一篇记者芭芭拉·德米克发自北京的文章，题为："中国金牌代价高昂"（中唐网，2008/08/29），论述中国的体育发展机制沿用前苏联模式，成本高昂，西方学不来。文章甚至还认为，中国是一个由工程师管理的社会，以计划、合作为基础。国家是一个超级团体，个人的任务是支持国家。

因此，我国体育属于集约化大管理体系的产品，运动员的成长几乎完全由国家包办，日常生活中也是由领导和教练来负责安排他们的一切。取得成绩之后，应该首先发表感谢领导和教练的言论，感谢国家的培养更是应该的。

从系统功能语言学的语境角度看，这是语域决定的。语场即运动员生活、训练和比赛的场合，所参加的活动都是为了比赛、为国争光；语旨角度，各级教练员、体育队乃至父母家人都配合运动员的训练；语式角度，接受媒体现场采访，话语将会被全世界所知，感恩的话语总是会被认可的。

所以，获奖感言中感谢国家、集体和教练的付出，才能显得有仁有义，成为青少年的行为楷模。

3.2 种系发生层次

从上一章的历史语境分析，我们发现爱国主义是一个动态的历史范畴，在中华民族发展的不同历史时期，随着面临的不同历史任务而具有不同的时代主题。虽然如此，爱国主义的历史继承性也是不容否认的。千百年来，浓烈的忧患意识、崇高的民族气节、团结统一的"大一统"情怀和自强不息精神成为中华民族爱国主义传统的永恒主题。几千年来，中国人民无不对养育自己的祖国怀有无限深厚的热爱，这包括对祖国壮丽河山、语言文字、历史文化、风土人情、统一民族的尊敬与爱护，也包括发自内心的神圣的民族自尊心、自豪感和自尊、自强、报效祖国的崇高责任感与爱国心。民族的发展离不开本土文化和精神的传承，这就需要人们一代一代的传承。

人类对祖国的热爱之情就是人的情感需要的最高满足，也是人类自身道德价值的最高表现。穆慧贤等（2008：107）认为，"祖"的基本含义是"始"，"祖者，始也。""国"的原始意识是指特定的共同生活区域。所以，"祖国"起始含义就是列祖列宗们共同生活的一定的地域范围。其道德情感意义就是祖国的儿女对自己的祖辈、祖先所生活的地理区域以及在这片地理区域上创造的文化成果的热爱。这种感情是弥足珍贵的。爱国主义是以情感和理性为内在动力、调整国家和国家成员之间伦理关系的重要道德理念。爱国主义的最终目的就是通过情感与理性的共同作用调节个人特殊利益与国家普遍利益之间的关系，以期在整个国家范围内形成个人、家庭、社会、国家之间有序的伦理秩序。"需要秩序的基本情感是唯一维护国家的东西，而这种感情乃是每个人都有的。"

作为国家的个体单位，家庭，自然是传承民族文化的接力站，父母是引导和传授民族文化的自然选择。因此，从话语符号历史模态的种系发生层次来看，感谢父母也照样体现了爱国主义。

3.3 话语发生层次

在集体主义中适当地鼓励个人主义的表达，是全球化背景下保护爱国主义语境的中心。

新世纪青年对自身爱国角色的认知不是容易形成和定型的，它是一个充满变化和未知的过程，多种因素左右、决定、影响着青年人对自己爱国角色的认知。角色的意义内容，一方面有社会的规定性，会随着历史的过程、社会的变化发生演变；另外一方面，角色的承担者、扮演者，也会跟社会发生互动，他们对角色的认同，也有自己的愿望和动机在里面，他们参与了意义的修改。

另外，整个社会日益世俗化，受此影响青年使命神圣性已经日渐消退，二十世纪五六十年代那种"火红青春"已全然不可复制，连"五四精神"的神圣地位也不断受到青年质疑。同时，青年一代越来越明显的公民意识强调责任意识、公德意识、民主意识等基本道德意识。公民意识与爱国热情是两个相似概念，但公民意识更加体现在理性角度、体现在责任角度、体现在规则角度。

　　总之，青年人有自己的角色概念，渴望自己设计未来道路。外在表现上，他们寻求自我独立，追求自己的表现、表达方式。但是，他们心态更加开放、包容、理性、自信，以国家核心利益为重，完全有能力、有意愿担当起国家期待和社会责任。因此，青年人在进行爱国主义的表述时，可以有个人主义思想的表现。

4　结　语

　　在本章中，研究者从种系发生、个体发生和话语发生三个方面论述了全球化语境下，爱国主义表达的模式，即应当包含对国家的爱、家人的爱和自我意愿的思想。

第8章 结 语

1 语篇与语境的互动

语篇与语境的关系密不可分，语篇存在于语境之中，并且显示语境的特征；语境决定语篇的形式、语类和意识形态。语境并非一成不变，它由语场、语旨和语式构成，任何一个因素有变化，语境就会改变。随之生成的新语篇也会发生变化。

本研究中讨论了二十世纪五十年代起至今《中国体育报》上登载的重要体育赛事后我国冠军运动员的获奖感言，运用韩礼德和马蒂森的话语符号历史模态理论，对这些获奖感言语篇里的话语发生包括词汇、修辞风格、经验功能、逻辑句式、人际功能、语篇功能、衔接与连贯和语法隐喻的分析，可以发现在过去的几十年里汉语语篇的变化；通过对个体发生包括语场、语旨和语式的分析，我们发现运动员表达感言时情景语境的变化；通过对种系发生包括语类、文化语境和历史语境的变化，我们可以寻找到各种话语语义的文化和历史根源。

从上面的分析可以探讨出当代中国爱国主义语境的变迁。二十世纪五十年代是结束百年半封建半殖民地社会、建立新中国之时，百废待兴，全民充满建设激情，运动员的获奖感言充分地展示了建国豪情和对政治的忠诚，这种激情是真诚的；六十年代和七十年代的感言明显流于形式，模式化特征显著，表达对政治和集体的忠诚，忽视自我的表达；八十年代是过渡期，政治约束趋缓，表达开始自由；九十年代则明显自由主义，开始强烈地表达自我；新世纪后的话语则开始转向对家人的关注，对教练和集体的关注开始回归。但是不可忽视的是，新世纪的感言体现出了社会的消费主义，公众对金牌的强烈欲望和对金钱的欲望，对运动员产生强烈影响，他们的获奖感言不可避免地体现出了世俗化倾向。

运动员作为公众关注的群体，尤其是作为被国家培养起来的群体，有义务对社会尤其年轻人起好的引导作用。因此，他们的获奖感言不应该过于自由，应该有一定的积极语义和美好的话语形式，重构获奖话语以体现一定的爱国主义是必要的。本研究认为新世纪的获奖感言至少包括三方面：对国家、集体和教练的感谢，对家人的感谢，对自我的期许。当然还可以增加对其他运动队和运动员的评价等。

民主不代表绝对自由，绝对自由是混乱。公开的、面对集体的讲话是一种政治话语，体现了意识形态。如何通过自然的获奖话语表达，进行爱国教育，强化民族认同，培养青年公民意识、责任意识、奉献意识，来克服青年角色认知偏差，是目前全球化语境中语篇工作者可以研究的领域。

2　再谈语篇分析

本研究是一种语篇分析，创新之处是，首先，创造性地运用了系统功能语言学的话语符号历史模态。韩礼德和马蒂森（1999）提出这个理论时，是为了研究个体话语使用者的语言演变。本研究把不同时代的同类话语使用者看作一个整体，研究在时代的演变中这一类话语的变迁，这是一个理论实践的创新。

另外，语篇分析到目前为止尚没有使用运动员获奖感言这类语篇作为语料进行分析的，本研究不仅分析了运动员获奖感言这个比较特殊的语篇，还分析它所反映的意识形态，即对爱国主义的表达，这是积极话语分析理论的应用。

最后，研究者以对社会负责为己任，对获奖感言进行了重构，以期增加对青年人爱国主义的引导。并且希望语言学研究者更多地关注社会。

本书的写作过程稍显仓促，里面的内容和语言表达还有许多需要改进之处。在以后的研究中，笔者会注意修订。

参考文献

Berry, Margaret. 1975/1977. *An Introduction to Systemic Linguistics* 1 & 2 [M]. London: Batsford.

Cook, Guy. Discourse - A Scheme for Teacher Education [M]. Oxford University Press, 1989.

Eggins, S. 1994. An Introduction to Systemic Functional Linguistics [M]. London: Pinter.

Firth, J. R. Personality and Language in Society (1950) [A]. Papers in Linguistics, 1934 - 1951 [C]. Oxford University Press, 1964.

FOUCAULT M. The Archaeology of Knowledge [M]. New York: Pantheon, 1972..

Gee, James. An Introduction to Discourse Analysis : Theory and Method [M]. Routledge, 1999.

Gregory, M. & S. Carroll. 1978. *Language and Situation: Language Varieties and Their Social Contexts.* London: Routledge & Kegan Paul.

Halliday, M. A. K. & R. Hasan. 1976. Cohesion in English. London: Longman.

Halliday, M. A. K.. Language as Social Semiotic: The Social Interpretation of Language and Meaning. London: Edward Arnold. Reprinted by Foreign Language Teaching and Research Press, Beijing. 1978/2001.

Halliday, M. A. K. & R. Hasan. Language, Context and Text: Aspects of Language in a Social - Semiotic Perspective. Australia: Deakin University Press. 1985.

Halliday, M. A. K. & R. Hasan. Language, Context and Text: Aspects of Language in a Social - Semiotic Perspective. Oxford: Oxford University Press, 1989.

Halliday, M. A. K. & C. M. I. M. Matthiessen. *Construing Experience through Meaning: A Language - based Approach to Cognition* [M]. London and New York: Continuum. 1999.

Joos, M. 1962. *The Five Clocks.* Supplement 22 to International Journal of American Linguistics.

Leech，G. Principles of Pragmatics［M］. Longman，1983.

Litosseliti, Sunderland J. Gender Identity and Discourse Analysis［M］. Amsterdam：John Benjamins，2002.

Lyons，J. Semantics［M］. Cambridge：Cambridge University Press. 1977.

Martin，J. R. *English Text*：*System and Structure*［M］. Amsterdam：Benjamins，1992.

Martin J. R. 2000. Beyond Exchange：Appraisal Systems in English. In Susan Hunston & Geoff Martin, J. R.，& Rose，D. Genre Relations：Mapping Culture［M］. London：Equinox，2008.

Martin，J. R. Analyzing Genre：Functional Parameters.《当代外语研究》2010（10）：2 - 18.

Ortony，A. 1979. *Metaphor & Thought*（ed.）. Cambridge：Canbridge University Press.

Poynton，C. Language and Gender：Making the Difference［M］. Geelong，Vic.：Deakin University Press，1985.

Searle，John. Speech Acts：An Essay in the Philosophy of Language［M］. Cambridge University Press，1969.

Scherer，Klans. R.，and Howard Giles. *Social Markers in Speech*. Cambridge：Cambridge UP. 1979.

Thompson（ed.）. *Evaluation in Text*：*Authorial Stance and the Construction of Discourse*. Oxford：Oxford University Press.

Ure，J.，& Ellis，F. Register in descriptive linguistics and linguistic sociology［A］. In Uribe - Villas，O.（ed.）. Issues in Sociolinguistics［C］. The Hague：Mouton，1977.

Van Dijk，T. Social Cognition and Discourse［C］. Ciles H，Robinson W P. Handbook of Social Psychology and Language. Chichester：Wiley，1990.

巴赫金：《文艺学中的形式主义方法》，漓江出版社 1989 年版。

巴赫金：《巴赫金全集》，李辉凡、张捷、张杰、华昶等译，河北教育出版社 1998 年版。

本内特、托尼：《文化与治理性》，《文化与社会》，广西师范大学出版社 2007 年版。

常晨光、陈瑜敏：《系统功能语言学语域研究》，载《北京科技大学学报（社会科学版）》，2011 年第 3 期。

何兆熊、蒋艳梅：《语境的动态研究》，载《外国语》，1997 年第 6 期。

丁建新、廖益清：《批评视野中的语言研究》，中山大学出版社 2006 年版。

丁锐、孙鲁飞：《解读文化帝国主义》，载《重庆科技学院学报》，2011 年第 12 期。

金慧敏：《走向全球对话主义》，载《文学评论》，2011 年第 1 期。

蔡芸：《语境与意义推导》，载《现代外语》，1997 年第 1 期。

董秀芳：《现代汉语中的傀儡主语"他"》，载《语言教学与研究》，2005 年第 5 期。

房宁：《以爱国主义为核心：对当代青年思想观念变化的考察》，载《中国青年研究》，2009 年第 1 期。

方琰：《浅谈语类》，见常晨光、陈瑜敏编：《功能语境研究》，外语教学与研究出版社 2011 年版。

冯胜利：《书面语语法及教学的相对独立性》，载《语言教学与研究》，2003 年第 2 期。

福柯：《米歇尔："话语的秩序"》，载《百度文库（1970）》，2011 年 7 月 31 日。
http://wenku.baidu.com/view/7aedffcf050876323112125e.html

福柯、米歇尔：《文化研究简史》，哈特利著，季广茂译，金城出版社 2008 年版，有关"文化研究"与"公民身份"的理论方面的连接的论述也可参阅此书，第 189～217 页。

傅守祥：《爱国主义——中华民族精神的核心》，载《当代思潮》，2003 年第 1 期。

顾曰国：《使用者话语的语言学地位综述》，载《当代语言学》，1999 年第 3 期。

顾曰国：《北京地区现场即席话语语料库的取样与代表性问题》，载《全球化与 21 世纪——首届"中法学术论坛"论文集》，社会科学文献出版社 2002 年版。

郭锡良：《汉语历代书面语和口语的关系》，载《汉语史文集》，商务印书馆 2005 年版。

海热热：《语言人》，张祖建译，三联书店 1999 年版。

胡裕树主编：《现代汉语》，上海教育出版社 1995 年版。

胡壮麟：《系统功能语法概论》，湖南教育出版社 1989 年版。

胡壮麟：《语篇的衔接与连贯》，上海外语教育出版社 1994 年版。

胡壮麟：《当代符号学研究的若干问题》，载《福建外语》，1999 年第 1 期。

胡壮麟：《功能主义纵横谈》，外语教学与研究出版社 2000 年版。

胡壮麟：《理论文体学》，外语教学与研究出版社 2000 年版。

胡壮麟：《评语法隐喻的韩礼德模式》，载《外语教学与研究》，2000 年第 2 期。

黄国文：《语篇分析的理论与实践》，外语教育出版社 2001 年版。

克拉克和霍奎斯特著：《米哈伊尔·巴赫金》，中国人民大学出版社 1992 年版。

李发根：《评价的识别、功能和参数》，载《外语与外语教学》，2006 年第 11 期。

李培超：《论中华民族爱国主义的现代逻辑推演》，载《求索》，2000 年第 5 期。

李战子：《话语的人际意义》，上海外语教育出版社 2002 年版。

林繁藏：《体育社会学》，同和文化社 1994 年版。

刘明：《我国优秀运动员培养方式的现状与展望》，载《山西体育科技》，2007 年第 5 期。

刘世生、朱瑞青：《文体学概论》，北京大学出版社 2006 年版。

洛特曼：《艺术本文结构》，密执安大学出版社 1977 年版。

毛泽东：《介绍一个合作社》，载《红旗》1958 年第 1 期；同见《人民日报》1958 年 6 月 1 日头版。

穆慧贤、郭卫华、高瑞国：《对爱国主义的道德哲学分析》，载《中南民族大学学报（人文社会科学版）》，2008 年第 4 期。

庞晓洁：《中国体育产业的治理模式与发展机制》，载《河北学刊》，2008 年第 5 期。

彭刚：《哈贝马斯的话语民主与宪法爱国主义》，载《江西社会科学》，2009 年第 7 期。

钱冠连：《哲学轨道上的语言研究》，载《外国语》，1999 年第 6 期。

塞尔登（Roman Selden）：《当代文学理论导读》，1989 年版。

孙东方：《爱国主义：公民意识教育的永恒主题》，载《思想政治工作研究》，2009 年第 7 期。

涂纪亮：《英美语言哲学概论》，人民出版社 1988 年版。

涂纪亮：《现代西方语言哲学比较研究》，中国社会科学出版社 1996 年版。

王铭玉、宋尧：《中国符号学研究 20 年》，载《外国语》，2003 年第 1 期。

王岳川：《全球化与新世纪中国文化身份》，载《社会科学战线》，2003 年第 6 期。

王振华：《评价系统及其运作》，见刘立华主编：《评价理论研究》，外语教学与研究出版社 2010 年版。

吴秋兰：《改革开放 30 年青年学生爱国主义表达的变化轨迹》，载《中国青年研究》，2009 年第 1 期。

吴祚来：《通向公民社会的梯子》，华龄出版社 2010 年版。

徐赳赳：《现代汉语篇章语言学》，商务印书馆 2010 年版。

徐友渔等:《语言与哲学》,三联书店1996年版。

雅克·里纳尔:《小说的政治阅读》(1973/2000),杨令飞,吴延晖译,湖南文艺出版社。

应奇:《从自由主义到后自由主义》,三联书店2003年版。

于晖:《语篇体裁概念之理论溯源》,见常晨光、陈瑜敏编:《功能语境研究》,外语教学与研究出版社2011年版。

张波:《全球化背景下中国传统文化境遇》,载《中国市场》,2008年第7期。

张德禄:《语类研究理论框架探索》,见常晨光、陈瑜敏编:《功能语境研究》,外语教学与研究出版社2011年版。

张建一:《现代国家认同与国家权力合法性分析》,载《东南学术》,2008年第2期。

张伟栋:《李泽厚与八十年代的文化逻辑》,载《文艺争鸣》,2010年第9期。

张希平:《中国现代学术转型的德国背景》,载《读书》,2009年第1期。

张煜:《语域与交际》,载《青岛化工学院学报(社会科学版)》,2001年第4期。

赵元任(吕叔湘译):《汉语口语语法》,商务印书馆2001年版。

周昌忠:《西方现代语言哲学》,上海人民出版社1992年版。

朱德熙:《现代汉语语法研究的对象是什么?》,《朱德熙文集》(第3卷),商务印书馆1999年版。

朱永生、严永清:《系统功能语言学多维思考》,上海外语教育出版社2001年版。

朱永生:《语境动态研究》,北京大学出版社2005年版。

附　录

《中国体育报》1956 年至今登载
重要赛事后我国运动员获奖感言

1. 莱比锡第一届友军运动大会陈镜开打破最轻量级挺举世界纪录，"祖国人民在大跃进，我们也应该大跃进。我正是抱着大跃进的精神来参加这次盛会的。"并表示，在党和人民的培育之下，他完全有信心把我国的举重纪录进一步提高到世界巅峰。（1958.9.29 第一版）

2. 北京国际举重赛黄强辉挺举破世界纪录，"在党的培养下，在全国大跃进形势的鼓舞下，我还要创造更好的成绩，我还要向挺举 160 公斤进军。"（1958.12.1 第四版）

3. 穆祥雄打破百米蛙泳世界纪录，"胜利归功于党！有党的鼓舞教育，我有信心创造更好的成绩，像全运会献礼。"（1958.12.22 第一版）

4. 邱钟惠获得第 26 届世界乒乓球锦标赛女子单打冠军，"今天我们能够实现为国争光的愿望，完全是集体的力量。我们绝不自满，决不懈怠，今后要更好地加强与各国运动员的团结，友谊，虚心地向他们学习，不断提高。"（1961.4.15 第二版）

5. 庄则栋获得第 26 届世界乒乓球锦标赛男子单打冠军，"我这次能够获得男子单打世界冠军，是由于祖国人民和党，对我们年轻一代教导和培育的结果，是我国大跃进形势鼓舞的结果，是集体帮助的结果。我的成就来自集体，我的光荣应该归于祖国。没有祖国，没有集体，就不会有我今

天的胜利。"（1961. 4. 17 第一版）

6. 赵素霞女子 50 米单轮射箭比赛打破世界纪录，"这是党的教育培养和冬季刻苦训练的结果。"（1961. 6. 8 第一版）

7. 世界速滑锦标赛罗致焕获男子 1500 米世界冠军，"比赛前就做了充分的思想准备，一定要为祖国的荣誉创造优异的成绩。"王金玉获得男子全能第五名，"为了国家的荣誉，我在各项比赛中都竭尽全力，争取优胜。成绩的取得，主要归功于党和人民。"（1963. 3. 4 第一版）

8. 布拉格 27 届世界乒乓球锦标赛，张燮林获得男子双打冠军，"我在这次锦标赛中能够获得一些成绩，是由于我学习了我国优秀运动员的一些好的打法，同志们给了我很多帮助。"（1963. 4. 29 第三版）

9. 同时双打冠军王志良，"我的技术来自集体，光荣应归功于党，归功于集体，我个人只是一个代表罢了。"（1963. 5. 6 第一版）

10. 全国速滑锦标赛，王淑媛破女子三千米速滑全国纪录，"比赛就是为了检查平时的训练过硬不过硬。人家黑龙江游泳选手李丽芬新年在北京两年打破三项全国纪录，难道我遇到点困难就顶不住了吗？"（1965. 1. 06 第四版）

11. 陈满林以 117 公斤的成绩刷新最轻量级推举世界记录，"现在不同了，在革命化中，明确了练举重也是为了革命，尤其是学习了《关于如何打乒乓球》一文，懂得了为谁打球的道理，劲头特别大，信心特别足。"（1965. 3. 01 第四版）

12. 庄则栋获得 1965 年第 28 届世界乒乓球锦标赛男子单打冠军，"我不过是代表集体去领奖的，陪我们练习的同志才是走在世界冠军前面的人。"（1965. 3. 3 第二版）

13. 28 届世界乒乓球锦标赛女子团体冠军，林慧卿，"我感到毛主席指示我们看问题要一分为二，这个革命的辩证法太重要了。我们懂得了一定要长自己的志气，正确地分析对方。这次决赛我们的对手是世界冠军，但我们用一分为二的方法，全面地看对方和自己的优缺点，破处了迷信，增强了信心。"（1965. 4. 23 第二版）

14. 庄则栋，单打冠军，"党的教育和培养"；林慧卿单打亚军，"祖

国和人民的栽培";在同外国选手的战斗中保持不败纪录的李富荣,"这是集体的力量"。(1965.4.30 第三版)

15. 叶浩波打破最轻量级抓举世界记录,"这次再破世界纪录是党的正确领导和祖国人民的关怀和集体力量支持的结果,功劳应归于党和集体。自从学习了徐寅生同志的讲话以后,使我懂得了一个运动员必须走又红又专的革命化道路。如果只专不红就会一事无成。今后我要更加努力地学习毛主席著作,沿着又红又专的革命化道路前进。"(1965.5.24 第四版)

16. 萧明祥在第二届全运会次轻量级居中比赛中,创造了挺举 153 公斤的世界纪录。赛后,对记者说"去年当美国人伯格打破陈镜开的世界纪录后,陈镜开,季发元和我都同心协力誓要夺回这个纪录,为祖国争光,训练中,我们相互学习,彼此帮助,技术上都有了提高。我今天能打破世界纪录是同党的培养,教练员的努力和战友们的帮助分不开的。我还要努力争取创造更好的成绩。"(1965.9.14 增刊第一版)

17. 宋云臧获得女子跳板跳水冠军,赛后对记者说"其实我获得冠军是与同志们对我的帮助分不开的。"(1965.9.14 增刊第一版)

18. 西藏射箭队珞巴族运动员达嘎,在全运会射箭比赛中,获得了男子双轮全能第四名和 30 米双轮第一名。赛后有人问为什么进步这么快,他说"这要感谢党的培养,感谢金珠玛米(藏语,解放军)的帮助。"(1965.9.17 第二版)

19. 王人智在第二届全运会获得女子跳台跳水冠军,"我有什么好谈呢?成绩不是我个人的,是大家的。我只不过代表大家去跳。"(1965.9.18 增刊第二版)

20. 周培钰获得第二届全运会 200 米亚军,"领奖时,我很激动,再次深深体会到,力量来源于党的教育和集体的帮助。只要我们真正听党的话,按毛主席的指示办事,就一定能取得胜利。"(1965.9.18 增刊第三版)

21. 徐惠敏在第二届全运会上打破一项射击世界纪录,"荣誉归于党,归于祖国。今后我一定要遵循毛主席的'虚心使人进步,骄傲使人落后'的教导,继续从难,从严,从实战需要出发,苦练杀敌过硬本领,保卫祖国,努力创造更好的成绩。"(1965.9.19 增刊第一版)

22. 韩昌瑞，林峰，赵元春，董富，在第二届全运会上，打破两项射击世界纪录，赛后，韩昌瑞说"我们四个人来自祖国四方，在毛泽东思想的抚育下，团结友爱，合作战斗，终于取得了今天这样的好成绩，我们绝不满足已有的成绩。今后还要继续听党的话，听毛主席的话，努力学习毛主席著作，加倍努力练习枪法，争取打出更高的水平，为祖国争得更多更大的荣誉。"（1965.9.22 第一版）

23. 蒋绍毅第二届全运会体操全能亚军，"我心想，我能在短短几年的时间内，从一个不懂事的小女孩成长为具有一定技术水平的体操运动员，党和领导对我花费了多少心血，教练为我付出了多么艰辛的劳动，同伴们为了使我更快进步，是那样热心诚恳地帮助我……"（1965.10.11 第三版）

24. 陈家全在第二届全运会十秒跑完百米平世界纪录，"这个成绩的取得应该归功于伟大的党，伟大的祖国，伟大的人民。"（1965.10.25 第一版）

25. 举重比赛中季发元次轻量级挺举 153.5 公斤，打破世界纪录。他说"这是第一次胜利，也是刚刚开始，今后还要举起更高的分量，为祖国争取更大的荣誉。"（1966.3.14 第四版）

26. 全国第三届运动会，董湘毅女子小口径标准手枪打破世界纪录，牢记毛主席教导，"中国人民有志气，有能力，一定要在不远的将来，赶上和超过世界先进水平。"（1975.5.23 第三版）

27. 中国女子篮球队获亚洲女篮锦标赛冠军，"今后一定要发扬成绩，不断进步，为促进我国篮球运动的发展，为更好地贯彻执行毛主席的体育路线做出自己的贡献。"侯加昌获第四届羽毛球亚锦赛男子单打冠军，"我能打赢这场球，是因为发挥了集体智慧，也是和朋友们的鼓励分不开的。"（1976.11.15 第四版）

28. 庾耀东在香港第二届亚洲羽毛球邀请锦标赛男子单打比赛勇胜世界羽毛球名将林水镜（印尼），赛后，他说"自从以华主席为首的党中央一举粉碎了'四人帮'后，全体中国运动员都思想大解放，干劲十足，决心把'四人帮'在体育战线干扰破坏造成的损失夺回来，决心为社会主义祖国争光，为华主席争光。"他还说，"在同志们的共同努力下，我虽然打败了林水镜，但从中学到了他许多优良的球艺，比赛的胜负只是暂时的，友谊才是长存的。我决心为亚洲各国运动员和人民之间的友谊，为促进亚洲羽毛球运动的发展贡献自己的一份力量。"（1977. 2. 25 第四版）

29. 蔡福强在全国举重比赛中三破世界纪录，"我的成绩与世界水平相比还有很大的差距，离党和人民的要求还差得很远。"（1977. 6. 13 第三版）

30. 栾菊杰在世界青年击剑锦标赛获女子花剑亚军，"我的进步和成绩都是在党组织培养和集体的帮助下取得的，荣誉应归功于党，归功于集体，我个人只能把它当作继续前进的新起点，这只是万里长征的第一步。"（1978. 4. 19 第一版）

31. 吴数德在全国举重比赛上打破 52 公斤级抓举青少年世界纪录，"我还要继续努力，向新的高峰攀登，为社会主义祖国争光。"（1978. 10. 9 第一版）

32. 栾菊杰第八届亚运会获得女子花剑个人赛冠军，"我得了冠军，很高兴。这是党和集体培养帮助的结果。但亚洲的击剑水平还不很高，我目前的水平同世界先进水平差得很远，今后要继续努力，为祖国争取更大荣誉。"（1978. 12. 18 第二版）

33. 苏之勃在第八届亚运会射击比赛中，蝉联亚运会十米自选手枪 60 发个人冠军，并打破亚运会纪录。他对记者说："射击最要紧的是按正确动作概念，集中精力打好每一发子弹。不要被环数所束缚，环数的基础在动作。"（1979. 1 . 8 第四版）

34. 高庆在第四届全军运动会破女子小口径标准手枪慢加速射世界纪录，"这点成绩算不了什么，只不过是新长征中刚刚迈出的第一步。我决心继续努力，向着新的高峰前进。"（1979. 5. 11 第一版）

35. 陈伟强在中法两国举重达标赛，打破了成年组挺举世界纪录，"这次破世界纪录，仅仅是我作为一个成年运动员的开始，我还要继续努力，为祖国体育事业作出新的贡献。"（1979. 6. 11 第一版）

36. 赵伟昌荣获第四届全运会全能冠军，"成绩归功于党的培养，教练的帮助。这些年党给了我很多荣誉，但自己给党和人民的太少了。我一定要加倍努力，把自己的光和热献给体育事业。"（1979. 7. 25 第二版）

37. 徐丽桥在日本博登国际女子网球赛中与陈娟合作获得双打冠军，"日本的比赛，还不是世界一流的强手的较量。世界上一些著名运动员的比赛适应能力很强，敢打敢拼，关键时顶得住，这一点正是我们中国运动员的不足之处。现在网球在世界上影响较大，重大比赛一个接一个，各国朋友也都欢迎我们去，我们一定要加紧训练，迅速提高技术水平。"（1979.11.26 第四版）

38. 金东翔在北京国际射击邀请赛获得男子小口径自选步枪 60 发卧射比赛冠军，"这算不了什么，还没达到世界纪录哩!"（1980.5.16 第一版）

39. 姚景远在国际举重友好邀请赛 67.5 公斤级挺举比赛中独得三个金牌，挺举和总成绩两项都打破了亚洲纪录。他说："我要继续努力，争取在即将举行的夏威夷国际举重比赛中，为祖国创造更好的成绩。"（1980.10.15 第一版）

40. 第 36 届世界乒乓球锦标赛中国男女乒乓球队双获团体冠军，男队员谢赛克，"两年的苦战，我们终于夺回了男子团体冠军。此时此刻，我们分外想念在国内陪我们练球，给我们出点子，使我们适应匈牙利选手打法的那些伙伴们。成绩应该归功于那些第二线的无名英雄，归功于全队的同志。"女队员齐宝香，"我们是代表着十亿人民的心愿来这里参加比赛的。一定要保持住祖国的荣誉。以最佳的精神打出最好的水平。"（1981.4.22 第一版）

41. 第 36 届世界乒乓球锦标赛郭跃华获得男子单打冠军和男子双打冠军，"荣誉应该属于大家，属于那些用心血和汗水把我们扶上冠军宝座的无名英雄。"童玲获得女子单打冠军和女子双打亚军，"我争取不做昙花一现的人物。今后的路更长，胆子更重，党和人民对我的要求也更高，我要以更大的努力，像更高的目标进军。"谢赛克获男子双打亚军，"我的技术还很不成熟，我要认真总结经验，从现在开始，准备 37 届。"（1981.5.1 第一版）

42. 童玲在第 36 届世界乒乓球锦标赛上获得女子单打冠军，"我获得冠军，是集体的功劳，没有他们，我不会有今天哩。"（1981.6.1 第二版）

43. 朱建华在东京第四届亚洲田径赛打破亚洲跳高纪录，"我今后要学习的东西还很多，最后，我未能越过 2.33 米的高度，真感到遗憾。今后，我要尽快跳过 2.33 米，力争能在 1984 年奥运会进入男子跳高的前三名，为祖国和亚洲人民争光。"（1981.6.8 第一版）

44. 邹振先在第十一届世界大学生运动会获得三级跳远冠军，"我为自己创造的成绩感到高兴，但是我还要继续努力，争取更大进步。"（1981.7.24 第一版）

45. 陈肖霞在第十一届世界大学生运动会获十米跳台跳水冠军，"我们还要学习外国运动员的长处，不断提高自己的水平。摆在我们面前的任务还很重，今年的全国跳水比赛，明年的亚运会，世界跳水锦标赛在等待着我们。我们决不能放松训练。"（1981.7.29 第一版）

46. 栾菊杰获第 36 届世界击剑锦标赛女子花剑亚军，"我特别希望能争取到荣誉，因为我要把这荣誉献给我的祖国——正在振兴着的祖国。"（1981.8.14 第一版）

47. 章会芬在全国田径锦标赛上打破女子四百米栏亚洲纪录，"我今年已 24 岁，在运动生命中所剩年头不多了，我力争在 1984 年前，早日达到 58 秒 5 的奋斗目标。"（1981.9.21 第一版）

48. 第 42 届世界飞碟射击锦标赛中国队获团体冠军，阎翠青说："取得的成绩，是和教练的培养，同志的帮助分不开的，今后还应该找差距，向更高目标冲击。"（1981.10.30 第一版）

49. 中国队荣获第三届世界杯女子排球赛冠军，孙晋芳获本届比赛最佳运动员，优秀运动员和优秀二传手，"我被评为最佳运动员，感到意外。""我认为世界各强队中好多选手都比我强。"郎平获优秀运动员奖，"排球是集体项目，中国队所以能取得胜利，这是全体队员努力的结果。"（1981.11.17 第一版）

50. 女排运动员们归来谈，郎平："这次我们夺得世界冠军，不能说我们在各方面都十全十美了。比赛经验，技术和作风，我们都需要向世界排坛优秀运动员学习。我们不能总是陶醉在欢呼声中。一定要看清形势，认真总结，继续发扬艰苦奋斗的作风，在明年的世界锦标赛中争取更好的成绩。"周晓兰："登上领奖台，我的热泪直往下流，实在难以控制。从团长，领队，教练到每一个队员，还有爱国华侨，留学生都哭了。这是祖国的荣誉，几辈排球队员的愿望，走下领奖台，我还去感谢为我精心治疗脚伤的田永福大夫，他哭了。我们是一个战斗的集体，今后还要继续战斗下去。"朱玲，梁艳："夺取冠军不容易，保持冠军更难。我们都是年轻队员，今后的道路更长更艰巨。我们一定要苦练基本功，把技术练得更精，保持荣誉夺取新胜利。"（1981.11.20 第一版）

51. 冯大伟在全国游泳锦标赛上打破自己创造的亚洲纪录，"党和人民要求我们的不仅仅是在国内比赛中创纪录，更需要我们游泳项目在亚运会上夺金牌。我要咬咬牙，再拼一拼，争取新突破。"（1982.9.8 第一版）

52. 第九届世界女子排球锦标赛中国队获冠军，队员孙晋芳："这次拿了冠军，我们当然很高兴，我们没有辜负党和人民对我们的期望。今年我们是在特殊困难的情况下，冲出重围才取得冠军的。我们这个队伍，经过几年的磨练，是经得起摔打的。拿了冠军后，还要像没拿冠军一样去拼。"陈招娣说："这次我们靠自己艰苦奋斗拿了冠军。一年来的辛苦没有白费。输给美国之后吃不香，睡不好。崎岖道路总算走过来了，冠军是来之不易啊！尤其是第二阶段的比赛，我们必须一分一分地算，一局一局地打。如果一个队没有好的作风，好的技术，像第二阶段的球真是没办法打的。"梁艳，杨锡兰说："这次冠军真是得来不容易，今后的担子更重了，要靠我们年轻的队伍去顶啊！"（1982.9.27 第四版）

53. 李宁在世界杯体操赛上获男子全能冠军，"这次能取得这样的成绩，与领导、教练和同志们的帮助是分不开的。今后的任务还很重，要加倍努力，准备迎接明年的世界体操锦标赛和后年的奥运会。"（1982.10.29 第一版）

54. 叶炳来、王德平在第九届亚运会获双人单桨无舵手划船比赛冠军，叶炳来说："我曾多次参加双人单桨无舵手的比赛，感到这次引航道最直，小王越划越好，速度和力量和我很一致。虽然日本队和我们一直咬得很紧，我们还是胜利了。"（1982.11.28 第四版）

55. 廖文芬在第九届亚运会女子获跳远金牌，并打破亚运会纪录，"当时我看见印度观众为他们的选手鼓掌，我也激动起来了。看我的，我一定要胜。当我心血沸腾，整个神经都兴奋起来的时候，我又冷静地想了一下动作要领，终于跳出了好成绩。"（1982.11.29 第一版）

56. 李孔政在第九届亚运会获男子跳板跳水冠军，"最后一个107 丙，我感到从来没有跳得这么好，这是队友超过自己后促进我发挥更高水平的。"（1982.11.30 第一版）

57. 朱建华获第九届亚运会男子跳高冠军，并打破亚洲纪录，"今天，我是要冲击2.37 米的，因为太激动了，没有跳过去。三次试跳，第一次发挥得比较好。我相信，我能在不久的将来征服这个高度。"（1982.12.2 第一版）

58. 楼云获得第九届亚运会跳马冠军，"我的成长全靠党和人民的教育，靠母校的师生给我打下了坚实的基础。"（1982.12.17 第一版）

59. 刘群获第九届亚运会单人双桨赛艇冠军，"这小小的成绩，应该属于大家的团结奋斗，归功于党的教育和培养。"（1983.1.5 第四版）

60. 韩爱萍在横滨举行的尤尼斯杯女子羽毛球赛上获单打冠军，"我虽然这次取得了冠军，但只是个起点。今后的路还很长，我的后场防守和击球的一些动作都不够好，还必须加倍锻炼。目前，咱们国家新手辈出，运动员淘汰的周期缩短，要为祖国争光，不努力是不行的。""形势催人啊，你说是不是?"（1983.1.26 第四版）

61. 戴丽丽、沈剑平获得第三十七届世乒赛女子双打冠军，"冠军只能说明过去，新的高峰还在等待着我们去攀登。我们决心向张海迪同志那样，高标准，严要求，更好地苦练，从零开始，团结协力，为夺取新的胜利再作贡献。"（1983.5.23 第四版）

62. 参观《振兴中华——全国体育成就展览》后，全国技巧混合双人冠军俞萍说："成绩只能说明过去，今后我还要更加努力。"第37 届世乒赛女子单打冠军曹燕华说："荣誉是属于祖国和人民的，功劳应归于党。"（1983.9.12 第一版）

63. 邱亚帝在中法潜泳友谊赛上获50 米屏气潜泳，100 米蹼泳，200 米蹼泳三枚金牌，"我还年轻，路还长，我要继续拼搏，向新的世界纪录冲击!"（1983.10.19 第一版）

64. 奥运会陈伟强获 60 公斤举重冠军，同台竞争的台北运动员获季军。陈说，"我们都是炎黄子孙，来自一个国家。我们能为中华民族争光，并同时获得奖牌而高兴。"（1984.8.2 第一版）

65. 李宁获得奥运体操三枚金牌，"我们尽了最大努力，报答祖国人民，十亿人民会和我们一样欢笑的。"（1984.8.6 第一版）

66. 中国女排奥运夺冠，队员杨锡兰，"今天比赛结束的时候，我们激动得流了泪。这是因为我们全队熬过了新老交替后的极其困难的事情，今后还要继续努力。"郎平说，"今天我们能够打败美国队，这与赛前领队、教练给我们做思想工作分不开。四天前输给美国女排之后，我们大家都感到有点惋惜，而领队、教练却没有责备我们。而是冷静地给我们分析战局，使我们增强了信心。所以今天的比赛能够保持旺盛的斗志，技术发挥比较正常。我们的一传技术比那天稳定，各种进攻套路就能施展出来了。"（1984.8.9 第一版）

67. 奥运健儿飞回来了，女排队员说，"光荣属于祖国、人民和集体。"李宁说，"我拿的金牌，应该给教练一半。"跳水冠军周继红说，"还要笑着去迎接将来的路。"射击冠军吴小旋，"我还没有想到退，还要继续打下去。"栾菊杰，"是零的突破，还要从零开始。"（1984.8.15 第一版）

68. 张树斌获第 12 届世界大学生运动会男子单人花样滑冰金牌，"我能为祖国争光感到很高兴。我的进步和所取得的成绩是党的教育和教练辛勤培养的结果。我要认真汲取其他国家选手的长处，更加认真地训练，为提高我国花样滑冰的水平而努力。"（1985.2.27 第一版）

69. 江加良在第 38 届世乒赛获男子单打世界冠军，"荣誉属于祖国和人民，我只会打乒乓球，别的都不行。"（1985.12.13 第四版）

70. 郑美珠在第四届排球世界杯获优秀运动员奖，"我真没有想到我会获奖。当时我心情非常激动，眼泪差一点夺眶而出。"1985.12.13 第四版）

71. 姜绍洪在首届亚洲冬运会破竞走亚洲纪录，"力争在明年全运会上再创新纪录。"（1986.3.10 第四版）

72. 中国男子羽毛球队获得汤姆斯杯羽毛球赛冠军，韩健（队员）说："我这次可能是参加最后一届团体大赛了，自己没有打好，感到遗憾。不

过，我也很高兴，因为我们的新手冲上来了，他们经过努力拼搏，终于尝到了世界冠军的滋味。"（1985.5.9 第一版）

73. 第六届世界女垒锦标赛中国队获得亚军，李红（队员）说："我们女垒队员吃了很多苦，但和老山的英雄比起来，我们还差得远呢。我觉得，人的一生是宝贵的，但运动生命很短，应该十分珍惜自己的运动生涯，为国家献出青春。""要出成绩就得拼搏，想得多大成绩就得付出多大的代价。"（1985.5.9 第三版）

74. 许志强获第七届世界杯体操赛男子双杠冠军，"这块金牌太不易了！"（1986.9.3 第一版）

75. 张玉萍获第十届亚运会女子跳板跳水冠军，"李巧贤是我的大姐姐，平时我俩的水平差不多。今天我们都这样想，不管谁拿金牌，都是属于中国的，因而只希望跳出高水平，为祖国争取荣誉。"（1986.9.24 第四版）

76. 黄群在第十届亚运会获女子团体冠军，高低杠金牌，平衡木银牌，"王教练，您为我的平衡木训练花费了很多心血，我早就想在国际比赛中得一块金牌送给您，这次平衡木我发挥得很好，但由于各种原因依然没有实现这一愿望，但我有信心将来一定要拿一块金牌。"（1986.11.8 第一版）

77. 朱玉青在田径世锦赛获七项全能冠军，创亚洲新纪录，"我很满意自己取得的名次，因为我尽了自己最大的努力。"（1987.9.4 第一版）

78. 李琰在第15届冬季奥运会获女子段跑道1000米，1500米双向冠军并都打破世界纪录，"没想到，真没想到！我就是一直拼命地滑。我真是太累了。"（1988.2.27 第一版）

79. 中国羽毛球队获得汤姆斯杯和尤伯杯世界羽毛球团体赛双冠军，运动员代表杨阳说："我们今后一定要刻苦训练，为祖国，为人民多争荣誉。"（1988.6.10 第一版）

80. 第二十四届奥运会许艳霞在女子跳台跳水比赛中获得冠军，"预赛时我只得第三，主要是两个动作没跳好，但我并不着急，我相信自己的实力，只要把自己平时的水平发挥出来就能得冠军。我的动作难度不如别人高，所以我就在美和稳上下功夫，现在看来，这条路子走对了，我很高

兴。"（1988.9.19 第一版）

81. 邢芬在第二届世界女子举重锦标赛女子 44 公斤级比赛中，以三破世界纪录的战绩获该级所有三枚金牌，"我还要举得更多。"（1988.12.3 第一版）

82. 世界短跑道速度滑冰锦标赛郭洪茹获女子 3000 米比赛金牌，"我今天感觉体力不错，想着还是要拼一下，争取拼出个冠军来。"（1989.4.11 第一版）

83. 梁军获得世界运动会男子蹼泳冠军，"明年世界锦标赛我要在中，短距离都有突破，一定要破世界纪录!"（1989.8.15 第一版）

84. 黄志红在第五届世界杯田径赛获女子铅球冠军，"我对自己今天的表现还满意。"（1989.9.11 第一版）

85. 中国队在第七届女子 15 公里世界锦标赛中获得团体冠军，四位姑娘说："可惜不是奥运会!"（1989.10.5 第一版）

86. 刘寿斌获得第十届世界杯举重赛冠军，"谢谢你们的祝贺，荣誉应归于我的教练赵庆奎和我的祖国。"（1989.10.31 第一版）

87. 李春阳获得第 25 届世界体操锦标赛单杠冠军，"没有教练的狠逼和自我牺牲精神，那些高难动作对我来说只能是纸上谈兵。"（1989.11.13 第一版）

88. 贺铸红获得第一届亚洲蹼泳锦标赛冠军，"我妈说到我心坎上了，她说，'这次得了 3 个亚洲冠军，可千万不要感到轻飘飘的，这是你的一个新起点，要更上一层楼。这层楼，就是要好成绩，破纪录，要当破纪录的冠军!'"（1989.11.30 第一版）

89. 中国女队夺得尤伯杯，队员周蕾对记者说："第一次参加尤伯杯赛，能够取胜，我很激动，夺杯是我盼望已久的。名古屋预赛未打好，我对自己说，家里练得那么苦，不就是为了来这夺杯的吗? 决赛时一定要拼，不能有一点松懈。"姑娘们说："我们通过自己的奋斗，把奖杯保存下来，实现了四连冠的凤愿。这是祖国的荣誉，民族的骄傲。"（1990.6.4 第一版）

90. 安秉均获第十一届亚运会男子气步枪个人金牌，"我只是想打好，把金牌夺回来。另外我平时睡觉前和训练之前都做30分钟的气功，这对我心理素质的提高起了重要的作用，这也是我今天获胜的原因之一。""今天的成绩并不好，比我平时训练成绩差很多，今天只不过是柳田胜打得更差……"（1990.9.27第二版）

91. 王丽娜获第十一届亚运会女子气手枪40发的冠军，"我已取得了巴塞罗那奥运会的入场券，我相信到时候自己不会白跑一趟。"（1990.9.30第一版）

92. 张景龙获第十一届亚运会男子铁饼冠军，"我今天发挥正常，5次试投都超过58米50的亚运会纪录。特别是第4投，投出了61米18逼近亚洲纪录的成绩，这是我参加国际比赛最好的一次，我较满意，但还有一点遗憾，差那么一点点没破亚洲纪录！"陈尊荣获第十一届亚运会男子跳远冠军，"我的愿望实现了！"（1990.10.2第四版）

93. 刘华金获第十一届亚运会女子100米跨栏冠军，打破亚洲纪录，"从我练跨栏时起，就有两个心愿：一是夺亚运金牌，二是破亚洲纪录。现在我心愿已了。今年我三十岁了，我要退役了。"（1990.10.5第四版）

94. 第十一届亚运会中国队获得女子花剑团体冠军，队员鄂杰，赛后说："一切都归功于全队的努力，而我个人只是尽了所能尽的义务。"（1990.10.16第三版）

95. 黎叶梅获北京国际马拉松赛女子冠军，"1986年，我第二次参加马拉松赛，在上海跑休克了。躺在医院里，我哭了，担心自己今后不能再跑马拉松了。没想到教练给了我鼓励，说只要用这种精神跑，再加上注意用头脑，肯定会跑出来的。这次赛前，我感冒很重，一个星期没好，跑的途中我很难受，但我咬牙顶下来了"，她最后说："我的目标是赶超赵友凤，力争跑向巴塞罗那。"（1990.10.22第一版）

96. 张坚卫是北京亚运会中国男排冠军的主要功臣之一，他说："当金牌一挂上我的脖子时，我就感到一切都过去了，对于我来说，只有通过艰苦训练和努力拼搏，才能创造新的成绩。"（1990.12.15第三版）

97. 伏明霞获第六届世界游泳锦标赛女子10米跳台冠军，她对记者说："我只想下一个动作，别的什么都不想。""拿了冠军，当然要笑。这枚金牌比友好运动会上的那块好。""我要拿奥运会金牌""正像有人写的那样：我的精神永不屈服，我的灵魂永远自由。我是马——"（1991. 1. 5第一版）

98. 林莉获第六届世界游泳锦标赛女子 400 米个人混合泳冠军，她说："我为这次世界游泳锦标赛做了艰苦的准备。"（1991. 1. 8 第一版）

99. 高敏获第六届世界游泳锦标赛女子 1 米跳板跳水冠军："我还不知道什么时候会退役，我只知道我干一天，就要尽自己最大的努力。"（1991. 1. 8 第一版）

100. 陈剑红获第六届世界游泳锦标赛男子 100 米蛙泳冠军，创造亚洲新纪录，"今天，几个好手都没有参赛，如果 100 米我能取得前 8 名，那么就比这块金牌还要值钱。"（1991. 1. 8 第一版）

101. 庄泳获第六届世界游泳锦标赛女子 100 米自由泳第三名，"我挺满意。"（1991. 1. 14 第一版）

102. 周忠革获北京亚运会男子跳高冠军，"实话讲，对我最大的吸引力是奥运会金牌。自我国参加奥运会以来迄今田径金牌无人问津。我要朝着奥运金牌、奖牌去奋斗。我当年选择跳高就是为了这一天。"（1991. 1. 23 第一版）

103. 隋新梅获西班牙举行的世界室内田径锦标赛女子铅球冠军，"这一次世界上的名将都去了，但是我比的时候没有一点压力。第一头砸了后，我一直落后，第五投，我认真地调整一下节奏，投出 20 米 54，拿下了冠军。这是我今年的第一场比赛，也是第一次参加这样高水平比赛，对这一成绩我基本满意，至少增强了我的信心。"（1991. 3. 15 第一版）

104. 邓亚萍获第 41 届世兵赛女单冠军，"我今天得了冠军自然高兴，但一想到团体失利，我心里仍然很难受。我马上就要去打双打四分之一决赛。要想弥补这次团体赛的损失，我今后必须夺取更多更好的成绩。"（1991. 5. 6 第一版）

105. 夏加平获世界大学生运动会男子网球单打冠军，"今天我虽然夺得了冠军，但不能说我就没有弱点和不足，技术上尚有许多需要改进的地方。"（1991. 7. 23 第一版）

106. 王惠珍获世界大学生运动会女子 200 米跑冠军，"我是中国人，为中国人在奥运会上拿一块田径金牌，是我的最终目标。"（1991.7.27 第一版）

107. 黄志红获世锦赛女子铅球冠军，"我现在获得的是世界田径锦标赛的金牌，我还想获得奥运会的金牌。"（1991.8.26 第一版）

108. 叶乔波获世界短距离速度滑冰锦标赛女子全能冠军，1000 米冠军，500 米亚军，"我想布莱尔该更强，今天获胜我很吃惊，但奥运会比赛更重要。"（1992.3.3 第一版）

109. 陈正斌获法国国际摔跤大赛 48 公斤级冠军，"今后我一定更加发奋图强，练出过硬本领，力争在巴塞罗那奥运会上打出好成绩，为祖国争光，为自由式摔跤打好翻身仗。"（1992.3.14 第二版）

110. 郭莎莎获四大洲艺术体操赛全能冠军，她充满自信地说："我要在奥运会上更好的发挥水平，力争让中国的艺术体操走上奥运领奖台。"（1992.5.11 第二版）

111. 庄泳获第 25 届奥运会女子 100 米自由泳冠军，打破奥运会纪录，"这是我一生中最开心、最难忘的时刻。我为这一刻付出了许多，失去了不少青春宝贵时光的享乐，换来了这一天，值得！由我来实现奥运史上中国游泳零的突破，我没想到，可觉得很光荣。"（1992.7.27 第一版）

112. 黄志红获第 25 届奥运会女子铅球亚军，"我对我的成绩感到满意。六投除一次犯规外，五次都在 20 米以上，这是我今年从未有过的。当然，亚军总不如冠军，不知大家会不会满意。""重压终于解除了。谢谢大家，谢谢关心我的所有朋友们！"（1992.8.8 第四版）

113. 钱红获第 25 届奥运会女子 100 米蝶泳冠军，"我不相信自己赢了，看了计时屏幕，还是不相信。要知道我是冠军，早就乐得蹦起来了！"（1992.8.25 第一版）

114. 杨文意获第 25 届奥运会女子 50 米自由泳冠军，打破世界纪录，"感谢陈指导。"（1992.9.22 第二版）

115. 李小双获第 25 届奥运会男子自由体操冠军，他激动地抱着大黄（黄玉斌）说："黄指导，咱没白练。"（1992.9.25 第二版）

116. 谭良德获第 25 届奥运会男子跳板跳水亚军，记者问："在奥运会决赛中，当你跳完最后一个动作，你在想什么？"他说："我想，这就是我七年跳水生涯的句号了……真遗憾，没有能拿到奥运会金牌！我不后悔，心理也很平衡。我尽力了，尽了最大的努力，运动员是讲点运气的……"（1992.10.8 第一版）

117. 李忠获国际军体理事会第 40 届男子军事五项锦标赛个人全能冠军，并和队友一起夺回了"戴布鲁斯"团体冠军杯，当他得知战胜班德拉时，兴奋地边跑边叫，"班德拉我报仇了……"对教练说："教练，我把冠军拿回来了！"便放声大哭。（1992.10.26 第二版）

118. 陈跃玲获第 25 届奥运会女子竞走冠军，"我当时差一点流泪了，让我憋回去了，我觉得自己付出那么多，该得这枚金牌，没啥。"（1993.2.19 第一版）

119. 王军霞获七运会女子马拉松冠军，"我不仅仅是奔第一来的。我的下一个目标是明年亚运会夺金牌，1996 年奥运会夺奖牌。"（1993.4.5 第一版）

120. 杨斌获首届东亚运男子举重 54 公斤级冠军，"杨斌，赛前你想不想拿冠军？""想啊！"他回答，"今天只是想发挥我的正常水平。林启升第一次抓举失败，对我并没有什么影响。对手没有什么可怕的！"（1993.5.11 第一版）

121. 乃慧芳获首届东亚运男子跳远冠军，"我非常感谢上海的观众，我的成绩有他们的功劳。"乃慧芳属鸡，东亚运吉祥物"东东"也是一只鸡，他说："本命年交好运，要谢谢'东东'！"在谈及第五跳助跑前，他闭眼口中念念有词是不是想破纪录时，他说："没有。不过，我认为自己有能力在明年亚运会上跳出 8 米 50 的成绩！"（1993.5.16 第一版）

122. 张丽荣、张林丽获首届东亚运女子 3000 米冠亚军，双双打破亚洲纪录。张丽荣赛后说："我对今天的意外成绩感到高兴，我们教练也没想到会跑出这个成绩。"（1993.5.17 第一版）

123. 王军霞获世界杯马拉松赛冠军，"我将这个胜利献给我的祖国，我期待这次胜利。为此，我进行了艰苦的训练，圣塞瓦斯蒂安是一个适于

跑马拉松赛得漂亮城市。"（1993.11.1 第一版）

124. 谈舒萍获世界跳水四强对抗赛女子跳台冠军，她兴奋不已："我从来没有跳得这么好过。"连声说自己"发挥了"。（1994.6.13 第一版）

125. 肖爱华获第 12 届亚运会女子个人花剑冠军，"这一刻我想起栾菊杰，当我还是个 13 岁小女孩时，我的同乡栾菊杰就获得了奥运会的金牌，可以说是栾菊杰无形之中，牵着我的手，引我走上了击剑生涯。"（1994.10.5 第二版）

126. 贺慈红获第 12 届亚运会女子 100 米仰泳冠军，"我现在伤病很多，不知道以后会怎样，但我很想参加奥运会，在亚特兰大再拿好成绩。"（1994.10.6 第二版）

127. 吕彬获第 12 届亚运会女子 200 米混合泳冠军，破世界纪录，"我真的很高兴。"（1994.10.8 第一版）

128. 李敬获第 12 届亚运会男子体操个人单杠冠军，"今天我又满意又有遗憾，满意的是终于拿了一枚单项金牌。遗憾的是我有实力拿 3 至 4 枚，还有望问鼎全能金牌，但只拿了团体和单项两枚。"黄华东获第 12 届亚运会男子体操个人鞍马冠军，他忙问记者，"这场比赛国内转播吗？"带着大会发的电话磁卡说"一会儿就给家里打电话，报告好消息。"比鞍马时，"我的顺序很差。""当时我挺紧张，但不能表露出来，比赛就得能承受这个压力。"李大双是第 12 届亚运会男子体操团体冠军一员，他说："我很高兴，为小双，也为自己。我认为自己并不比别人差。"问他为什么带着脚伤还要练，他回答："人要有一点毅力，就能办到其他人办不到的事。"（1994.10.8 增版第二版）

129. 陈肖霞获第八届亚运会女子十米跳台冠军，"我的目标是世界冠军！这不仅是我个人的愿望，也是我们跳水队员的口号。"（1994.10.8 增版第三版）

130. 占旭刚获第 12 届亚运会 70 公斤级男子举重冠军，"抓举和波萨迈达成平手时，并不紧张，因为自己训练时常常可以达到 150 公斤；挺举与金鹤凤都举起 180 公斤后，有些紧张。好在一切都过去了。"问他得金牌后想些什么，他说："太累了，想休息。"（1994.10.9 第三版）

131. 黄庚获第 12 届亚运会男子跳远冠军，"奥运会上夺牌；破亚洲纪录那是迟早的事。"（1994.10.12 第二版）

132. 崔文华获第 12 届亚运会男子举重 108 公斤级冠军，"我的目标是成为世界一流选手。"（1994.10.12 第三版）

133. 张林丽获第 12 届亚运会女子 3000 米冠军，"我对今天的成绩还是满意的，我实现了夺冠的目标。至于成绩不理想，是因为有伤。"（1994.10.13 第三版）

134. 毕忠获第 12 届亚运会男子链球冠军，"能投出七十二米二四的成绩，且把把都扔在七十米开外，我觉得自己基本发挥出了水平。但如果阿布杜瓦利耶夫来了，我也许会在与他较劲中发挥出更高的水平。"（1994.10.13 第三版）

135. 孙日鹏获第 12 届亚运会男子 3000 米障碍赛冠军，问孙日鹏今天在 2000 米时，被沙特选手超过时想的是什么？他说："拼死也要追上去，要不一年的汗水白流了。我就是冲着冠军去的，银牌与第八名对我来说都一样。也请你转告读者：我对破亚洲纪录也充满信心，也许就在明年。"（1994.10.15 第一版）

136. 王军霞获第 12 届亚运会女子万米冠军，"我按照教练的安排在前 7000 米跟日本选手跑，后面再超。如果今天我放开跑，成绩会好得多。"（1994.10.16 第一版）

137. 郭杏红获第 12 届亚运会自行车女子公路赛冠军，她兴冲冲地说："今天晚上和老公打电话，把好消息告诉他。"（1994.10.16 第二版）

138. 姚伟丽获第 12 届亚运会女子跳远冠军，她只有一个念头：将金牌挂在丈夫的脖子上。（1994.10.16 第二版）

139. 张连标获第 12 届亚运会男子标枪冠军，"前两天同在一个场地训练，他们（乌国选手）俩还给了我点厉害与颜色看。现在他们没脾气了吧。"今年之前参加的两次比赛成绩不是很好，他说："这两次比赛我都为保存实力，未用全劲。"他得意地说："赛前比赛'打埋伏'，只为亚运会孤注一掷。夺冠倒是想过，但能破自己的全国纪录确实没想到。"（1994.10.17 第一版）

140. 王选军获广岛亚运皮划艇冠军，"我能够为中国争得一丝荣誉，这与我家乡人民和父母对我的支持与鞭策分不开的。这是我第一次参加国际大赛，也是第一次夺得金牌，今后的路还很长，我决心花更大的心血为家乡父老夺得更多、更重的金牌!"（1994.11.12 第一版）

141. 张斌获广岛亚运会蝶泳冠军，"我得冠军很高兴，但是与世界水平相比，差距还很大。今后，我要尽量缩小与世界纪录的距离，我的目标是在世界泳坛为中国男选手谋得一席之地。"（1994.11.14 第一版）

142. 张菊华获广岛亚运会女子 54 公斤级举重冠军，"现在其他国家女子举重已经逐步成长起来了，拿冠军已不是很容易的事了，要想保持住你的优势，就必须从零开始。""能够为祖国争得荣誉，作出自己的贡献是我一生中最大的愿望，做为一名军人，我无愧于全军 300 万指战员的重托。"（1994.11.16 第三版）

143. 王春露获世界短距离速滑锦标赛女子 500 米、1000 米和接力赛三枚金牌，"我只感到有些遗憾，我国历史上还没有人获得过世锦赛全能冠军，我这一次以 1 分之差败给了韩国的金利卿。我现在的想法是，站在领奖台上时我是冠军，一下领奖台我就是以前的王春露了，一切从零开始，未来才是最重要的。"记者问：你能否谈谈当时夺冠时刻的感受？她说："这是我第一次参加世界大赛，比赛前，我没有想到会拿冠军，当 500 米第一个冲到终点时，我的确很激动，滑到跑道边与教练会意地击掌祝贺。当 1000 米冠军拿到时，我更激动，因为有机会拼全能冠军了，在这之前，我们对全能冠军虽然有想法，但总觉得距咱们还远。遗憾的是后两项没比好，1000 米第三，3000 米第六。看来，自己这次比赛暴露出的弱点不少，缺乏耐力是没能获胜的主要原因。我今年才 17 岁，技术上还不够稳定，今后就要练好成熟的技术和加强耐力方面的训练。"记者问："你这么小就拿了世界冠军，是否觉得自己很有运气?"她说："我是比较有运气，但成功不会降临给不用功的人。我想我的今天是靠运气加实力，而实力是靠艰苦和科学的训练得来的。我的运气嘛，主要是碰到了好的领导和教练。"（1995.3.29 第一版）

144. 第 43 届世兵赛中国男子团体冠军，队员丁松说："我自己觉得很圆满，中国队夺回了斯韦思林杯，我上场胜了卡尔松。男单比赛我把自己这条线守住了，没让塞弗，佩尔森冲上来。紧绷了十几天的弦现在终于松下来了。"（1995.5.14 第一版）

145. 叶钊颖获瑞典世羽赛女子单打冠军，"我这十一年终于没有白练"。"奥运会冠军是每一名选手都想获得的，我现在不能肯定会拿到，但我会尽最大的努力去争取。"（1995.5.29 第一版）

146. 唐灵生获亚洲举重锦标赛男子 59 公斤级冠军，打破亚洲纪录，"不是自吹，我说好不算好，但比赛时有多少劲都要使出来。这次的成绩我在训练中举过，其实也没什么。"他认为冲世界纪录当然不容易，但也不是"想都不敢想的事"，他说，"只要我的抓举、挺举都努力再上一点，说不定有戏。试一试呗，不试哪有成功。"（1995.7.5 第一版）

147. 黄志红获第五届世界田径锦标赛女子铅球亚军，记者问：拿银牌遗憾吗？她说："这就是体育啊，每次比赛只能有一个冠军，可是世界上也只有一个亚军，我还是世界上唯一一个第二名呢，哈哈哈。"（1995.8.7 第一版）

148. 曹英获第一届世界军人运动会女子运动手枪慢射冠军和队友一起获得团体金牌，"我的下一个目标是瞄准女子手枪速射冠军。"（1995.9.12 第一版）

149. 王军霞获亚锦赛女子万米冠军，"一个比赛孤零零的只有一两个人在跑，太冷清。在长春，参赛选手多，一会追上一个，跑起来有情绪。可今天自己一点也找不到兴奋的感觉。"（1995.9.22 第一版）

150. 占旭刚获第 26 届奥运会男子 70 公斤举重冠军，打破世界纪录，"我有了这个实力，该轮到我了。"（1996.7.25 第一版）

151. 李小双获奥运会男子体操全能冠军，"我不相信运气，相信实力。"（1996.7.26 第二版）

152. 李对红获奥运会女子 25 米运动手枪 10 发决赛冠军，"为我们的祖国夺取奥运会金牌，是我十多年的心愿。"（1996.7.28 第二版）

153. 王军霞获奥运会女子 5000 米竞走冠军，"我这个人命好，是个幸运儿，遇到了两个好教练，马（俊仁）指导帮我获得世锦赛冠军，毛指

导助我取得奥运会金牌，我要衷心感激他们。"（1996.7.30 第一版）

154. 莫慧兰获奥运会女子跳马亚军，"在团体赛中我比得不好，全能赛我尽力了，今天的跳马我非常幸运，明天的自由操我又是第八个出场，这对我来说，又是一次机会，也是一次考验！"（1996.7.30 第三版）

155. 王军霞获奥运会女子万米竞走亚军，"我对获得一枚金牌和一枚银牌感到非常满意。我要感谢培养了我的两位教练。"（1996.8.4 第一版）

156. 乔红获奥运会乒乓球女双冠军、女单亚军，"我打了 22 年球，付出了很多，也得到了回报，大家对我这么好，这是我最满足的。"（1996.8.19 第一版）

157. 刘国梁获奥运会乒乓球男单、男双冠军，"通过亚特兰大奥运会，我觉得自己在思想上成熟了一些了。尽管我这次拿了两个冠军，但是在今后的比赛中我仍要摆正自己的位置，绝不能有'保'的思想，只有敢打敢拼，才能取得更好的成绩。"

邓丽萍获奥运会乒乓球女单冠军，"4 年后我还能夺得这个冠军，太难了，我付出的太多了。""我们的胜利是集体主义的胜利。我的成功是中国乒乓球队这个光荣集体的又一次辉煌，是我们乒乓球界爱国主义，集体主义和革命英雄主义精神的又一次集中体现。我是代表集体、代表国家去迎接挑战的，所以，我的成绩首先应该归功于我们光荣的集体。"

葛菲、顾俊获羽毛球女双冠军，她们说："在亚特兰大，中国羽毛球队把所有的幸运给了我们，因此我们才能获得这枚奥运金牌。金牌虽然是由我们摘取，但它是中国羽毛球队全体教练与队员的功劳。"

中国女垒队战胜加拿大队，队员王丽红说："垒球是集体项目，队员间的配合固然重要，但在关键时刻的相互理解、相互鼓励更为可贵。在奥运会上每一场比赛都赢得非常艰难，队友们的这种合作精神是致胜的法宝。我当选了十球星，作为球星，我的力量来自队友们不断的鼓励。"

中国女排获亚军，队员崔咏梅说："我们女排不是六个人在场上打球，而是场上场下，身前背后无数人共同努力的结果。总之，通过奥运会，使我感受最深的一句话是：团结出战斗力。"

乔红获乒乓球女双冠军、女单亚军，"从亚特兰大回国后，人们见到我都提起我赢小山智丽那场比赛，很少说到我输给陈静这场球，我真诚地感谢大家对我的理解和支持，同时，我也深深地体会到，作为一名运动员，只要你尽了全力，无论成功还是失败，都会得到人们的尊重和爱戴。"

孔令辉获乒乓球男双冠军，"我们俩（刘国梁）把自己的位置摆得比较正，虽然我们俩单打技术都不错，但是双打起点比较低，只参加过全国比赛和国际比赛，奥运会是我们俩第一次参加世界大赛，每一场球我们都把自己放在'拼'对手的位置上，终于拼到了这块男双金牌。刘国梁在接下来的单打比赛中也越打越好，最后获得了男子单打冠军，作为好朋友，我从心里为他感到高兴。我们俩都很年轻，今后的路还长，我们将互相鼓励，共同努力，争取在今后的世界大赛中夺得更多的世界冠军。"（1996.8.26 第三版）

158. 蒋丞稷在奥运会男子百米蝶泳两破亚洲纪录，50 米自由泳两破亚洲纪录，"我能有今天，一半功劳要归于我的父亲，是他最早严厉地督导，逼着我每天去练游泳，才使我与水结下了难解之缘。"（1996.9.3 第一版）

159. 杨凌获奥运会男子 10 米移动靶决赛冠军，"一个运动员，为自己的祖国争得荣誉，是最幸福的。"（1996.9.7 第一版）

160. 李东华获第 26 奥运会男子体操单项鞍马冠军，"多年来，我太太全力支持我训练比赛，现在我成功了，不能再让她打工操劳，该我来报答她了。就算是我送给她的礼物吧。"（1996.9.16 第二版）

161. 中国乒乓球男队获第 44 届世兵赛团体冠军，队员王涛说："说实话，这次团体赛我心理压力比上届还大，上次我们不是冠军，去拼人家，又是主场作战，而现在我们整体实力比其他队高一点，又碰上了那么多强队。在正定基地训练时教练提醒过我，团体赛时可能让我打关键场次，所以我做好了挑重担的思想准备，技术发挥比以往大赛还要稳定。整个团体赛我认为自己打得最好的一场球是对瑞典队佩尔森，因为他发挥很好，我赢了这场球之后气儿上来了，信心特别足。这次比赛我打得比赛前预想的好一些，封闭训练和成都热身赛我状态不太好，临出国前一天球板坏了，临时换上了 43 届世兵赛时用的球板。但我一直相信自己能打好这次比赛，随着比赛的继续会一点点打出最佳状态来。这次世兵赛可能是我最后一次参加世界大赛，夺得男团冠军之后，我在单项比赛中还会尽力去打，男单、男双和混双都要全力以赴。"

刘国梁："回想起整个团体赛，我觉得自己压力最大的是对瑞典队那场球。我以前参加过两次团体赛，当时自己不是世界冠军，上场时主要以拼为主，打起来容易一些。男单决赛我在奥运会和世界杯上也打过两次。但是这次感觉不一样，中国运动员把团体赛看得特别重。怎么说轻装上阵，心里还是压力很大……在这种心理压力下能战胜盖亭，不仅为中国队夺得冠军尽了力，对我自己也是非常有意义的，今后在关键时刻会使我更相信自己。"

孔令辉："这次比赛我两场关键球都没打好，教练仍然很信任我，让我打头炮，我觉得很荣幸，也给了我很大的鼓励。这次我在决赛中拿了一分，觉得自己真正为中国队夺得团体冠军出了力。下面还有3个单项比赛，我要一场一场去拼了。"（1997.5.2 第一版）

162. 王国华获第二届东亚会男子 64 公斤级抓举冠军，打破自己创造的世界纪录，"我很高兴战胜了自己。"（1997.5.13 第一版）

163. 叶钊颖获第 10 届世界羽毛球锦标赛女单冠军，"比赛的胜负由自己掌握，想打好就能打好，想打不好就打不好。""我之前输给王莲香，那是因为思想情绪波动太大，心里老犯嘀咕。"（1997.6.5 第五版）

164. 崔文华获举重世锦赛男子 108 公斤级冠军，他说，这是他给欧洲选手的一个下马威，"我这么大个（身高 1 米 90），又这么瘦（比赛时体重 105.7 公斤），也能抓 195，敢抓 200！"（1997.12.20 第一版）

165. 陈露在 18 届长野冬奥会女子花样滑冰获得铜牌，"不管我能不能拿到奖牌，对我来说，最重要的是滑得更好，用自己的行动向所有人证明，我又回来了。这也许是我最后一次参加冬奥会了。"（1998.2.21 第一版）

166. 边艳英获英国摩托艇世锦赛季军，"给我一流的艇，我就能拿冠军。"（1998.6.9 第三版）

167. 梁小桥获 1999 年跳水世界杯赛女子三米板冠军，"我感到很意外，教练也是，因此，都很高兴。应该说我很幸运，有吴国村这样好的教练。八运会时，我还是 16 名，这次世界杯赛前，在全国比赛中，我都输给郭晶晶，两次都是第二名，全国比赛没拿冠军却拿了世界冠军。"（1999.1.28 第一版）

168. 大杨杨获第四届亚冬会短道速滑女子五百米冠军，她赛后说："枪响后，我心中只有一个念头，拼了！不能让韩国人跑到最前头，让她们输得没话说。"（1999.2.1 第一版）

169. 孙俊获羽毛球世锦赛男单冠军，他不加掩饰地说："我这回牛大了。这个冠军两年前就该我得，这次只不过是物归原主，当然这也是我两年来不懈努力的最好结果。参加了三届苏迪曼杯和世锦赛，我最高兴的就是每次都为中国队夺取佳绩尽了全力。常有人说我越到大赛越能发挥，我想这主要是因为我从不惧怕压力，压力越大，越能激发我的斗志。这次夺取世界冠军，使我对自己更充满信心，我要力争在明年奥运会上再有所作为。"（1999.5.26 第二版）

170. 王朔获加拿大艾德蒙多跆拳道世锦赛冠军，"我在场上拼搏，大家在场下拼命鼓劲，没有队友、教练的支持，没有中心领导的指教，我哪能有这样的成绩？"（1999.6.9 第一版）

171. 第三届女足世界杯中国女子获得亚军，孙雯（女足队长）说："这次比赛是我最难忘的一次经历，我从这次比赛中得到两个启示，一是只有强大才能受人尊重。在美国的二十多天里，中国女足无论走到哪儿，都会赢得人们的热烈欢迎。二是第一次感到全国人民的支持给予我们巨大的精神力量。对挪威的比赛时，我在上场前还有些紧张，但一到场上，看到国旗，听到国歌，心情就立刻平静下来了。无论走到何地，国旗永远在我心中。"（1999.7.13 第一版）

172. 占旭刚获举重亚锦赛 77 公斤挺举冠军，打破世界纪录，"这对我的信心是个很大的加强，我对奥运的取胜欲望又增添了几分。"（1999.9.3 第一版）

173. 李小鹏获天津世界体操锦标赛男子跳马冠军，"跳马我只是正常发挥了自己的水平，并没有想到会获得冠军。"（1999.10.18 第一版）

174. 凌洁获天津世界体操锦标赛女子平衡木冠军，"虽然是第一个出场，但对我的个人发挥没有什么影响，如果说有什么不利的地方，那就是裁判往往不容易给前面出场的运动员打高分，高低杠比赛中，如果霍尔金娜先于我出场，谁是冠军就很难说，还有她的名气也帮了忙。"（1999.10.18 第一版）

175. 唐琳获悉尼奥运会柔道女子78公斤级冠军，"感谢所有的人！感谢所有关心我的人！"（2000.9.22 第二版）

176. 丁美媛获悉尼奥运会女子举重75公斤以上级冠军，"我特别高兴，特别激动。我特别感谢祖国人民对我的关怀，感谢各级领导，各位教练与队员的帮助。没有他们，就没有我的今天。"（2000.9.23 第二版）

177. 王海滨、叶冲、董兆致获悉尼奥运会男子击剑团体赛亚军，王海滨说："我觉得是比较遗憾的。打到第二名应该很高兴，但是笑不出来，最高领奖台上是法国人，不是很舒服。"叶冲说："这是我最后一次参加奥运会，光从奖牌来看，还是可以的，但是从比赛的过程来看，特别是到了最后，感觉有一点儿遗憾。"董兆致说："我觉得我们应该是站在最高的领奖台上的，可惜……"（2000.9.25 第六版）

178. 刘璇获悉尼奥运会女子平衡木冠军，"还没想好以后怎么样，总之我觉得这枚金牌并不是我一个人所得到的，最关键的是里面包含着教练对我辛勤的付出，我们的付出也没有白费，至于以后有什么打算，还没来得及想，时间太短了。"李小鹏获悉尼奥运会男子双杠冠军，"太激动了，觉得自己付出了，得到了好的回报。"（2000.9.26 第六版）

179. 熊倪获悉尼奥运会男子跳水3米板冠军，"我现在要充分享受冠军的荣耀。这块金牌对我来说是最好的、最有价值的回报，远远超过我过去得到的一切。我这两年多来的辛苦和汗水没有白费。"（2000.9.27 第2版）

180. 王丽萍获悉尼奥运会女子20公里竞走冠军，"除了高兴之外，觉得这块金牌来得不容易，很多人流下汗水，包括领导，校领导，我的教练，队友，我的父母家人，我觉得我的成长离不开这些人的支持。"（2000.9.29 第六版）

181. 陈冲获悉尼奥运会女子+67公斤级跆拳道冠军，"取得这枚金牌最大的体会是离不开集体对我的帮助，没有集体，没有陪练，就没有我站在奥运的奖台上。没有领导让我参加这次比赛，我也没有机会拿到这枚金牌，我特别感谢他们。"（2000.10.2 第六版）

182. 张军获悉尼奥运会羽毛球混双冠军，"我感觉非常开心，是通过我和高崚，还有我们每个教练员的共同努力得来的，这是我们全队的光荣。"（2000.10.13 第五版）

183. 张军、高崚获羽毛球世锦赛混双冠军，高崚说："今天多亏张军在最后时刻稳得住。16 平时，他对我说，大不了就输，咱们拼了。"张军说："14 比 16 轮到我发球时，我想到奥运会半决赛因为我的失误，给高崚造成很大压力，这次我一定要稳一点，立一次功。"谈到冠军，高崚说："跟拿奥运冠军一样高兴，因为都是第一次，今后我们还要继续努力，而张军更不客气地说："冠军能拿多少拿多少，越多越好。"（2001.6.11 第一版）

184. 龚睿那获塞维利亚羽毛球世锦赛女单冠军，"看过电视转播的人都问我，站在领奖台上你怎么那么平静？真的，拿下最后一分后，我就"啊"地大喊了一声，喊完之后就完了，感觉一切又重新开始了。可能是所有的兴奋，激动都随着那一声大喊发泄了出来了吧。""我拿这个冠军跟我的教练和陪练以及一些外界朋友的帮助是分不开的，特别是我们的教练、陪练挺不容易的。"（2001.7.27 第四版）

185. 冯敬获比利时世界体操锦标赛男子个人全能冠军，"全能比赛进行到第四轮，我比完单杠才觉得自己有点儿希望了，所以比自由体操和鞍马之前，我很紧张，领队王童洁后来跟我说，她看到我当时脸色都不对了。还好，我顶住了，还真拿到了冠军，这是我赛前不敢想的事。"（2001.11.3 第一版）

186. 张毛毛获世界女子拳击锦标赛57公斤级冠军，"明年还有世锦赛呢，我就想蝉联冠军。其实，我现在最想最想的，是好好总结一下，虽然拿了冠军，总有缺点吧，再说，打完这一场，人家也知道你咋样了，人家进步，你不进步，还怎么打。"（2001.12.5 第一版）

187. 杨扬获第十九届盐湖城冬奥会短道速滑女子 500 米冠军，打破冬奥会纪录，"今天终于梦想成真了。在我上场前，全队都鼓励我，就像我们全队一起比赛。"王春露获同场比赛季军，打破冬奥会纪录，她说："现在是中国的新年，我们获得的金牌和铜牌是送给全国人民的最好礼物。"（2002.2.18 第一版）

188. 第十九届盐湖城冬奥会短道速滑女子 3000 米接力银牌，杨扬说："我们尽力了，我们是用心去滑的。虽然这个结果有点失望，但从四年前坚持到今天，拿到银牌，很不容易。四年，真的不容易。"王春露说："我很激动，八年的努力，四个人的团结，这块银牌非常有价值。"

孙丹丹倔强地把头一点："我们还是最好的。"

王佳军获盐湖城冬奥会短道速滑男子 1500 米银牌，"主要考虑到后面还有很强的竞争，所以我前边的比赛就要稳住，跟在后边就行。进决赛的都是世界上最好的选手，阿波罗，马克、加农，法比奥，都有可能得到金牌，谁都会去拼，所以竞争肯定很残酷。我能拿银牌很高兴，今天我滑得很好。"（2002.2.22 第一版）

189. 申雪、赵宏博获 2002 年世界花样滑冰锦标赛双人滑冠军，他们说："我们会继续比赛，我们要滑出更完美的节目。战胜自己，战胜所有对手！"（2002.3.22 第一版）

190. 高静获上海世界杯射击赛女子 10 米气步枪冠军，"赛前真没想到，这是意外的冠军。"（2002.4.23 第一版）

190. 单红在上海世界杯射击赛女子小口径运动步枪 3×20 比赛中获得冠军，"这是我半年来的最好成绩，拿到了金牌也让我打出了信心。"（2002.4.25 第一版）

191. 王义夫在上海世界杯射击赛男子 50 米自选手枪慢射 60 发比赛中获得冠军，"作为一名清华学生，能为中国取得一个奥运席位，我觉得很荣幸。"（2002.4.26 第一版）

192. 谭雪获世界击剑锦标赛女子佩剑冠军，"冠军是永远的追求，我没想到这次拿冠军。我很幸运。"（2002.8.28 第一版）

193. 中国女曲获曲棍球世界杯赛冠军，队员聂亚丽说："金教练带给我们很多，但最重要的是信心。金教练今天让我们明白了——我们是世界

上最好的队伍，我是世界上最好的门员。"（2002.9.6 第七版）

194. 李梅芳获昌原亚运会女子 24 公里个人计时赛冠军，"我对自己今天的表现并不满意，在爬坡的赛段中我只骑出二十公里的时速，这太慢了，而且今天在路面有改变时，我觉得自己的连接协调并不流畅。"（2002.10.1 第三版）

195. 刘禹获昌原亚运会男子 200 米自由泳冠军，"我只是牢记教练的话，要拼他们的最后 50 米。这枚金牌我几个月前就惦记上了。不过，没想到的是，自己的这枚金牌极大地鼓舞了全队的士气，成为中国队包揽全部金牌的转折点。"（2002.10.2 第二版）

196. 秦东亚获昌原亚运会柔道女子 70 公斤级冠军，"我用这枚金牌向祖国的生日献礼。"（2002.10.2 第三版）

197. 王义夫获昌原亚运会男子 50 米自选手枪慢射团体和个人两块金牌，"决赛时，我还是有些紧张。打得不理想。这主要是资格赛发挥不错，领先挺多，我就想打得更好一些，结果越想打好越着急。最后一枪竟打出 7.0 环。拿冠军我自然很开心，但这次我自己不光想拿冠军，还想通过亚运会，让自己在人生的道路上迈出更高的一步。"

赵颖慧获昌原亚运会女子 10 米气步枪个人冠军，并与队友合作刷新世界纪录夺得团体冠军，她兴奋地说："今天的比赛我打得还行，整个过程都掌握得不错。其实，我虽然年纪不大，可奥运会、世锦赛等大赛也参加了不少，这次也算是正常发挥。再说，失利了这么多次，也该让我正常发挥一次了。"问到悉尼奥运会失利是否影响了她的信心时，她说："自信心我一直都有，不管怎么说，我还是有一定水平的。比赛总会有胜有负，我发挥得好或发挥得坏其实都很正常。像今天的比赛，能进入前八名决赛的选手都很有实力，谁夺冠都正常。今天，我可能更幸运一点。"（2002.10.3 第二版）

198. 陶璐娜获昌原亚运会女子 10 米气手枪冠军，"虽然我非常渴望金牌，那种想法满天飞，但在资格赛时，我还是尽量克制住自己，冷静、耐心地一发一发去完成自己的动作，所以感觉资格赛发挥比较好。可到了决赛，一是觉得胜券在握，二是太渴望结果，毕竟亚运会金牌自己没拿过，所以开始有点紧张。"

谭宗亮获昌原亚运会男子十米气手枪冠军，他面对记者的第一句话竟是："置之死地而后生啊，我现在就是这种感觉。"（2002.10.4 第三版）

199. 谭雪获昌原亚运会女子团体佩剑金牌，"我感觉很高兴，因为在个人赛中没有发挥出自己的水平。当时由于比较轻敌，想的比较多，在赛后教练及时总结，自己及时调整过来，所以在团体赛中发挥不错。"（2002.10.7 第六版）

200. 孙迎杰获昌原亚运会女子 10000 米冠军，"我练长跑七年了，今天我严格按照教练的意图，拿到了冠军，我非常兴奋。""我要像王军霞一样拿奥运冠军。"

沈盛妃获昌原亚运会女子七项全能冠军，"能跟洪指导（洪延庆）练全能，虽然苦，但我觉得幸运。""他已经快 60 岁了，一身的病，我觉得今天不拿这块金牌对不起他。"（2002.10.9 第二版）

201. 李娜获昌原亚运会自行车女子争先赛冠军，拿了中国代表团的第 100 枚金牌，"太好了，我一定要让爸爸妈妈知道这个消息。我已经一年没有看到他们了。"（2002.10.9 第三版）

202. 杜丽获昌原亚运会女子 50 米运动步枪 3×20 冠军，"今天拿冠军挺意外的，比赛太紧张了。""今天我的状态特别好，加之我们这个项目有优势，所以资格赛时打得比较放松，基本发挥出正常水平，只是立射打得有点可惜。但决赛打成这样，我有点不满意。"（2002.10.9 第六版）

203. 刘翔获昌原亚运会男子 110 米跨栏冠军，"今天我本来可以跑得更快的，如果有一个真正的对手追我的话。""尝尝能轻松夺冠固然很高兴，但没有对手有时候真的很难受，如果有个对手老在一边给我压力，追我，甚至威胁我，我会更兴奋，跑得更好。"（2002.10.10 第二版）

204. 钟玲获昌原亚运会艺术体操全能冠军，"首先想到的是这段时间苦没有白受，第一个想到的是庞老师，帮她完成了一个夙愿。因为她练的时候亚运会没有这个项目。当时她是亚洲最好的，但没有机会得亚运会冠军。"（2002.10.11 第六版）

205. 顾原获昌原亚运会女子链球冠军，"我应该能多投出几个超过 70

米的成绩，而且我本来是想冲冲我的亚洲纪录的。"

窦兆波获昌原亚运会男子 1500 米银牌，"我没想到他们也不怎么样，早知如此，我就先冲出来，冠军也有的争。""我们男子田径非常落后，所以我们想用实际行动为男子汉争口气。"（2002.10.13 第二版）

206. 马艳萍获昌原亚运会自行车女子越野赛冠军，"我就是冲着这枚金牌来的，它让我等得太久太久。好多年了，这一直是我的一块心病。上届亚运会我就是在这个项目上拿到了金牌，可是之后的几次大赛相继失利，我甚至怕自己坚持不下来了，可是我太喜欢自行车这项运动了，我离不开它。""别看我是亚运冠军，可是与世界水平比还有很大差距，我会朝着更高的目标去努力，但不会妄想，路要踏踏实实地走。"（2002.10.13 第三版）

207. 黄春妮获昌原亚运会南拳冠军，"这次任务重大，是有点压力，但是我可以化压力为动力。赛前就知道不出意外金牌肯定是我的。但是我不敢有一丝的放松，因为对手进步都很快。""拿到冠军，这并不意味着结束，而是一个新的开始。如果祖国需要，我会一直练下去，为祖国我义不容辞。"（2002.10.15 第六版）

208. 冯云获釜山亚运会女子 100 米栏冠军，是中国参加亚运会以来的第 800 枚金牌，更巧的是这也是釜山亚运会上产生的第 800 枚金牌，她说："那天比赛结束，有人告诉我这两个数字，我觉得自己非常幸运，也非常高兴。这是对自己 10 多年艰苦努力的最好回报。"（2002.10.29 第二版）

209. 王楠获 2003 年世乒赛女单、女双、混双三项冠军，"世锦赛让我重新找回了自信，这比获得 3 枚金牌更重要，我要以此为起点，更加刻苦地训练，争取更好的成绩。"（2003.5.28 第一版）

210. 徐翔获 2003 年世界游泳锦标赛 1 米板冠军，"我要飞！是的，我的名字就是这个意思！""西班牙是我的福地，我在这里次次拿金牌！""中国队前几天比赛成绩不理想，希望从今天的 1 米板开始，成为一个转折点！"（2003.7.19 第一版）

211. 滕海滨获 2003 年体操世锦赛男子鞍马冠军，"这次世锦赛对我来说有惊喜也有遗憾，鞍马（金牌）算是惊喜吧，但没能进入双杠决赛有点

遗憾。"（2003. 8. 25 第一版）

212. 中国女排获第九届世界杯女排赛冠军，队长冯坤说："是全国人民的关注和热爱，给了我们很大的勇气。所有的运动员都谨记着祖国的荣誉，女排的精神，才能在最困难的时候，取得最终的胜利。""今天是我终生难忘的日子，我得到了两个最希望得到的奖：世界冠军和世界最佳二传手。这，一直是我的梦想，竟然在一天之中都实现了。传球不是我的强项，我非常努力地训练，争取达到队里的需要。我无法表达此时此刻的激动心情，我想说的是：只要想做就能做到。"刘亚男说："我是高兴地流泪，我心里一直在想：终于等到这一天了。从事体育训练就是希望拿到金牌，我也经历了许多风风雨雨，受到不少挫折，如肩伤后的低潮；有人对我打主力非议，我也痛苦过，辛酸过。现在想想，我的付出值得，世界冠军不是每个人都能得到的。"赵蕊蕊："我激动得不知说些什么好，平时训练吃了不少苦，教练对我的网上技术要求很高，很严，也挨了不少批评。现在我们拿了冠军，觉得这一切都是值得的。我能拿到最佳扣球奖，也是大家的功劳，没有人垫好一传，二传不给我传球，我也不可能得到这个奖。"王丽娜说："我就想说，大家的努力没有白费，得到了最好的回报。我要感谢陈指导给了我这次机会，我非常珍惜。我们是个团结的集体，大家齐心协力才有了今天的胜利。"

杨昊说："我们的梦想终于成真了。我没有哭，一直在笑，打心眼里高兴。胜利来自平时训练的积累，全队共同的努力。我去年的状态那么差，陈指导仍然信任我，鼓励我。世锦赛的锻炼价值特别大，经过风雨，我们每个人都成熟了。"周苏红说："我觉得这个冠军太不容易了，真的，挺苦的。我们的努力就是为了这一刻，圆了我们的梦想。今年是我的本命年，这一段我的伤病比较多，困难也不少，但我们队的比赛成绩都好，是一个完美的本命年。今年世界杯和去年世锦赛完全是两种心情，所以我提议把'风雨过后是彩虹'作为我们的队歌。"

张娜说："我告诉你，我的一个梦实现了，我还有梦呢！"陈静说："我们队真的不容易，对我来说更是太难了。对日本队的第三局打到一半，我就知道我们赢了。23 分时我就想冲上去了，去拥抱大家。最想蹾陈指导，我们都很感谢他。"宋妮娜说："有付出就有收获，我们没有白受累。"李珊说："锻炼百日，胜利一时。这是观众拉出的一个横幅，我觉得对我们队很合适。练得那么苦就是为了这一刻，值得。得冠军时高兴只是一时，可回味无穷，这将成为我永恒的回忆。"张越红说："我很幸运，真的实现了梦想，可我还不满足，因为我还有一个梦想，我会继续努力的。"张萍说："我太高兴了。我还要继续努力，争取再为夺世界冠军努力。"（2003.11.17 第一版）

211. 王楠获乒乓球女子世界杯赛冠军，"前一段时间输球比较多，自己的心态出现了问题，情绪和态度都很消极。但从对鲍罗斯开始，自己就把自己从世界冠军的位置上拉卜来，放在了拼的位置上，这样反而会以一个很轻松的心态投入到比赛中。这次比赛让我重新找回了信心，而这和前一段的多次失败有很大关系。"（2003.12.20 第一版）

212. 杜丽获第28届雅典奥运会女子10米气步枪冠军，"当我知道自己是冠军后，真的有点不可思议。"（2004.8.15 第二版）

213. 王义夫获第28届雅典奥运会男子气步枪冠军，"我第一次获得奥运会金牌是在12年前的巴塞罗那，12年了，一个轮回，我坚持这么长时间，经历很多事情，年龄大了，身体也在发生变化，所以这一次的金牌更让我激动。"（2004.8.15 第二版）

214. 田亮获第28届雅典奥运会男子10米台双人项目冠军，"4年前的悉尼奥运会上，我丢了双人金牌。从那以后，我就发誓：我一定要拿回我的双人金牌。""感觉非常好。""拿冠军是最好的结果。"谈到取胜的原因，他说："笑对一切压力。什么样的压力我都敢承受，什么结果我也敢承受，所以我能够轻松地面对比赛。"田亮对自己和杨景辉的表现非常满意，"在奥运会上跳出这样的水平已经很不容易，因为奥运会各方面因素不同，压力也不同，只要跳出正常水平，我们肯定是冠军。我们发挥出了我们的正常水平，所以我们笑到了最后。"（2004.8.15 第二版）

215. 冼东妹获第28届雅典奥运会女子柔道－52公斤级冠军，"我真的非常感谢我的先生，因为他一直非常支持我。"（2004.8.16 第二版）

216. 陈艳青获第28届雅典奥运会女子举重58公斤级冠军，记者问升国旗时想的是什么，她说："因我挺举不太顺，未发挥水平，所以升国旗前我还没反应过来，但当五星红旗真的升起时，我忽然明白了，自己终于实现了奥运梦想！我没给家打电话，在北京也没这习惯，我的手机总是关机，现在也没带，毕竟这不是家事是国事，我家有 3 个女儿，我最小，但我比男孩还争气！"（2004.8.17 第三版）

217. 石智勇获第 28 届雅典奥运会男子举重 62 公斤级冠军，"当时比完赛以后，就有很多的新闻媒体问我，我说我就是头晕，这个"晕"有很多含义。我觉得这个金牌取得很不容易，这成功的背后还有很多人的心血。说句实话，我已经四天没吃饭了，不晕也是骗人的。"（2004.8.18 第七版）

218. 张国政获第 28 届雅典奥运会男子举重 69 公斤级冠军，"今天能够举起来，拿到金牌已经是非常非常不容易了。拿到这块金牌要感谢祖国，感谢人民，感谢云南省，包括北京体育大学，包括所有爱我和我爱的人。这是我最想说的。"（2004.8.19 第二版）

219. 刘春红获第 28 届雅典奥运会女子举重 69 公斤级冠军，"比赛很紧张，但我相信我的实力。现在我要做的就是回到祖国继续训练，为下一次比赛做准备。"（2004.8.20 第二版）

220. 张宁获第 28 届雅典奥运会女子羽毛球单打冠军，"其实没有考虑那么多了，只是赢了以后很激动，很开心，第一个想法就是扑向我的教练。"（2004.8.20 第七版）

221. 王楠获第 28 届雅典奥运会女子乒乓球双打冠军，"拿了女双冠军之后，我不像上次拿冠军那么激动，但确实挺高兴的，除了完成任务了，还有一点，就是我战胜了自己，我没有像釜山亚运会那样被一项比赛失利所打到。"（2004.8.21 第三版）

222. 滕海滨获第 28 届雅典奥运会男子鞍马冠军，"其实今天我夺冠并没有绝对的实力，但好在我心态比较平稳，只是想把动作做好之后尽量争取金牌。"（2004.8.23 第二版）

223. 贾占波获第 28 届雅典奥运会男子 50 米步枪 3×40 冠军，"我确实低幸运，但机会在于自己把握，如果自己预赛发挥得不好，没进决赛，连机会都没有。或者预赛排名比较靠后，即便对手失误了，冠军也不会是我。我觉得首先是我自己把握好了每一枪，虽然决赛不是很好，但我一直在努力打好每一枪。"（2004.8.23 第二版）

224. 李婷、孙甜甜获第 28 届雅典奥运会女子网球冠军，她们表示获胜的关键是"心态放得比较正"，"我们在第一轮的时候没有想到后面的事情，我只想把每一场打好"。李婷说："正是因为没有想，所以才打得很顺利。对手今天站在被冲击的地位，而我们是冲别人。"孙甜甜说："我们已经超额完成任务，再紧张就没必要了。"（2004.8.23 第三版）

225. 王旭获第 28 届雅典奥运会女子自由式摔跤 72 公斤级冠军，"我最大的感想就是我终于为我的祖国，为我的人民又贡献我的努力，为祖国又添上了一块金牌。因为我拿金牌的那天晚上，是昨天 23 号，我要是没记错的话，我是第 23 块金牌，两个加在一起，两个 23，真的是非常的幸运。"（2004.8.25 第七版）

226. 刘翔获第 28 届雅典奥运会男子 110 米跨栏冠军，"我现在很累，真的需要好好休息。今天的发挥太完美太完美了！我根本就没想到，根本就没有想到能跑进 13 秒。我相信对于黄皮肤的中国人或者亚洲人来说，我实现了一个不大不小的奇迹。我现在连哭的力气都没有了，感觉很累很累。我为这届奥运会准备了很长很长的时间，相信我的努力没有白费。其他还是感谢的朋友，感谢我的教练，感谢大家支持我，真的。谢谢大家！我相信我的表现没有辜负大家的期望。谢谢所有支持和关心我的朋友。我不会输给任何人，包括欧美选手，相信我没错的。"（2004.8.28 第二版）

227. 邢慧娜获第 28 届雅典奥运会女子 10000 米冠军，"我感觉为我们中国人争了光，我很高兴。""前面刘翔的比赛我没有来得及看，最后过来才知道他跑了第一。今天跑步的时候我就想，今天拼了，没有什么放不开的，因为我的强项是 5000 米，拿了第九名可以说对我打击挺大的。今天这个 30 分 24 秒 37，是我的最好成绩，因为前半程慢，这个速度对我来说还可以。当时，就是能跑多快跑多快。最后 5 圈的时候，我就感觉进前 3 名差不多，最后一圈的时候我就感觉冠军是我的了。"记者问她夺冠了最想说的一句话是什么，她说："最想说的一句话：中国人太棒了，中国人是

最棒的。"(2004. 8. 28 第二版)

228. 孟关良、杨文军获第 28 届雅典奥运会男子双人划艇冠军。孟关良说:"这块金牌在我心中的位置是非常重的,因为这几年我们一直在卧薪尝胆,默默努力,等的就是今天这个时刻。"杨文军说:"我能为祖国拿到这枚金牌非常自豪,我们祖国非常强大,正是这么强大的祖国给了我们勇气,让我们有勇气为之付出!"(2004. 8. 29 第二版)

229. 胡佳获第 28 届雅典奥运会男子 10 米跳台冠军,"我感谢所有帮助过我的人,我的教练,我的爸爸妈妈。"(2004. 8. 29 第二版)

230. 罗微获第 28 届雅典奥运会女子跆拳道 67 公斤级冠军,"大家晚上好。现在我的心情比刚才稍微平静了一点儿,但是还是非常激动,所以现在我也不知道说什么。在这里,我想借这个机会为我这个成绩,感谢国家体育总局,还有重竞技管理中心,还有我的学校北京体育大学,还有帮助过我的教练,陪练,包括我的家人,这么多人,我非常感谢你们。"(2004. 8. 29 第五版)

231. 陈中获第 28 届雅典奥运会跆拳道女子 67 公斤级以上冠军,"这次夺得金牌的时候,我就觉得自己一个人如果想闯过这个难关太难了,需要很多人帮助,我就觉得我这第二块金牌不属于我一个人,属于很多人,没有他们,我的第二块金牌根本就不可能拿到。我没有什么最感谢的人。因为每个人都是最感谢的,因为哪个位置上都不能缺少,像一直陪在我身边的朱大夫,他是北京体育大学的大夫。还有我们的赵老师,他是跆拳道部的部长;还有我的田阿姨,我有时候称她田妈妈了,对我非常好;还有我的卢老师,还有我的陪练,他们都是一样地支持我,我在训练时练不好,他们就会鼓励我。"(2004. 9. 6 第五版)

232. 郭晶晶获游泳世锦赛跳水比赛中女子双人 3 米板冠军,"我们今天发挥得很正常,李婷虽然有一个动作有点小失误,但我告诉她,没关系,下一个跳好了就是了。"(2005. 7. 26 第一版)

233. 杨维、张洁雯获 2005 年世界羽毛球锦标赛女双冠军,杨维说:"今天真的很开心。我虽然拿了奥运会冠军,但世锦赛打过三届,别说拿冠军,就连前四名都没进,我一直都挺遗憾的。今天,能够拿到这个冠

军，我很知足了。"（2005.8.22 第二版）

234. 胡凯获东亚运男子 100 米冠军，"本来我今天各方面的状态并不是很好，但是这失误的两枪恰恰让我兴奋起来，及时调整好了状态，跑出了自己的成绩。"（2005.11.2 第一版）

235. 包桂英获东亚运女子 10000 米冠军，"孙英杰的缺席让我感觉压力更大了，但赢得冠军也是在情理之中的事。"（2005.11.2 第一版）

236. 刘翔获东亚运男子 110 米栏冠军，"我虽然没有跑进 13 秒，但是 2005 年国内和亚洲的赛事都拿了冠军，世界比赛也从未掉出前三，自己的自信心有很大提高，总的来说这个'比赛年'比较完美。"（2005.11.3 第一版）

237. 王丽萍获东亚运女子 20 公里竞走冠军，"十运会前准备得很充分，但比得特别不好。现在的成绩和我最好的状态差得很多，以这样的成绩退役确实感觉非常遗憾。"（2005.11.3 第一版）

238. 王濛获都灵冬奥会短道速滑女子 500 米冠军，"我是奥运冠军了吗？到现在都还没缓过这个劲儿。""在我紧张的时候，教练一直在鼓励我，'相信自己，你能行！'我也告诉自己'我能行！'后来我做到了！"（2006.2.17 第一版）

239. 韩晓鹏获都灵冬奥会自由式滑雪男子空中技巧冠军，"我从来没有想过自己能够拿到这枚金牌，真是喜出望外。现在我还感觉像做梦一样。"（2006.2.24 第一版）

240. 张喜燕赢得世界女子轻量级拳王金腰带，"第一次参加夺取金腰带的比赛，我还是有些紧张。金腰带是职业拳手最高的荣誉。我要将它留在身边，让世界记住中国拳手。我要捍卫自己的王位，一切从头开始。"

吴志宇获得 WBA 次重量级洲际金腰带，"我之前是希望在第 6 回合击倒对手，重拳其实并不一定都能奏效，第一个重拳就拿到 KO，这样的胜利实在太爽了。"（2006.4.17 第三版）

241. 郑洁、晏紫获温网女双冠军，"在我们最不擅长的草地上我们获得了冠军，我们最大的收获就是自信心。"晏紫说："是不是第一根本无所谓，我们最关心的是一定要打好每一场比赛。"（2006.7.12 第一版）

242. 刘翔获 2006 年田径超级大奖赛男子 110 米栏冠军,"我从没有想到会打破世界纪录,我感到非常疲惫,非常幸福和非常激动,瑞士是我的一个福地,我喜欢瑞士,喜欢洛桑和这里的体育迷。"(2006.7.13 第一版)

243. 刘翔获第 4 届世界田径总决赛冠军,"令人激动的观众,良好的赛场气氛给了我很多的自信。我知道自己的状态非常好,因此这个成绩并不让我感到意外,相反,倒是体育场内数百名中国人为我助威让我惊奇。第二次起跑时我的注意力非常集中,告诫自己不要再次抢跑,于是我在起跑器上停顿的时间稍微长了点。前半程我感到窒息,但我告诫自己,我能够跑得比这些家伙快。"(2006.9.11 第一版)

244. 林丹获羽毛球马德里世锦赛男单冠军,"我此刻的心情无法用言语表达。""我从小就练羽毛球,一直就梦想着拿世界冠军,现在这个梦想终于变成了现实。5 年来我拿了近 20 个公开赛冠军,但世锦赛和奥运会冠军才是我梦想得到的。"(2006.9.25 第二版)

245. 李岩岩获第 27 届摔跤世界锦标赛男子 66 公斤级冠军,"无比激动,感谢教练。"(2006.9.26 第一版)

246. 中国男团获体操世锦赛冠军,队员肖钦说:"真是累坏了,就想好好休息一下。""我只是跟自己比,将自己的实力发挥出来就行了。"(2006.10.19 第二版)

247. 杨威获体操世锦赛男子个人全能冠军,"为了这个冠军我等了很久,今天终于圆梦,心情反而很平静。这枚金牌证明我这些年的努力没有白费。"(2006.10.21 第一版)

248. 陈艳青获多哈亚运会女子举重 58 公斤级抓举挺举总成绩冠军,并打破世界纪录,"在比赛时我从来不考虑对手,只考虑自己,只要把自己的最好水平发挥出来就可以了。除了比赛之外,对我来说就是要把握每一天,认真训练。"(2006.12.4 第二版)

249. 中国乒乓球女队获多哈亚运会女子乒乓球团体冠军,队员王楠说:"这次我们是最团结的,因为 4 年前输掉了决赛的原因,这次亚运会我们的准备很充分,从小组赛第一场到现在,我们的气势一直都能够压制住对手。"(2006.12.4 第三版)

250. 张国政获多哈亚运会男子69公斤级总成绩冠军，"我赢得山穷水尽，难啊！""又受伤，三个星期练不了挺举，这次比赛抓完又大吐（血都见了），难啊！不管啥，赢了，解气！"（2006.12.5 第一版）

251. 邹凯获多哈亚运会男子体操自由体操冠军，"今天拿这个冠军，很好，没什么好说的，就是很好。"（2006.12.6 第三版）

252. 何宁获多哈亚运会女子体操个人全能冠军，"个人全能比赛，自己是有些想法的，希望通过努力获得好成绩。获得金牌，我非常满意。"（2006.12.6 第三版）

253. 穆爽爽获多哈亚运会女子举重75公斤以上级冠军，"很爽，今天赢得太爽了。"（2006.12.7 第二版）

254. 丁俊晖获多哈亚运会男子斯诺克双人赛冠军，"这些天来回奔波的辛苦终于有了回报。我知道国人对我夺金的期望很高，我也很希望拿到这枚金牌。现在终于如愿以偿，我可以轻松地参加后面的比赛了。"（2006.12.7 第二版）

255. 高峰获多哈亚运会女子柔道48公斤级冠军，"在这场比赛中，我战胜了自己。""今天我能在这里拿到金牌，离不开家人和朋友的支持和鼓励，所以我要感谢我的父母，感谢我的男朋友。"（2006.12.7 第二版）

256. 刘虹获多哈亚运会女子20公里竞走冠军，"这次比赛并没有让我感到太大的压力，我这人一到大赛就兴奋。"

陈祚多哈亚运会男子100米自由泳打破自己保持的亚洲纪录获得冠军，"我想我们每一个中国人都不会惧怕日本人！""我赛前喜欢安静，不去想对手，我是和自己比，要创造自己的最好成绩。"（2006.12.8 第二版）

257. 王皓获多哈亚运会乒乓球男单冠军，"我现在在决赛里非常自信！""其实王励勤，马琳和我，我们三人的水平都十分接近，比赛中谁发挥得好一些谁就能获胜。"

郭跃获多哈亚运会乒乓球女单冠军，"这次亚运会之前，我给自己定下的目标是女团和女双争取金牌，女单能够进入决赛就满意了，现在拿到了女单冠军，算是意外的惊喜吧。""这次亚运会赛前我准备得比较充分，主要是抱着学习的心态来的，包括技术、体能和心理各方面，都希望通过

亚运会来提高自身的能力。"（2006.12.8 第三版）

258. 张文秀获多哈亚运会女子链球冠军，"来到多哈以后，我感觉各方面适应得都挺好。""在来多哈之前，我们一直在四川进行训练，为了寻求成绩的突破，教练对我的脚上和肩上技术都做了很大的改进，今天终于在比赛中突破了 74 米！""这次叶奎刚知道并没有来，但是经过多次大赛的洗礼，我觉得自己在渐渐成熟起来，对比赛的把握能力也提高了。今天打破了自己保持的亚洲纪录，我的下一个目标是世界纪录。"

吴静钰获多哈亚运会女子跆拳道 47 公斤级冠军，"我能肩负为中国队夺亚运首金的重任非常荣幸，庆幸的是我抓住了机会。"（2006.12.9 第二版）

259. 刘静获多哈亚运会女子 100 米栏冠军，"其实能够坚持到尽头，我完全靠的是毅力。这次孙导带我们出来比赛，在这之前我跟他练了好几天，从孙导那里我学到了很多。有一天他冒着大雨指导我训练，让我非常感激。"（2006.12.11 第一版）

260. 罗微获多哈亚运会女子跆拳道 72 公斤级冠军，"我是咬牙坚持下来的，我相信我的实力比对手强，我相信我的'金腿'可以战胜对手。""我的优势就是良好的身体素质、力量、速度和连击，我相信这些特点可以与我的头脑结合起来，成为战胜对手的有效手段。所以，我要好好保护我的两条腿。幸运的是我除了一些临时性的硬伤，没有什么大伤病。"（2006.12.11 第一版）

261. 刘翔获多哈亚运会男子 110 米栏冠军，打破亚洲纪录，"又拿冠军又破纪录，真的很高兴。另外还有一件特别高兴的事，史冬鹏创造了个人最好成绩。""今天本来就想跑 13 秒 25 左右，但是后来感觉有个影子一直在追着我，没想到大史今天跑得这么快。我就想可不能大意失荆州，一不小心翻了船，害我又加快了速度。"

黄珊汕获多哈亚运会女子蹦床冠军，"冠军是拿了，但是今天的表现只能说一般般，这个冠军拿得有点惊险。"（2006.12.13 第二版）

262. 郭爽获多哈亚运会自行车女子争先赛冠军，"今天的发挥比较一般，第一轮自己有些着急。""这次亚运会夺冠，对我来说只是意味着一个新的开始，接下来我还必须总结经验，争取在以后有更好的表现。"
（2006.12.14 第三版）

263. 中国男子佩剑队获多哈亚运会男子佩剑团体冠军，队员王敬之说："非常高兴，终于报了上次釜山亚运会的一'剑'之仇。今天决战到了最后一刻，但是我并没有为最后的胜利而担心，特别是拿了个人冠军后，今天信心一直很足，最后一剑更有信心。""釜山亚运会之后，我心里一直就不服，一直在等待机会。自从十运会后，我感觉自己的技战术水平逐渐成熟，这次的结果也在情理之中。通过多哈亚运会的这几场比赛，我最大的收获就是自信心。"

李腾获多哈亚运会男子散手 56 公斤级冠军，"因为准备得很充分，今天上场时特别有信心。由于前面几轮对手都很强，我发挥得并不好，今天本想在决赛中好好展示一下自己的技术，打出咱们中国人的气势，没想到他竟然不给机会。"

（对方弃权）袁晓超获多哈亚运会男子长拳三项全能冠军，"能拿到亚运会的金牌，感到非常自豪，不过我的表现只能得到一个'良'。主要是速度不是太好，高潮的持续性不够，所以在气势上还没有达到预想的效果。"

杨文军获多哈亚运会男子 500 米单人划艇冠军，"冲过终点的一刻我坦然了，闯过阴影了，我划出自己的水平了。这是一种过去没有的心理锻炼，对我今后的路好处很多。后面的双划，我什么都不想了，和王兵尽全力就够了。"

刘海涛获多哈亚运会男子单人皮艇 500 米冠军，"这是一枚来之不易的金牌，对手的实力比我高，但是我在落后时就咬住他追，顶住就胜利了。"（2006.12.15 第二版）

264. 中国女曲获多哈亚运会女子曲棍球团体冠军，记者问准备以什么形式庆祝胜利时，队员陈朝霞说："睡觉，太累了，就想休息。因为从世界杯到亚运会，一直就没有放松过，就为能在亚运会上夺金。"
（2006.12.15 第二版）

265. 王霏获第六届亚冬会速滑女子 3000 米冠军，打破亚洲纪录，"很

兴奋，这么多人为我呐喊，夺冠让自己的心情达到最高点。"（2007.1.30第一版）

266. 隋宝库获第六届亚冬会短道速滑男子1500米冠军，"这个冠军增强了我以后比赛的信心。"（2007.1.30第二版）

267. 刘显英获2007年亚冬会女子短距离7.5公里冠军，4×6公里接力赛冠军，"夺得三枚金牌，我非常兴奋。我能够取得这样的成绩，离不开教练对我的帮助。"（2007.2.3第一版）

268. 韩晓鹏获2007年自由式滑雪空中技巧世锦赛冠军，"能够获得这样的成绩，我不觉得自己靠的是运气。比如和达辛斯基（俄罗斯名将）的较量吧，都灵冬奥会他的难度比我高，第二跳出现了失误，输给我后，他挺不服气的。这次世锦赛，我们俩两跳的难度完全一样，都是4.425，他也发挥出自己的实际水平了，但是起跳的时候还是稍微有点儿不足，又一次败给我了。比赛下来，达辛斯基走到我面前，说他这次彻底服了。"（2007.3.13第一版）

269. 王峰、秦凯获第12届游泳世锦赛男子双人3米板冠军，王峰说："我们在决赛中发挥得还可以，没有受到停电的影响。比赛时什么事情都可能发生，我们事先都要做好充分的思想准备。不过，如果对手不失误的话，我想竞争会更加激烈。"秦凯说："我对自己太满意了！虽然比赛中有个别动作跳得不是特别完美，但基本发挥了水平。我当时并没有看到停电，也没有看到俄罗斯选手的失误。停电过程中在热身，也没来得及想别的。"（2007.3.20第一版）

270. 王鑫获游泳世锦赛女子10米台冠军，"这是我第一次参加世锦赛这样的大赛，心里当然很激动，比赛时特别紧张。我发挥得也不是特别好。有两个动作不是很漂亮。但世锦赛的这枚金牌会提高我在北京奥运会上争取金牌的信心！"（2007.3.22第一版）

271. 吴静钰获跆拳道世锦赛女子47公斤级冠军，"我终于赢了。""我已经吃了很多次亏了，所以，3比0领先的时候，我一直在跟自己说要冷静，把注意力全部集中在交手回合和对抗中去。"（2007.5.19第一版）

272. 陈中获跆拳道世锦赛女子72公斤以上级冠军，"在国旗升起的那一刻，我感到自己是最棒的！""最感谢我的教练，队友，陪练，谢谢他们把爱都给了我，如果没有他们的支持，我不会走到今天。"（2007.5.23 第一版）

273. 张文秀获大阪田径世锦赛女子链球冠军，"这是我第一次在国际大赛中获得奖牌，其实冠军的实力也只是稍微高一点点，谁发挥得好谁就能赢。"（2007.8.31 第一版）

274. 刘翔获日本大阪田径世锦赛男子 110 米栏冠军，"一次次地比过来，每场比赛都是对自己心理的煎熬，毕竟比赛不是游戏，压力肯定是有的，但是我都顶住了。只有我才可以打败自己，我现在只是想把中国男子短道项目失夫的尽量多拿回来，我还要争取击败他们更多次，让他们知道什么是亚洲速度。"（2007.9.1 第一版）

275. 刘翔获世界室内田径锦标赛男子 60 米栏冠军，"比赛只是生活的一部分，只要自己尽力就可以了，所以我真的很平静。"谈到比赛的压力，他说："大家一定要把比赛看得很平静，大家也许想让我说出我不平静，要让我说出压力很大，但是我心里真的非常平静，而且非常平静地看待每一场比赛。"又说："我拿这个冠军感觉挺幸运的，但我也发挥了我自己的水平。"（2008.3.10 第四版）

276. 陈燮霞获 2008 北京奥运会女子举重 48 公斤级金牌，"赛前我没有什么压力，主场作战没压力。我背后有观众、家人、教练，我的支持够多了。我没有让队友们失望，感谢她们对我的支持。"（2008.8.10 第三版）

277. 中国男子体操北京奥运会男团冠军，队员杨威："这一刻，我们的付出得到了回报！"杨威："雅典奥运会，我们没有拿到男团金牌，当时我和小鹏在洗手间失声痛哭，大家心情都很压抑。这次取得了金牌，真的很激动，我们所有的付出都得到了回报。"陈一冰："我没参加过奥运会，但我知道奥运会的残酷性，四年一次，真的很残酷！我的表现有点小遗憾，是全队中最不好的一个吧。不过我没紧张，因为我有世界上最强的队友。"邹凯："不紧张。前面的大哥哥给我积累了很多优势。"（2008.8.13 第一、三版）

仲满获得男子佩剑冠军后，说："每一场比赛我都抱着拼的态度，打

到哪儿算哪儿，我就是来向选手学的。我很开心有这样一名神奇的教练，我想把金牌献给他!"（2008.8.13 第5版）

278. 陈若琳、王鑫获北京奥运会女子双人十米台冠军，王鑫："我们努力将自己的心态放得平静，我们尽量不去想太多，就当成平时训练，不会把它看得太重，就是以平常心态去完成好每一个动作。""我们（我和陈若琳）并不是对手，而会互相帮助，发挥出水平，争取都能取得好成绩。"（2008.8.13 第七版）

279. 陈颖获北京奥运会射击女子25米运动手枪冠军，"我出生在北京，生长在北京。我能够感受到大家对我默默的支持。我要感谢所有帮助过我、支持过我的人，我的金牌不仅仅属于我，属于更多的人。属于北京，属于祖国。""天时地利人和我都具备了，这一场比赛也是我所有比赛中最为满意的一场。在这场比赛中我很好地融入了气氛，把潜力非常大地挖掘了出来。我觉得这块金牌应该属于更多的人。"（2008.8.14 第五版）

280. 程菲、杨伊琳、江钰源、何可欣、李珊珊、邓琳琳获奥运会女团决赛冠军。程菲："今天的比赛是一场伟大的对决，不管谁赢谁输，都是很精彩的一场比赛，我为自己参加这么精彩的比赛而骄傲!"杨伊琳："感觉自己的比赛过程很放松，能放开比赛，我很开心!"何可欣："资格赛上我在高低杠上失误了，决赛中我首先要面对自己的困难，战胜自我是我今天最大的收获!"邓琳琳："我很享受比赛过程，对我来说，享受比赛过程更重要，而不是想结果。"江钰源："不管最终能不能成功，我们都是最棒的!"李珊珊："我们成功了，不但因为我们战胜了对手，我们也战胜了自己!"（2008.8.14 第三版）

281. 张娟娟获北京奥运会射箭比赛女子个人赛金牌，"多少年来，对于这枚奥运金牌，我们中国射箭人每一天都在期待！能实现这个多年的期盼，首先我有梦想要取得金牌，另外在比赛场上要让自己平静，此外还要有必胜的信念！"她说："这不是我一个人的努力。今天取得这枚金牌，是全国射箭人长期以来不懈努力的结果，也是这次奥运会中国射箭团队共同努力的结果，它来自于全队上下团结的力量。能取得金牌，有全场观众助威的功劳，也凝聚着我自己的辛苦努力。今天下午一直在下雨，很多观众

都坚持在看比赛，很多志愿者也都在冒雨工作，非常感谢你们。"（2008.8.15第五版）

282. 杨秀丽获北京奥运会女子柔道78公斤级冠军，"我相信裁判是公正公平公开的，我相信自己的技术没有问题，我很自信这块金牌应该是我的"，"只有拼才有活路！"（2008.8.15第6版）

283. 杨威，北京奥运会男子体操个人全能冠军，"我在雅典之后一度想过退役，但是黄导（玉斌）一直在推着我向前走，一路走到了现在。可以说，是他把我推到了今天的冠军台上。"（2008.8.15第六版）

284. 刘子歌女子200米蝶泳冠军，"教练没有给我任何压力，甚至说能不能游进前八都没关系。我是一名新人，没有什么心理负担。奥运会的压力和国内比赛压力是一样的。""不抱幻想，认真比赛。""因为我是第一次参加奥运会比赛，教练说能争取更好的成绩就比较好了，没有说今天非要拿冠军。""听到整场的加油声，我仿佛更加有力气了，也更兴奋。我应该感谢观众，是她们给了我另外一种动力，帮助我冲刺。"（2008.8.15第三版）

285. 中国女子赛艇队获奥运会赛艇女子四人双桨决赛冠军，她们说："那种感觉真像做梦一样。"奚爱华说："在赛前我们就统一了思想，只关注自我，把自己的水平发挥出来就可以了。""不管落后多少，我都相信队友能够团结一心地完成好整个比赛。以前都说赛艇是欧洲人的项目，今天我们用这枚金牌证明，欧美人做得到的中国人一样能够做到。"张杨杨说："我们今天就是奔着金牌的目标去的，比赛当中只是把平时训练中的水平发挥出来，以我为主，没有去考虑更多的东西。""我们今天尽了最大的努力，圆了中国赛艇的梦想。"金紫薇说："我很自豪，能够为中国的赛艇事业作出自己的贡献，实现了多年的梦想。"唐宾说："谢谢教练，谢谢队友，我们努力了三年，今天很高兴。"（2008.8.18第五版）

286. 邹凯获北京奥运会男子自由体操冠军，"我很高兴，这么多年都没人拿过男子自由体操的金牌了。我对自己的表现感到满意。""这块金牌不是我一个人的，是整个团队给我的力量。"

王娇获女子自由式摔跤72公斤级冠军，"我只是想证明我自己，所以尽量把自己的技术发挥出来，让那些认为我小，认为我没有大赛经验的人更多地认识我。""我希望这枚金牌能让更多人了解摔跤，关注摔跤。"

邱健三获姿射击冠军，"我要感谢我的教练马军。我人生中的前17年是在父母身边长大，后17年是在马军教练的身边成长。教练教会了我打枪，也教会了我做人，教会了我如何在逆境中成长，让我能够坚持到现在。"（2008.8.18 第六版）

287. 林丹获奥运会羽毛球男单冠军，"因为我是世界第一，每个人都想打败我。他们在对阵我时不会有压力，因此会比对阵别人时打得更好，这就是我在北京奥运会上所面临的最大考验。"（2008.8.18 第七版）

288. 中国乒乓球女队获奥运会乒乓球女团冠军，王楠说："对我来说金牌本身并不重要，能够代表国家再打一次奥运会，这才是最重要的。"郭跃说："忘了它吧，成绩已经成为历史，现在就是要从零开始。""我4年前也参加过奥运会的女双比赛，而这次是在团体中获得了一枚金牌，这也让我对自己更加充满了信心。女单比赛就要开始了，我的任务就是要为中国队守住下半区，我想以前的成绩都已经成为历史，现在已经是一个新的开始。"张怡宁说："今天我打得不是一帆风顺，一上来有几个球觉得是机会，可是节奏太快，步点没到位。不过我还是比较坚定地从5比10落后追到了9比10，虽然后面又出现了一个发球失误，但是战术上已经打通了。"（2008.8.18 第八版）

289. 何可欣获女子体操高低杠冠军，"资格赛我是第一次参加大赛，有点紧张，动作特别飘；这次已经是奥运会的第三场了，觉得自己有感觉了，可以控制。"

陈一冰获男子吊环冠军，"我感觉今天表现比较正常，大概发挥出了80%吧。""我要把金牌送个妈妈，他们过来看我比赛，我一定不会让他们失望的。"（2008.8.19 第五版）

290. 何雯娜获北京奥运会女子蹦床冠军，"这是我的第一块金牌。""我没怎么紧张，心情起伏不大，作为小将，大家对我的期望值不高，所以我就默默地表现自己就够了。""这枚金牌很重很重，它不是我一个人的，是属于我们整个团队的。训练当中，尤其是刚起步的时候，我曾想到过很多困难，

很多人领着我一路走过来的，这枚金牌属于大家。"（2008.8.19 第六版）

291. 邹凯获北京奥运会男子单杠冠军，"赛前真的我没想到能够拿到金牌，不过感觉自己特别放松，前面队友们比得太好了！而且，这是在我们的主场，所有观众都在为我加油！北京奥运会，中国体操队表现得太棒了，尤其是今天晚上，太美好了。""我幸福得有点想哭了。"

李小鹏获双杠冠军，"这枚金牌太沉重了！""老是哭也没什么意思，八年前悉尼夺冠，我哭了；四年前雅典失利，我也哭了。如果这次夺冠我再哭，别人会以为我是一个爱哭的人。"

陆春龙获男子蹦床冠军，"中国蹦床具备了这个实力，我必须捍卫这枚金牌！""我觉得自己很幸运，有很多人付出了很多却没有收获。我付出了，但是我有收获。"（2008.8.20 第五版）

292. 何冲获北京奥运会男子 3 米跳板冠军，"我张扬的性格让我在比赛的时候控制不住，近两年的比赛让我经历了磨练，使我在比赛时更加平稳。到了这个水平每个人都有自己的稳定性，只是在比赛的一刹那要调整好心态，控制整个比赛的节奏。比的就是在出现问题之后怎样更正常地发挥，最后顶住压力，把所有动作完成是最大的收获。""我希望在细节方面再提高自己，获得更大的成功。"（2008.8.20 第七版）

293. 殷剑获北京奥运会女子帆板尼尔级比赛冠军，"这枚金牌我等了四年了，这些年我克服了年龄和伤病的困扰，终于圆了几代帆船帆板人的奥运金牌梦。这枚金牌是大家的，它属于这片大海，属于可爱的祖国。"（2008.8.21 第五版）

294. 陈若琳获北京奥运会女子 10 米跳台冠军，"当我入水的时候，我就知道没问题了，松了一口气，上岸后就哭了。"她说，金牌要分成三份，一份给周领队，一份给教练，还有一份给奶奶。（2008.8.22 第六版）

295. 张怡宁获北京奥运会乒乓球女单冠军，"今天我的状态与四年前非常相似，有所不同的是四年前我是凭借一股勇气去争夺冠军，而这一次我一直在体验着被对手拼的感觉，很高兴我经过了这样的考验。""本来今天赢了这场比赛，比想象的要平静很多。但是看到爸爸妈妈之后，要比想象的激动了很多，感觉就像回到了自己的家里一样。"（2008.8.23 第六版）

296. 杨文军获雅典奥运会男子500米双人划艇冠军，"我在这届奥运会上能为自己的祖国拿到这枚金牌感到特别高兴，同时我也要感谢我的祖国，因为我们的祖国非常强大，这次奥运会上目前已夺得了28枚金牌，可以说也是这么强大的一个国家给了我们动力，让我们有勇气去为祖国付出。"（2008.8.24 第五版）

297. 马琳获北京奥运会乒乓球男单冠军，"这一次我在关键分的把握上很果断，决赛能战胜王皓，也是因为对关键分的处理比他更好。""我想正是有了最铭心的通，才会有最彻底的快乐。以我的年龄和打法，如果坚持到伦敦奥运会将面临很多困难，但不管今后还会遇到什么挑战，我都会努力延长自己的运动生涯，希望还能有机会为国家再作贡献。"（2008.8.24 第七版）

298. 张小平获北京奥运会男子拳击81公斤级冠军，"没有想过这枚金牌，赛前目标是冲击奖牌。从第一场到最后一场，每场都是100%发挥自己的战术水平、技术水平以及身材优势，这枚金牌也是为教练而得，因为1992年教练未能实现这个心愿，他的弟弟也没有实现，我肩负着他俩的心愿来到这里。""我心情很平静，我没有那么出名。当我打比赛的时候我就拼尽自己的全力。我很高兴能赢得这场比赛。"（2008.8.25 第五版）

299. 王濛获短道速滑世界杯女子500米冠军，女子1000米决赛，女子3000米决赛冠军，"我没有想到要破纪录，教练让我注意节奏，没有让我尽全力！我能提高到42秒多，除了教练的指导，还有全队的整体进步。没想到能滑这么快，看着成绩，我也很惊讶！"（2008.12.1 第二版）

300. 庞清、佟健获2008年国际滑联花样滑冰大奖赛总决赛双人滑比赛冠军，他们说："这个冠军对我们来说是个小惊喜。非常开心能在今晚赢得金牌。今年我们的成绩并不理想，今年我们又回来了，感觉又回到了巅峰时刻。"（2008.12.16 第五版）

301. 张琳获罗马世界游泳锦标赛男子800米自由泳冠军，"最困难的要数600米到700米之间，因为很多对手都会选择在那时发力。我也很惊讶自己最后能够打破世界纪录，甚至比我的偶像哈克特要快6秒53。"（2009.7.31 第一版）

302. 赵菁获罗马世界游泳锦标赛女子 50 米仰泳冠军，"今天我的发挥很不错，也出乎了我自己的意料。这是我的第一个世界冠军，一直想要证明我自己，现在我终于做到了！""我的教练石晓铭一直陪伴在我身边形影不离，她始终在安慰我，也相信我能够做得更好，我很感激他！"

中国游泳队获得罗马世界游泳锦标赛女子 4×200 米自由泳接力赛冠军，第一棒杨雨说："这是被我盼了十年的冠军，而且还打破了世界纪录，真的非常荣幸。"第二棒朱倩蔚说："有两位大姐姐带领我们，我们只需要尽全力去游，学习大姐姐们的拼劲，一心向前。"第三棒刘京说："这是我第一次参加世锦赛，只顾着如何能够更快得游，至于超过世界纪录那么多，我一点都不知道。"第四棒庞佳颖说："其实最后下水前，我挺紧张的。北京奥运会结束之后，我的状态都不是太好，今天比赛中能够按照自己的节奏来游，也是非常成功。"（2009.8.1. 第二版）

303. 中国游泳队获罗马世界游泳锦标赛女子 4×100 米混合泳接力冠军，赵菁说："我们都游出了自己的最好成绩，游得非常非常出色，比上午预赛的成绩有所提高，而且把世界纪录打破了。但是游出个人最好成绩的不只是我一个人，四名队员都是。"陈慧佳说："真没想到，我的成绩大概提高了二到三秒。其实挺意外的，能追上来感觉挺兴奋的，自己游好自己的就行了，（赛前）大家都没想太多，豁出去了就行。"焦刘洋说："这个结果实在意外，真的没想到游到破纪录的成绩。我们都发挥出了自己的最好水平，但对于这个结果还是有些意外，我希望我们几个今后还要更加努力。"李哲思说："最后一棒的时候，我没有多想。只是全力去发挥。澳大利亚的特里克特在第一道，我不知道差距有多大。前面三棒我们的优势很大，所以我很有信心，夺冠的感觉就是开心。"（2009.8.3 第二版）

304. 陈倩获伦敦现代五项世锦赛女子个人决赛冠军，"没想到能拿冠军，我非常激动！"对于这样的突破，她将其归功于"团队力量"——领导的关心，教练的指导，队员之间的鼓励等。谈到自己获胜的原因，她表示很大程度在于新规则的实施。（2009.8.18 第一版）

305. 薛飞获亚锦赛女子 5000 米冠军，"我没有具体针对哪个对手做战术，只管自己的战术，把自己练的东西发挥出来就可以了。不管最后落后

多少，反正我就拼了命追。"（2009.11.11 第二版）

306. 刘翔获亚锦赛男子 110 米栏冠军，"今天发挥还算正常，在雨中夺冠的感觉真爽。现在最想做的事就是回酒店冲个热水澡。""比赛很平凡，但观众不平凡，我自己的感情自然就流露出来了。"（2009.11.13 第一版）

307. 申雪、赵宏博获 2009－2010 国际滑联花样滑冰大奖赛冠军，赵宏博说："只有平时训练练出来，才能在赛场比出来。"他们说："我们今天完成得非常好，感觉棒极了！每一个托举、捻转、抛跳都很出色，我们感觉到了强大的力量。回来（离开赛场两个赛季）并不轻松，很艰难，当我们回来训练时，我们的身体遇到了很大的困难，伤病不断，但是我们从内心深处渴望滑冰，所以我们还是回来了。"（2009.12.8 第二版）

308. 刘翔获东亚运动会男子 110 米栏冠军，"这是我今年最后一场比赛，赛前没有很好地训练，有点累，虽然今天成绩不是很好，但能拿第一我很开心，而且这是我第三次拿东亚运动会金牌，很高兴。""谢谢观众和媒体的朋友们。"（2009.12.12 第一版）

309. 王冠获 2009 年伦敦体操世锦赛男子双杠冠军，"从走进国家队的那一天，我就期待自己的照片能挂上去。登上冠军榜比夺冠那一刻还要激动。它将激励我更加努力，下一步我希望能够继续为国争光，在自己的照片上加上五环标志。"

寅严明获 2009 年伦敦体操世锦赛男子吊环冠军，"今天终于拿到这个冠军，我很高兴，冬训马上就要开始了，希望自己能发展难度，争取在明年的世锦赛上能够上场，也希望自己站在伦敦奥运会的赛场上。"（2009.12.17 第一版）

310. 周洋获温哥华冬奥会短道速滑女子 1500 米冠军，"还剩最后三圈时，我也不知道为什么那么有劲儿，就想使劲滑，不想被对手追上，第一个冲过终点。"

王濛获短道速滑女子 500 米冠军，"我一共磕了两个头，第一个是感谢我的教练，第二个是感谢中心领导和我的队友，所有关心我的人，我的父母，包括我自己。"（2010.2.22 第一版）

311. 申雪、赵宏博获温哥华冬奥会花样滑冰双人滑冠军，申雪说：

"这么多年来，就是为了这个梦想。太高兴了！有点儿像做梦一样。"赵宏博："感觉就像在做梦一样，非常的开心。"（2010. 2. 23 第五版）

312. 王濛获温哥华冬奥会女子短道速滑 1000 米冠军，"除了精神，今天我什么都不行。我的 3 枚金牌，还有周洋的那一块，不是属于我们自己，而是属于全队。"（2010. 3. 1 第一版）

313. 王濛获温哥华冬奥会短道速滑女子 500 米冠军，"13 亿中国人民是我的动力，就像城墙在后面推着我向前滑。"

中国女子速滑队获短道速滑 3000 米接力赛冠军，王濛说："我们是五个人在滑，我们会为刘秋宏做一块金牌！"

周洋获短道速滑女了 1500 米冠军，"这是我的梦想，我特别想拿 1500 米冠军，不过我还有一个心愿没完成，就是拿接力金牌。"（2010. 3. 2 第五版）

314. 庞清、佟健获第 100 届花样滑冰世锦赛双人滑冠军，佟健说："我们俩心态一直好，如果你有想法的话，一定不会坚持到今天。"（2010. 3. 30 第五版）

316. 袁晓超获第 16 届亚运会男子长拳比赛冠军，"压力肯定是有，首金的压力比卫冕更大，毕竟这个荣誉对于武术人来说太难得了，我能为中国代表团夺得首金感到幸运和高兴。这也是武术人的骄傲。"（2010. 11. 14 第一版）

317. 易思玲获第 16 届亚运会女子 10 米气步枪冠军，"我就是我，我只想做最真实的自己，杜丽姐在赛场上的境界是我达不到的，我还要学习。"（2010. 11. 14 第一版）

318. 中国体操男团获第 16 届亚运会体操男团冠军，张成龙说："我感觉整个团队的精神方面非常好，大家都很自信。"滕海滨说："上一次拿到亚运会冠军还是 8 年前，再次拿到很兴奋！"

王然迪获第 16 届亚运会女子 50 米蛙泳冠军，"这是我脱下快速泳衣后的最好成绩，所以我对这个成绩很满意，甚至有点意外。"

焦刘洋获第 16 届亚运会 100 米蝶泳冠军，"虽然在比赛中有战术，但是要随机应变，配合自己的能力，看对手如何去游，战胜对手拿到金牌是最重要的。"

朱倩蔚获第 16 届亚运会 200 米自由泳冠军，"很开心获得游泳首金，这是我个人的最好成绩，也是我第一次参加亚运会。主场作战，观众的加油声给了我很大的动力。""能拿到亚运会游泳第一块金牌，创造个人最好成绩，老天对我已经很好了。"（2010.11.14 第三版）

319. 李萍获第 16 届亚运会女子举重 53 公斤级冠军，"我很意外自己竟然破了世界纪录，能抓起 103 公斤。但我没想到，竟然没有挺起 130 公斤，挺举可是我的强项。我会继续努力，争取参加 2012 年伦敦奥运会。"（2010.11.15 第一版）

320. 中国男子自行车队获第 16 届亚运会自行车男子团体竞速冠军，张磊说："没有看对手，就骑好自己的。""亚运会不是目标，赛前只准备了一个半月。我们的目标还是放在世锦赛和伦敦奥运会，希望能够拿到前三名！"成昌松说："日本队很出色，竞争很激烈，压力很大！"

谢智获第 16 届亚运会男子 50 米蛙泳冠军，"今天对这个成绩非常满意，这是我的个人最好成绩。""我非常崇拜北岛康介，今天能够跟他同场竞技，很兴奋。"

赵菁获第 16 届亚运会女子 200 米冠军，"本来想在全运会打破的（纪录），时隔一年终于做到了，非常开心。"（2010.11.15 第二版）

321. 中国男子游泳队获第 16 届亚运会男子 4×200 米自由泳冠军，孙杨说："我真的，真的太激动了……""队友前三棒给了我很大的鼓励，我们今天整个团队发挥得很好。"张琳说："我应该感谢三位队友的配合，他们今天的表现非常出色。我们都为自己感到骄傲，因为自从 1974 年参赛以来，我们从来没有赢过日本队，但今天做到了。"

滕海滨获第 16 届亚运会男子体操全能冠军，"8 年了，很不容易！也可能是我最后一届亚运会，能够拿到这枚金牌，我在亚运会上没有遗憾了。""亚运会拿到全能金牌，为我增添了很多信心。和内村航平等高手相比，我还需要更加努力。"（2010.11.16 第二版）

322. 邹映影获第 16 届亚运会女子皮艇冠军，"从两轮的成绩来说，不仅仅是战术安排得好，我觉得自己的心态也非常好。"何可欣获第 16 届亚运会女子高低杠冠军，"我就想今天把自己的难度全部拿出来，用成功来

证明我是可以的。分数并没有太大意义，重要的是，这个分数证明我又回来了！"（2010.11.17 第二版）

323. 中国网球女队获第 16 届亚运会女子网球团体冠军，李娜说："终于雪耻了。""看自己如何调节了，自己调得好就没压力。我是在 1 比 0 领先的情况下上场的，这一届准备得更充分一些。"（2010.11.17 第三版）

324. 眭禄获第 16 届亚运会平衡木、自由体操、团体、全能冠军，"比较放得开吧！赛前也没想到会拿这么多（金牌），不敢想！世锦赛就是想法太多了。""我告诉自己，要把训练当成比赛，把比赛当成训练。""亚运会的状态比世锦赛好很多，感觉心能沉得住，只是想动作要领就可以了。"

郭爽获第 16 届亚运会女子游泳争先赛冠军、女子 500 米游泳亚军，"亚运会整个比赛都很顺利，虽然第一天的女子 500 米个人计时赛失去了金牌，但它让我的心态更为平和了，后面的比赛，我对自己的表现还是挺满意的。"（2010.11.18 第二版）

325. 陆永获第 16 届亚运会男子举重 85 公斤级冠军，"非常高兴我在这里实现了自己的大满贯梦想。""这个亚运冠军只是我这段时间的目标，我的下一个目标是伦敦奥运会蝉联冠军。""作为一个体育人，我要时刻用感恩的心去面对社会。如果以后社会需要，我这枚金牌还可以拿去拍卖，我会义无反顾地去做这些事情。"

刘春红获第 16 届亚运会女子举重 69 公斤级冠军，"这一次我的主要目标就是金牌。在确保冠军后，放弃了最后一次挺举的机会。""我想在伦敦奥运会上要拿到冠军，肯定要比 2008 年北京奥运会的成绩要高。虽然我出道比较早，其实年龄并不大，接下来的两年我会克服所有困难，去挑战伦敦奥运会，我相信我有这个能力。"（2010.11.18 第三版）

326. 孙杨获第 16 届亚运会男子 1500 米自由泳冠军，"过去的这一年我和教练都很辛苦，成绩对我来说是一个回报，所以很激动。"（2010.11.19 第二版）

327. 夏诗颖获第 16 届亚运会女子龙舟 1000 米直道竞速团体冠军，"今天的比赛一点都不紧张，压力不大，尽力就好了。"（2010.11.19 第四版）

328. 蒋文文、蒋婷婷获第 16 届亚运会女子花样游泳双人赛冠军，蒋婷婷说:"四年前的我们比较青涩,现在各方面都成熟了许多,尤其是在表现力上,但从现在的分数看,我们还有很大潜力可挖。"蒋文文说:"我们的状态现在正往上走,会在身体允许的情况下多坚持几年,把自己的最好状态表现出来。"(2010.11.20 第二版)

329. 潘晓婷获第16届亚运会女子九球冠军,"这几天都没有睡好,眼睛实在是太干了,所以没有眼泪可以流了。比赛结束后我之所以不停地笑,就是因为终于可以睡个好觉了。从来没有这么紧张过,感觉在和自己较量,说实话简直是一种折磨,现在终于可以彻底放松了。"(2010.11.20 第三版)

330. 中国女子花样游泳队获第16届亚运会女子花游团体冠军,队长刘鸥说:"我为我们自己骄傲和自豪,为自己是团队中的一员感到荣幸,我们今天发挥出了最高水平。"(2010.11.21 第二版)

331. 李玲获第16届亚运会女子铅球冠军,"前段时间队里给我找了一个外籍教练,这让我在很多方面都得到了改进和提高,特别是技术上也有了改进。""同4年前相比,我最大的变化就是心理上更成熟了。"

女子佩剑队获第16届亚运会女子佩剑团体冠军,谭雪说:"感觉今天打得很兴奋,打出了士气。"朱敏说:"刚开始打得比较紧张,但后来告诉自己,不要留下遗憾。打得不顺的时候去想怎么打,谭雪的表现带来了节奏,我在后面也打开了。"包盈盈说:"状态不太好,失分剑都是因为自己的动作过大,这样如果能够得分的话就会算自己主动,但没能控制好,导致失分。"陈晓冬说:"开场打得很顺,保持住优势,但后面领先的时候思想上有变化,想去拼分数,打得不好。"(2010.11.22 第二版)

332. 中国花游队获第16届亚运会三项冠军,队长刘鸥说:"我们的3套集体动作是请外国编导编排的,冲击力很强。"(2010.11.22 第四版)

333. 劳义获第16届亚运会男子100米冠军,"赛前我只是想把自己的节奏跑好就可以了,也想过可能会拿到冠军,只是成绩并不是我想的那样。这个成绩并不理想,我本来希望能借此机会打破全国纪录。"(2010.11.23 第一版)

334. 黄珊汕获第16届亚运会女子蹦床冠军,"还好,心态很平稳。4

年前在多哈已经拿过这枚金牌，这一次有雯娜在，压力更小了。每一个动作都很完美，放开了，但也还有一点点不足，第八个动作稍微抢了一点点，奥运会就是在这个动作上出了问题，自己在发力时有一点没顶住。""其实最开心的就是在今年每一场比赛中都没有降难度，虽然有时候比赛不是特别好，但都平稳度过了。没有像前几年一样，一旦觉得状态不好就往后退，减难度。""从2004年到2008年，我在4年的备战中更注重结果，忽视了很多过程中的细节，很多事情是别人要求我去做的，而不是我要去做，没有练到脑子里。北京奥运会之后，我希望我能很开心地去享受这个过程，而不是单单只重视结果。"

周吕鑫获第16届亚运会男子双人10米台冠军，"我参加过几次大赛，最后都没能拿到金牌，比较遗憾。这一路走来很不容易，感谢教练的帮助，我对今天的表现很满意。""我们没有因为对手弱而有所放松，一直都是把这次比赛当成大赛来准备，从各个方面来说，还是跟自己比。"

中国男子佩剑队获第16届亚运会男子佩剑赛团体冠军，王敬之说："仲满成熟起来，对于队伍是一件好事。我希望有更多的'一哥'加入进来。"（2010.11.23 第二版）

335. 彭帅获第16届亚运会女子网球单打冠军，"拿到广州亚运会两金我非常高兴，这次亚运会所取得的好成绩，缘于身后有一个团队的支持。""以前参加全运会和亚运会时碰到了许多挫折，没有达到理想目标。这次感觉自己成熟了许多，达到了一个巅峰期。"（2010.11.24 第一版）

336. 张山获第16届亚运会女子双向飞碟团体冠军，"一个项目的生命力是没有尽头的，实际上有了很强的团体，才会有更出众的个人。"（2010.11.24 第四版）

337. 刘翔获第16届亚运会男子110米栏冠军，"今天是我的亚运会第三块金牌，没想到能跑到13秒10之内，赛前我做了很多应对困难的准备，恭喜史冬鹏也取得了这个赛季的最好成绩，也恭喜朴泰硬破了自己的国际纪录，今天我们都不错。""教练和自己一直都充满信心，我很清楚自己的状态，本来就是要争取跑到13秒20，只是没想到可以跑到13秒10以内。""这次亚运会虽然很重要，但我的这些努力都是在为明年世锦赛和后年奥运会做准备，我已经参加了很多比赛，也不怕任何比赛，经历了这次比赛之后，我将更加有信心和力量。"

曹忠嵘第16届亚运会男子现代五项冠军，"发挥比较正常，比赛竞争很激烈。虽然出现了一些问题，但自己控制住了，比较满意。"李红获第16届亚运会空手道女子50公斤级冠军，"有压力，但我采用自我暗示，相信自己就是最棒的。"（2010.11.25 第二版）

叶诗文获第16届亚运会女子400米混合泳冠军，女子200米混合泳冠军，"我赛前想到了能游出这样的成绩，这枚金牌在预料之中。这枚金牌象征着我人生道路上很稳的一步，它会带着我向前迈一大步。""我在比赛中发挥出了自己的最高水平，游出了自己想要的成绩。但是我现在的主要任务还是学习，我的目标当然是两年后的伦敦奥运会。"（2010.11.25 第六版）

339. 胡亚丹获第16届亚运会女子单人十米台冠军，"今天跳的还可以，比训练时要好一些，不过下一段还要更加努力训练。把动作稳定下来。""可能比赛属于比较能发挥的，观众越多，越能激励我。而且汪皓跳得越好，我就越发激励自己，心里会把动作要领想得越好，就会跳得更好。"（2010.11.26 第一版）

340. 邹市明获第16届亚运会拳击男子49公斤级冠军，"主要是经验占优，再加上打法对路，所以落后也能找机会反败为胜。""练拳击之前学过武术，所以对自己的步伐挺有帮助。以前碰上的都是坦克式的打法，被人追着，唯一的伎俩就是跑，所以现在防守不错。"（2010.11.27 第一版）

341. 李延熙获第16届亚运会男子三级跳远冠军，"今天刚开始感到有些紧张，找不着感觉，后来在教练的帮助下逐渐进入了状态，特别是最后一跳发挥不错。"　"非常非常不容易，比在多哈的时候难多了。"（2010.11.27 第二版）

342. 庞清、佟健获第七届亚冬会花样滑冰双人滑冠军，佟健说："真的，挺感谢我的搭档和姚（滨）老师的，要不是他们，我真的不知道自己能不能坚持下来。""虽然亚冬会的争夺没那么激烈，但感觉挺满意的，在状态不是很好的情况下，自己能表现出全部水平，对于今后的比赛也挺有信心的。"庞清说："真没想到他状态那么好，动作全完成了。倒是我拖

后腿了。"（2011. 2. 9 第一版）

343. 刘翔获亚洲田径锦标赛男子 110 米栏冠军，"今天我跑得很轻松，这个成绩还是不错的，很高兴创造了新的赛会纪录。希望在 8 月的大阪世锦赛上也能调整好状态，拿一块奖牌。"（2011. 7. 11 第二版）

344. 何姿、吴敏霞获第 14 届世界游泳锦标赛女子 3 米板双人赛冠军，何姿说："我们已经配对一年多了，默契越来越好，我把自己摆在向霞姐学习的位置上，以她为榜样。"吴敏霞说："我们为中国跳水队去努力训练，辉煌是前辈们铺的路，也得向他们学习，努力，来用更好的成绩代表中国跳水队。"（2011. 7. 18 第二版）

345. 李世鑫获第 14 届世界游泳锦标赛男子 1 米板冠军，"这不是最完美的一套，但毕竟拿下了金牌，所以别的就不用多说了，我非常满意。""我在秦凯和何冲面前没什么优势，唯一所谓的优势，是我比他们更加能练，更加能吃苦，我会发扬军人的作风，而且我的教练也是军人，灌输了很深的拼搏思想给我。""你不知道有多少选手在练 1 米板，我能有机会参赛并获得这枚金牌，感觉非常幸运。"（2011. 7. 19 第二版）

346. 陈若琳获第 14 届世界游泳锦标赛女子 10 米台冠军，"比赛前我也说了，目标不是大满贯，而是 2012 年奥运会。拿到这个冠军对我来说是种鼓励，会让我后面的每场比赛和每天的训练有更好的信心。"（2011. 7. 22 第二版）

347. 叶诗文获第 14 届世界游泳锦标赛女子 200 米混合泳冠军，"我对自己的表现比较满意，刚开始蝶泳落得比较多，害怕后面追不回来，赛前计划就是蝶泳尽量跟住，自由泳争取追上。""我前面 150 米被落下很多，但没有给自己太大的压力。"（2011. 7. 26 第二版）

348. 赵菁获第 14 届世界游泳锦标赛女子 100 米仰泳冠军，"这枚金牌的意义对我来说比 50 米仰泳要大得多，对我的伦敦奥运会也是一个很大的鼓励。"（2011. 7. 27 第二版）

349. 焦刘洋获第 14 届世界游泳锦标赛女子 200 米蝶泳冠军，"这次200 米蝶泳的水平都不是很高，2 分 05 秒 55 就能拿冠军，不算是真正的较量。这枚金牌对我来说很有意义，但我不会把它看得那么重要。不过久违

的金牌终于拿了，很开心！"（2011.7.29 第二版）

350. 孙杨获第 14 届世界游泳锦标赛男子 1500 米自由泳冠军，"我在成功的道路上，付出了很多，1500 米不像 400 米那么短，必须有着很好的感觉才能完成，我能取得现在的成绩，和平时的刻苦训练是分不开的。"（2011.8.1 第一版）

351. 李娜获意大利击剑世锦赛女子重剑冠军，"很兴奋！一场一场打下来很不容易，但走下领奖台，一切从零开始，自己还有奥运会的梦想，如果想在伦敦奥运会上实现，我还需要做好很多细节。"（2011.10.17 第二版）

352. 中国男子花剑获世锦赛男子花剑团体冠军，"我们运气不错，日本，德国，俄罗斯实力都不差。"马剑飞说："这次金牌证明了自己的实力吧。"（2011.10.18 第四版）

353. 何雯娜获伯明翰世锦赛女子蹦床个人赛冠军，"抱着死的心态去吧！""近一年其他选手的状态都很稳定，而我一直不稳定，所以没想着要去拿冠军或是入场券之类的，之后还是希望自己保持这样平静的心态。队里面的选手太强了，比国际上的还要强，所以还是要保持一个稳定的心态和警惕心。"（2011.11.23 第二版）

354. 刘诗雯获 2011 年国际乒联总决赛女单冠军，"最后一场比赛中发挥得非常好，技战术已经发挥得淋漓尽致了。""自己从内心里非常想赢她（王越古），也做了非常困难的准备，整个过程真的非常困难，但最后还是顶过来了。"

马琳、张继科获总决赛男双冠军，张继科说："我在第三局和第四局打得很不好，无谓失误比较多，不过后来马琳对我说出手时要自信一些，接下来就好多了。""刚开始和马琳配双打的时候有些放不开，在场上有些拘谨，后来经过沟通，处理球就合理多了，尤其在发球和接发球上我和马琳学到了很多东西。"（2011.11.28 第二版）